本书为国家社科基金资助项目（19BJL024）研究成果

Research on the Construction of Early Warning System for
China's Macroeconomic Operation Based on Multidimensional Big Data Fusion

基于多维大数据融合的
中国宏观经济运行预警体系构建研究

浦正宁◎著

经济管理出版社
ECONOMY & MANAGEMENT PUBLISHING HOUSE

图书在版编目（CIP）数据

基于多维大数据融合的中国宏观经济运行预警体系构建研究/浦正宁著 . —北京：经济管理出版社，2023. 11
ISBN 978-7-5096-9507-4

Ⅰ.①基⋯ Ⅱ.①浦⋯ Ⅲ.①中国经济—宏观经济—经济监测—监测系统—研究 Ⅳ.①F123. 16

中国国家版本馆 CIP 数据核字（2023）第 240790 号

组稿编辑：赵亚荣
责任编辑：赵亚荣
责任印制：许　艳
责任校对：陈　颖

出版发行：经济管理出版社
　　　　　（北京市海淀区北蜂窝 8 号中雅大厦 A 座 11 层　100038）
网　　　址：www. E-mp. com. cn
电　　　话：（010）51915602
印　　　刷：唐山昊达印刷有限公司
经　　　销：新华书店
开　　　本：720mm×1000mm/16
印　　　张：16. 5
字　　　数：333 千字
版　　　次：2023 年 12 月第 1 版　　2023 年 12 月第 1 次印刷
书　　　号：ISBN 978-7-5096-9507-4
定　　　价：78. 00 元

前　言

　　近年来，世界各国经济快速发展，宏观经济预警在这个进程中扮演着重要的角色，为人们了解和把控当前市场的经济运作系统提供有依据的指导。宏观经济预警是对未来经济的一种估计，范围覆盖国民经济、部门以及地区的各种经济活动，它可以为制定宏观经济政策提供重要依据，同时在检验经济发展规划以及调整经济结构时也具有参考价值。随着全球经济一体化不断发展，再也没有哪一个经济体能够独善其身。2008年，美国次贷危机引发的金融危机是全球性的，不仅给美国经济带来了危害，也给世界其他各国实体经济带来了巨大冲击。这场危机促使经济学术界及各政府相关部门开始严肃对待经济预警，也深刻认识到当前各界对经济波动规律性研究和掌握的不足，经济监测系统的改进和完善亟待解决。因此，借助于经济学、概率论与数理统计、互联网科学和现代管理科学等诸多学科所提供的理论知识，构建符合事实的参考模型，据此对研究对象的发展态势加以分析，从而做出科学的预测，进行宏观经济预警，这对于宏观经济平稳运行具有重要意义。

　　此外，数字经济蓬勃发展，数据成为新的生产要素，新一代数字技术竞相涌现。充分发挥大数据、人工智能等新一代技术的作用，提高宏观经济运行预警水平成为各界共识。本书首先整理了现有宏观经济预警系统研究现状，并对常用的宏观预警系统模型进行修正以促进我国宏观经济预测领域的发展。其次，解剖新时代中国宏观经济运行中的关键风险，并聚焦于数字经济，剖析数字经济发展现状，并从数字经济对出口绩效和产业发展的影响方面展开实证分析。再次，梳理大数据方法在社会科学中的应用，并对预警研究中常用的混频数据抽样模型、随机森林和贝叶斯结构时间序列等大数据方法进行总结。最后，借助大数据方法，基于金融市场、数字基建、网络搜索数据等对我国区域宏观经济运行风险、新经济产业经营风险、金融市场风险及其传导和国际金融风险蔓延等宏观经济运行风险的实时预测预警进行探讨。本书对于我国的宏观经济运行管理、构建识别实时风险的预警系统、及时正确快速响应经济运行警情、保障我国经济环境安全与经济运行稳定具有重要的现实意义与应用价值。

本书的内容主要有以下五个方面：

（1）宏观经济预警系统研究现状分析及模型改进。本书梳理了现有宏观经济预警常用模型，针对目前世界各国央行广泛使用的 DSGE 模型和景气预测模型，通过国际比较，对两种模型进行修正并应用到中国宏观经济预测中，对 DSGE 修正模型采用政策模拟预测的方式进行分析判断，对景气预测法的结果采用与能够反映我国经济走势的指标进行对比的方式做出判断。

（2）新时代宏观经济运行风险分析。在经济增长框架下识别中国宏观经济运行的关键风险，总结发现，金融发展、数字产业化和产业数字化对我国宏观经济运行影响深远。进一步地，在当前数字经济蓬勃发展的背景下，本书就数字经济的发展阶段及数字经济发展的机遇和挑战进行分析，并通过实证方法就数字经济对出口、产业发展的影响展开研究。

（3）大数据方法集构建。大数据方法在社会科学研究中被广泛应用，本书在分析大数据特点的基础上，按照大数据产生、大数据收集和大数据分析三个方面就大数据方法在社会科学研究中的应用进行了总结，之后对常用的大数据预测方法——混频数据抽样（MIDAS）、随机森林（RF）、贝叶斯结构时间序列（BSTS）进行详细介绍。

（4）基于多维大数据展开中国经济运行预警研究。本书从金融市场、产业数字化、数字产业化视角出发，运用金融市场数据、数字基建数据、网络搜索数据，借助混频数据抽样、随机森林、贝叶斯结构时间序列等大数据方法对我国宏观经济进行预警研究。

（5）宏观经济运行预警体系构建。本书梳理了传统经济指标，并以四部门、三市场的宏观经济框架为基础，总结宏观经济活动中产生的大数据，之后将大数据和传统指标纳入统一的框架中，构建宏观经济运行预警体系。

本书的研究结论主要有以下六个方面：

第一，在借用国际宏观经济预测模型检验中国经济发展状况时，应在现有模型基础上考虑中国特色并加以修正。具体而言，本书就国际常用的动态随机一般均衡模型和景气预测模型在世界各国央行的应用上进行国际比较，并依照我国经济特点，参考比较结果，分别对两个模型进行中国化修正，以判断国外在宏观经济预测这一领域的经验是否适用于对中国经济的刻画。对于 DSGE 模型，同一模型在不同参数的设定下呈现出不同的结果，因此，虽然可以借鉴国外模型行为方程的设定，但更重要的是在依照我国的实际数据进行估计后得到一组可信度较高的参数。对于景气预测模型，一套完善的预测指标体系才能够准确预测景气变动情况。就业类指标是经济景气情况的一类重要监测指标，主要发达国家都将其纳入指标体系中，目前我国依然缺乏完善的工作市场类指标和失业统计指标，这是一项长期性工作。我国应借鉴他国经验，对我国国情、经济发展规律有充分认识和深刻掌握，扎实做好研究方法以及统计数据的基础性工作，尤其是劳动时间、就业人数、失业率等相关数据，将其引入景气预测模型，构建一套更适合我国国情的景气预测指标体系。

第二，数字经济的发展对宏观经济发展产生推动作用，但也给产业发展带来一定风险。具体来讲，从企业出口绩效来看，电子商务平台对我国制造业企业出口绩效有着显著的正向影响，即加入电子商务平台会提升我国制造业企业的出口绩效。从产业发展来看，数字经济缓解了融资约束，同时通过信息传递效应加剧了企业金融化的传染效应，尽管企业数字化变革能够对企业金融化产生一定的抑制作用，但整体来看，数字经济的发展加剧了实体企业"脱实向虚"，从而对产业发展，尤其是实体经济与数字经济融合发展产生了一定的威胁。

第三，借助金融市场数据能够有效预测经济发展情况，对宏观经济发展进行实时预警。具体表现在，运用混频抽样模型，利用国际商品期货市场高频日度数据对我国月度数据CPI进行预测发现，各高频日度解释变量对低频月度CPI的影响程度不同。国内高频变量的最优滞后阶数都在23阶左右，为实际一个月的时间，说明它们对于月度CPI的影响需要一个月的时间表现出来。利用国内金融市场股票交易数据及股票评价数据，构建五类高频解释变量预警指数，对CPI进行预测，在此基础上添加传统统计指标对模型进行改良，并将其预测结果及其精度与ADL模型和使用其他数字指数的MIDAS模型进行对比，结果表明，相比传统ADL模型，利用混频数据抽样的预测方法能提高CPI伪样本外预测精度，融合新经济高频变量和传统经济指标的MIDAS组合模型具有较好的预测功能，随着预测区间的拉长，这种优越性表现得更加明显。

第四，作为数字经济的基础，数字基础建设数据对经济发展具有显著的预测效果。具体来说，本书使用随机森林方法，借助数字基础设施数据对宏观经济展开预测研究，结果表明，数字基础设施的建设和应用对地区生产总值产生影响，数字基建预警指数可以作为GDP的预测因素。数字基建预警指数的重要性具有区域异质性，对经济发达的东部地区影响最大。对于东部地区，资本形成和邮电业务量对信息产业以及整体经济发挥极大的拉动作用；中部地区经济增长的根本驱动力仍来源于国内投资，其他主要影响因素包括创新、人力资源和邮电业务量；西部地区的互联网发展水平和邮电业务量的重要性得分分别位于第三和第四，创新和人力资源仍然是最重要的因素。此外，随机森林是一种有效的机器学习的方法，相比普通最小二乘法，它不仅可以更有效地识别变量的重要性，从而更好地分析宏观问题，而且预测效果更好。无论是全国还是局部区域，使用随机森林的袋外误差和测试集误差不超过0.2，而使用OLS回归的测试集误差一般大于0.2。无论样本范围有多大，无论从数字还是图像来看，RF的预测准确度均高于OLS。

第五，网络搜索数据对消费者信息指数有较好的预测效果。具体来说，网络搜索可以让投资者和消费者及时了解相关信息，同时也留下了投资者的搜索痕迹，关键词的搜索能反映出消费者和投资者的关注程度，最终影响个人预期。本书首先优化了关联关键词的初选程序，其次通过贝叶斯结构时间序列对网络搜索关键词的重要性进行排序，最后利用网络搜索关键词的百度指数对CCI展开预测。结果表明，网络搜索数据对消费者信心指数有较好的预测效果，无论是样本内预测还是伪样本外预测，BSTS的预测结果与CCI真实值高度重合。在CCI的预测因子中，预测可能性超过15%的有房价、制造业PMI、居民消费价格指数、收入、房地产投资、生活必需品这六类因素，其中房价是最有可能的预测因素，并且与CCI呈负相关，这也彰显了BSTS模型的优越性。

第六，本书以宏观经济活动产生的大数据为基础，构建宏观经济运行的预警体系。具体包括数字经济设施建设数据、网络流量数据、人口流动大数据、求职平台数据、企业数字化变革数据、GIS数据、碳交易市场数据、电子商务平台数据、网络搜索数据、社交平台数据、网络评价数据、移动支付数据、股票交易数据、股吧评论数据、公共事务数据、电力数据、国际金融市场数据、海关数据等，以经济增长的供给侧、需求侧为框架，将传统经济指标与大数据指标相结合，构建宏观经济运行的预警体系，全面、实时地实现对宏观经济的预警。

目　录

表目录

图目录

1　导论

1.1　研究背景与意义

近年来，国际风云变幻、局势复杂多变，"黑天鹅"事件频频发生，世界经济的未来充满了不确定性。习近平同志在庆祝改革开放 40 周年大会上就表示，中国未来可能遇到"难以想象的惊涛骇浪"。在这样的时代背景下，加强对我国宏观经济运行预判的研究势在必行。宏观经济运行预警一直是宏观经济研究中重要的议题之一。此外，随着科学和信息技术的高速发展，如何基于大数据有效改进宏观经济运行预警成为了经济学领域关注的重点（刘涛雄和徐晓飞，2015a；Bok 等，2018）。在已有的研究中，学者们主要聚焦在基于大数据的金融市场风险度量、宏观变量变化预测与宏观经济实时预测三方面。

研究的方向之一是金融系统中的波动分析与规律识别。自电子化交易推广以来，各类金融市场储存着的大量记录完备、信息多元、频度密集型真实交易数据完全符合大数据的特征定义（朱建平等，2014；张涛和刘宽斌，2018）。基于这些数据，众多研究者选择利用分形、重现间隔分析等金融物理学工具（Zhou 等，2016；王鹏和黄迅，2018；Dologlou，2012；Bogachev 等，2009；Chattopadhyay 和 Burroughs，2007）考察典型金融产品如股票、汇率的交易风险，总结市场特征，并在此基础上提出了监管政策建议或市场交易策略建议（Bekaert 和 Hoerova，2014）。同时，也有一些研究基于机器学习的思路，利用人工神经网络（ANN）等工具（梁循等，2006），将原有数据作为训练集，尝试进行数据训练，并基于训练结果对市场的未来走势进行预测。在近十年内，随着全球市场不确定性的增加，越来越多的研究以建立"早期预警系统"（Early Warning System）作为研究目标，针对原油期货（Ruan 等，2016）、股票（Son 等，2009；Jiang 等，

2016）等典型金融市场做出了建立风险预警架构的努力。但值得注意的是，在过去的 20 年内，无论是针对独立市场的预测或预警，还是针对全球性金融风险的预判，基于大数据的金融市场预测与预警研究所获得的结果均存在不小的改进空间。

研究的方向之二是尝试利用源自互联网的数据对宏观经济中的变量进行预测。这类研究的核心思路是将网络产生的搜索趋势数据与宏观经济对象结合，考察搜索数据对相关对象核心观察指标的预测效果。在近十年内，无论是针对个人消费指标变动（Della Penna 和 Huang，2009）的研究，还是针对劳动力市场需求变动（Choi 和 Varian，2012）抑或房地产价格变化（Wu 和 Brynjolfsson，2014）的研究，基于搜索趋势数据的预测结果均比通过传统预测手段获得的结果更为准确。如针对美国（Choi 和 Varian，2012）和欧洲（Askitas 和 Zimmermann，2009；Amuri，2009）的研究都发现，基于有关失业或者救济福利等关键词搜索数据的运用，可提高对于首次申请失业救济的预测。近些年的研究则进一步表明，利用情绪分析（Sentiment Analysis），在基于投资者情绪的市场变化（Stambaugh，Yu 和 Yuan，2012；Zhou 等，2018）、锚定消费者行为决策（Hand 和 Judge，2012；Bughin，2015）等领域，互联网搜索趋势数据也能展现良好的预测能力。当然，上述的研究也不约而同地指出，基于字典法（Dictionary Method）获得准确的关键词信息，是获得有效研究结果的根本前提。

研究的方向之三是有关宏观经济实时预测的研究。由于大数据多为实时数据（Real-time Data），因此利用这些数据，将原有宏观经济预测（Forecasting）提升为实时预测（Nowcasting）成为不少研究者的追求（Varian，2012）。在这类研究上，一部分依然延续利用互联网搜索趋势数据（Vodenska，Joseph 和 Stanley，2014），构建新的实时观测指标，如旅游搜索量与酒店预订数综合指数（Popescu，2015），对特定产业部门的经济运行情况进行实时预测；另一部分的研究则尝试将企业微观调查数据（Abdalla 和 Carabias，2016；Konchitchki 和 Patatoukas，2016）中的企业现金流、人员雇用情况等指标纳入研究，基于相关数据追踪核心宏观经济指标，如消费者价格指数、区域经济增长波动的变化等，为政府制定或调整货币政策提供决策参考。

值得注意的是，无论是针对宏观变量的直接预测还是针对宏观经济运行的实时预测，现有文献在大数据与原有宏观经济观察指标相关性考察方面有了较深入的研究，但对各类大数据在宏观经济运行中的作用传递机制却缺乏探讨。在我国，随着"十三五"规划正式将大数据战略上升为国家战略，利用大数据进行相关研究的热情日渐高涨。在宏观经济运行分析领域，不少学者利用近年来国际主流做法，基于中国数据进行了有关我国宏观经济运行预测（刘涛雄和徐晓飞，

2015b；丛金宇，2017）与金融风险预警（唐升和周新苗，2018；邓创等，2018）等方面的研究工作。这些学者研究发现，尽管非结构化大数据可以有效帮助提升宏观经济预测的效果，但在中国宏观经济实际预测中，单纯利用互联网搜索趋势等数据的预测效果并非十分理想。同时，对于金融部门的风险分析表明，中国金融市场存在着较强的同群效应，这使利用倾向性分析法评估我国金融市场波动可获得较好的预测结果。但与既有国际研究类似的是，近年来我国在基于大数据的宏观经济运行分析领域中，更多注重于现有方法与中国数据的匹配再检验，系统性研究框架相对缺乏，基于预测的预警体系再建设也亟待完善。

基于上述学术史梳理可发现，既有研究对基于大数据的宏观经济运行状态判断、金融风险预警、宏观经济实时预测做了较为深入的分析，同时也有学者对基于大数据运用构建特定领域预警系统进行了探讨，这为本书提供了良好的研究基础。但现有大数据宏观经济分析研究多集中在金融市场等研究领域。与此同时，包括数字经济在内的新经济活动不断涌现，基于这些经济活动又产生了种类各异又极具价值的新的非结构化大数据。因此，如何建立统一的研究理论框架，基于不同维度大数据的融合，综合实现对宏观经济运行风险的有效预警，依然存在广阔的学术研究空间。

本书在分析现有宏观经济预警系统研究现状基础上，解剖当前中国宏观经济发展的关键风险，剖析新经济发展面临的机遇和挑战，进而借助大数据方法，基于多维大数据对我国区域宏观经济运行风险、新经济产业经营风险、金融市场风险及其传导和国际金融风险蔓延等宏观经济运行风险的实时预测预警进行探讨。在理论价值方面，本书运用宏观经济学、产业经济学、国际金融学分析框架，结合信息科学前沿研究工具，构建依托大数据的宏观经济运行主要风险分析框架，对深化宏观经济学研究具有重要的理论意义与学术价值。在现实价值方面，本书针对我国的宏观经济运行管理，构建识别实时风险的预警系统，对保证宏观经济管理及时正确快速响应经济运行警情，保障我国经济环境安全与经济运行稳定具有重要的现实意义与应用价值。

1.2　文献综述

1.2.1　宏观经济预测

在统计学、计量经济学、计算机辅助技术等飞速发展的基础上，经济预测研究领域也随之不断扩大并深化。宏观经济体系具有四种特性，分别是复杂性、反馈性、动态性和系统性，这些特点也使非线性和不确定性穿插于整个宏观经济系统内部，因此宏观经济预测的研究方法也十分多样，不完全统计的数据显示，目前经济预测的方法已将近 400 种。

按照预测模型的特性，可以分为定性、定量以及定性定量相结合这三种形式。我国最初对宏观经济的预测主要以定性方法为主，比如专家征询法、智囊团式讨论等（颜薪瞩，2015），但这种方法避免不了主观性的干扰，因此逐渐被淘汰。

定量模型主要分为线性模型与非线性模型。对于线性模型，常用的主要有时间序列分析法以及回归方法。其中，陈飞和高铁梅（2005）借助 ARIMA 模型对时间序列的结构进行研究，在此基础上建立了不同形式的结构时间序列，进而预测我国社会消费品零售总额、狭义货币供给量和 GDP；赵盈（2006）使用 BOX-JENKINS 方法构建了一个 ARIMA（1，1，1）模型，以研究预测我国 1954~2004 年的 GDP 增长规律。虽然时间序列模型在进行短期预测时具有显著效果，但是由于时间序列模型极少与经济学结合，因此也常常被一些学者批评为"没有经济理论的计量"（李玲，2019）。在非线性模型方面，神经网络模型、动力系统模型和动态随机一般均衡（DSGE）模型应用更加广泛。人工神经网络模型在 1987 年由 Lapedes 和 Farber 首次引入经济预测领域，目前已有几十种不同的模型，其中用得较多的是 Hopfield 网络、误差反向传播（BP）网络、Kohonen 网络和自适应共振理论（ART）网络（王钦波，2006）。神经网络模型是一种基于数值计算的知识处理系统，该方法以案例分析为基础，采用了并行推理方法，具有较强的自学习能力和非线性映射能力（刘婧，2009）。相较于传统的预测方法，作为一种非线性和非凸线性的复杂网络系统，人工神经网络具备并行分布的信息处理结构和自适应的信息处理能力，能够有效应对高复杂度的非线性预测任务。石山铭（1994）和唐焕文（1997）通过实验证实这种方法的确有某些突出的优点；冯娇和李红朴（2019）也指出，传统的时间序列分析在经济预测中存在许多问题，如多重共线性和误差序列的相关性，使预测的准确性不尽如人意。与传统预测方法相比，DSGE 模型是一个更加庞大的系统，更强调经济行为的微观基础。自 2000 年以来，各国央行和国际机构建立了许多 DSGE 模型。Smets 和 Wouters（2003）的研究表明，包含微观基础的现代 DSGE 模型可以很好地描述宏观时间序列的统计特征。对于欧洲经济体，Adolfson、Linde 和 Villani（2007）研究了开放经济体中 DSGE 模型的预测能力，发现其预测精度高于向量自回归（VAR）模型。对于美国宏观经济数据，Rubaszek 和 Skrzypczynski（2017）证明了小规模 DSGE 模型的预测能力要比经济专家对 GDP 的主观预测更突出。同样，Edge、Kiley 和

Laforte（2010）使用不同的数据样本，比较了 DSGE 模型、VAR 模型和美国联邦储备系统（以下简称美联储）的 Greenbook 预测，发现对于 GDP 数据，DSGE 模型优于其他方法，因此，DSGE 模型正逐渐取代传统模型，成为分析和支持宏观经济决策的有力工具，引得世界许多国家央行青睐。

景气预测从 20 世纪开始就被西方不少国家重视，尤其在经历了几次世界性经济危机之后，世界各国更加认识到它的重要性，并相继开展景气预测相关工作。目前，美国、日本、韩国、加拿大等许多国家以及经济合作与发展组织（OECD）都定期公布景气预测结果，在相关理论知识与辅助技术逐渐完备的基础上，景气预测法也日臻完善。1962 年，美国率先使用了以失业率判断景气变动的景气警告指标。接着，法国制定了包括失业率、物价、生产、国际收支、投资等项目的综合景气对策信号（屈定坤，1988）。1995 年，美国大企业联合会承担计算合成指数的责任，其公布的美国景气指数也表现出了与经济运行相一致的趋势（孔亦舒，2019）。欧盟统计局也会定期发布欧盟各国的经济景气指数。

1.2.1.1 DSGE 模型的研究进程

近年来，随着理论模型的发展和计量技术的进步，DSGE 模型在经济预测中得到越来越广泛的应用。在 DSGE 的初始发展阶段，它仅仅用来描述经济波动，同时为反事实的政策实验提供有力的符合卢卡斯批判的证据。经典的三方程 NK 模型被各学者在学术文献中广泛扩展使用，但是由于它对宏观经济波动的定量解释力度还不足以指导政策决策，因此在中央银行没有得到足够的重视。而正是由于两篇里程碑式论文的出现，极大地推动了 DSGE 在央行的应用，分别为 CEE（2005）的论文和 SW（2007）的论文。其中，第一篇极大地丰富了 DSGE 模型的结构，即中等规模模型，尤其是在用最小距离法估计模型时对货币政策的脉冲响应拟合度良好。第二篇用贝叶斯法对一个扩展误差模型的积累效应进行了估计，并证明了基于微观基础的现代 DSGE 模型也可以对宏观时间序列的统计特征进行刻画，具有较好的预测能力。而正是因为 DSGE 模型强调宏观经济行为的微观理论基础，所以与传统的预测工具如 VAR 模型相比，其参数的确定过程也更为复杂。

2000 年以来，各国中央银行和国际机构建立了多个 DSGE 模型（见表 1-1）。欧洲中央银行（ECB）发展出 New Area-Wide Model（NAWM）模型以及 Christiano 等（2010）模型，瑞典中央银行则采用了 Adolfson 等（2008）模型。此外，国际机构如国际货币基金组织也构建了相关的 DSGE 模型，包括 Global Economy Model（GEM）、Global Fiscal Model（GFM）以及 Global Integrated Monetary and Fiscal Model（GIMF）。

表 1-1　DSGE 模型在世界各国中央银行的应用

国家和地区	DSGE 模型
欧洲（European Central Bank）	Smets 和 Woulters（2003，2007）模型
	New Area-Wild Model（NAWM）
	Christiano 等（2010）模型
美国（Federal Reserve Bank）	Edge 等（2008）模型
	Erceg 等（2006）模型
瑞典（Swedbank）	Adolfson 等（2008）模型
加拿大（Bank of Canada）	Terms-of-Trade Economic Model（ToTEM）
英国（The Bank of England）	Bank of England Quarterly Model（BEGQM）
挪威（Norge Bank）	Models for Monetary Policy Analysis（NEMO）
芬兰（Bank of Finland）	AINO 模型
西班牙（Bank of Spain）	BEMOD 模型
巴西（Central Bank of Brazil）	Stochastic Analysis Model with Bayesian Approach（SAMBA）
智利（Central Bank of Chile）	Model for Analysis and Simulations（MAS）
秘鲁（Central Reserve Bank of Peru）	Aggregate General Equilibrium Model with Dollarization（MEGA-D）
泰国（Bank of Thailand）	Bank of Thailand DSGE Model

DSGE 模型在中国经济波动研究中也得到了广泛应用。2002 年，卜永祥和靳炎首次在中国经济运行背景下构建实际经济周期（RBC）模型，分析中国经济周期波动的原因，并建立货币经济周期模型，研究货币供给与经济增长和经济周期的关系。此后，很多学者以 RBC 模型为基础，展开了针对中国经济增长和中国经济波动的研究。其中，陈昆亭等（2004）使用中国 1952~2001 年的数据，借助标准 RBC 模型模拟了中国经济周期，同时也指出了基本 RBC 模型存在的解释力有限、准确性较低等问题。李浩等（2007）引用开放的 RBC 模型，同时将政府购买这一因素引入模型之中解释中国经济波动，增强了模型对经济的模拟能力。RBC 模型是在新古典主义框架下构建的 DSGE 模型，此类模型假设不存在价格黏性以及市场具有完全竞争性。可见，新古典主义 DSGE 模型假设过于理想化，不符合现实经济运行。因此，学者们开始探索更为贴近现实经济的模型。新凯恩斯 DSGE 模型将市场的不完全竞争性及价格黏性纳入模型中，在货币政策冲击评价等方面具有较好的效果。陈昆亭和龚六堂（2006）构建了包含货币政策的动态周期模型应用到中国经济模拟之中，研究发现，考虑黏滞性价格和内生货币机制的 DSGE 模型能够更好地解释中国实际经济政策运行。随后，中国学者在新凯恩斯 DSGE 模型框架下对中国经济问题展开分析。比如，刘斌（2008）在新凯

恩斯 DSGE 模型中的 CMR 模型基础上构建了扩展 DSGE 模型，将 CMR 模型扩展到开放经济情境中，同时将国外净资产规模变化与国内经济的影响关系纳入模型之中，为货币政策效果评价与决策提供了更为准确的模型支持。戴金平和陈汉鹏（2013）将市场化的利率调节和非市场化的信贷指导两种货币政策纳入新凯恩斯 DSGE 模型中，探究了不同货币政策工具对经济产生的影响，研究发现，非市场化调节手段对金融市场利率造成了损害。王升泉和陈浪南（2019）在传统新凯恩斯 DSGE 模型基础上，将情绪冲击纳入模型中，分析了情绪冲击通过资产价格渠道影响经济波动的机制，研究发现，情绪冲击对股价波动具有 55.2% 的解释度。

1.2.1.2 景气预测模型的研究进程

适宜的经济景气指标体系有利于追踪经济周期的波动情况，预测经济状况的复苏与萧条，在此基础上，更大限度地发挥政府在市场失灵、经济萧条等情况下对经济的引导作用（孔亦舒，2019）。德国伊福经济信息研究所（IFO）最早在 20 世纪 50 年代就开创了景气调查方法。IFO 研究所对企业决策者进行调查，根据其对宏观经济形势的判断和意见，全面获得对宏观经济形势的总体判断，并预测和估计下一时期的经济运行趋势。此后，景气调查方法所引起的关注逐渐增多，不仅受到个人和社会经济组织的注意，也引起了政府的青睐，成为分析和预测实际经济状况的一个重要方法。日本也形成了以政府景气预测为核心，涵盖学校、金融机构、企业等在内的综合分析预测体系。日本的景气指标主要有景气动向指数和景气警告指数两类。1960 年，日本经济企划厅公布了景气动向指数，该指数体系共包含 25 个指标，分为先行指标系列、同步指标系列和后行指标系列（崔岩，1996）。1968 年，日本《经济白皮书》首次采用了"景气警告指标"这一新的景气分析工具。经过几十年的发展，世界上其他发达国家、机构和地区，比如美国、OECD、韩国和欧盟也建立了较为完善并且有效的宏观经济景气预警和监测指标体系（孔亦舒，2019）。

从国外的研究状况来看，景气调查的结果被广泛使用于经济分析中，以便相关研究学者可以及时关注经济市场活动短期波动。Forsells 和 Denny（2003）使用 1985~2000 年的景气调查数据分析与评价欧元区国家消费者的通货膨胀预期的性质及其在对通货膨胀动态的解释中所起的作用，结果显示，消费者的通货膨胀预期对于宏观经济中解释通胀的变量来说是独立的，并且可以加大这些变量对通货膨胀的解释力度。Latocha 和 Nerb（2003）引入从景气调查中获得的扩大产能需要，以此作为检测指标，建立了欧元区的短期利率模型，证明该指标对整个欧元区经济中的产能利用率有很好的解释作用，可以作为解释货币政策的参照。Clar 等（2007）对利用商业和消费者调查指标作短期预测的不同时间序列模型进行了比较分析，证明了当扩大观测的时间序列跨度时，定性指标的预测性能对于分析经济形势来说也尤为重要。

我国对经济周期波动和景气的研究起步较晚，改革开放以后，随着经济、文化、社会环境逐渐宽松，国内学者和政府机构才开始重视对该问题的研究。朱军和王长胜主编的《经济景气分析预警系统的理论方法》和《经济景气分析预警系统的应用研究》对我国 20 世纪 80 年代末、90 年代初开展景气监测预警工作取得的成果做了系统性的总结。90 年代中后期，国家统计局、中国社会科学院数量经济与技术经济研究所、中国人民银行、国家信息中心和国务院发展研究中心等组织机构致力于研究使用景气预警系统，极大推动了宏观经济景气分析的发展（余根钱，2005）。2004 年，国家信息中心预测部开始在其官网公布宏观经济景气分析的月度报告，国家统计局也开始在《中国经济景气月报》上公布中国宏观经济景气指数及预警信号，从 2005 年开始，国家发展改革委以季度为期限，定期召开景气分析会，随后景气分析工作的汇报与交流活动逐渐走向制度化（张永军，2007）。

通过对国内外有关宏观经济预测、DSGE 模型与景气预测模型文献的梳理，笔者发现，目前国内外众多学者对宏观经济预测模型的有效性问题都做了大量的研究，同时，宏观经济预测模型也在随着时代的进步逐渐被优化，使模型能够更加贴合实际经济特点。整体而言，DSGE 模型与景气预测模型是目前许多国家及地区的中央银行使用较多的预测模型，我国在经济预测领域的发展较晚，存在一些仍需改进的地方。本书主要结合两种模型的国际比较结果，结合我国实际经济特点加以修正，观测修正模型的稳健性，给出提升我国预测模型有效性的建议。

1.2.2　国际大宗商品市场对中国经济的影响研究

国内外对于国际大宗商品市场对中国经济的影响研究主要分为两个方面：一方面是价格渠道传导，即国际大宗商品价格直接向国内的宏观经济的传导，如物价、产业链的上下游、贸易等；另一方面是金融渠道传导，即通过中国金融市场这一中间变量对国内宏观经济的传导，如资本市场和货币市场。

1.2.2.1　价格渠道

1.2.2.1.1　物价渠道

国内外多数学者认为，国际大宗商品市场波动会通过国内物价水平发挥其作用，即以国内商品价格为中间变量对国内经济产生传导效果（江敏，2014）。Cunado（2003）通过研究石油价格变动对产出和价格的冲击效应认为，石油价格波动对通货膨胀有显著且直接的影响。Joshi 和 Acharya（2011）建立 VAR 模型研究发现，大宗商品价格和印度国内的通货膨胀数据的协整关系越来越强。Estrades 和 Terra（2012）采用 DSGE 模型研究发现，大宗商品价格的上涨对国内的经济发展具有正向的作用。Filis（2014）认为，国际油价的波动能较大程度地影响进口国和出口国的通胀水平。代方龙和姜永宏（2012）通过脉冲响应和格兰杰因果检验发现，国际大宗商品价格波动对我国的居民消费价格指数具有显著的影响，期货价格指数可以用来监测宏观经济，作为通货膨胀的预警指标。王丽和毛泽盛（2014）选取 2000 年 1 月至 2012 年 3 月的 CRB 指数通过状态空间模型研究发现，国际大宗商品价格变动对我国物价水平具有促进作用，国内物价在较大程度上受到大宗商品价格上涨的影响，而受大宗商品价格下降的影响较小。马红霞和段本能（2018）认为，国际期铜价格波动对我国居民消费物价和生产者物价都有着十分显著的影响，且持续时间较长。邹舟（2018）通过多种检验认为，国际大宗商品价格的变化对我国物价水平有着正向的作用。

1.2.2.1.2 产业渠道

国际大宗商品市场上的价格变动可以通过产业链径直传导到实体经济的上下游，通过上下游价格的变化引起物价水平的变化。Elekdag（2008）研究认为，国际石油价格上涨增加了以石油相关产品为原料的能源密集型产品的生产成本，不利于该类产品的出口。Jensen（2007）认为，国际大宗商品价格的传导是从产业链上游向下游进行的。张鹏（2013）使用 VAR 模型和格兰杰因果检验等方法发现，国际大宗商品价格波动对国内物价最主要的传导路径是产品价格传导路径。华炜（2013）使用 SVAR 模型研究中国宏观经济月度指标发现，国际原油价格波动的冲击对企业商品价格指数和工业品出厂价格指数的影响比较显著，主要原因是成本因素。徐乃琦（2016）采用有向无环图（DAG）定性地得出国际能源、金属和食品价格波动均可以从产业链上游向下游传播，通过影响国内原材料购进价格或者工业生产出厂价格进而对消费者物价水平和工业产出产生冲击。陈最（2019）通过 TVP-VAR 模型研究认为，国际大宗商品价格对我国的物价具有正向作用，但其在上下游价格的传导上会产生不同的作用效应以及作用时间。

国际大宗商品市场的波动还能够在产业内、产业间互相传导，进而影响一国的宏观经济。Bodenstein 和 Guerrieri（2011）研究发现，石油价格波动已经通过经济一体化下的产业链关联传导到各国宏观经济当中。郭厦（2014）发现，大宗商品价格变化对经济增长的正效应是通过物质资本积累和全要素生产率进行传导的，而大宗商品价格波动对经济增长的负效应是通过人力资本积累进行传导的。凌楚雄（2016）通过 GVAR 模型研究发现，当给予原油价格一个正向的冲击时，所有行业在短期都发生了一个负向的反馈，但是长期来看原油价格上涨对机床、航空、轨道行业资产的累积影响却为正。外生冲击对内生变量的影响需要在第一年甚至更久以后才能达到极值，主要是由于原油价格存在人为管制以及产业内生变量和各个产业间的互相作用传导。吴孟琪（2018）研究认为，前期油价的上涨和下降对国民产出具有非对称的效应，而当期油价的上涨和下跌对国民产出都具有绝对的正效应，原因可能在于油价所造成的冲击在长期以物价、消费、就业和投资为传导渠道进而对产出产生影响，因而在短期内国内经济仍然维持前期的增长态势。

1.2.2.1.3　贸易渠道

部分研究发现，国际大宗商品市场上的价格波动还会影响一国的对外贸易情况。Blattman、Hwang 和 Williamson（2007）分析了 35 个大宗商品出口型国家的数据，认为大宗商品价格剧烈波动所导致的贸易条件的波动会使外来投资减少，并由此影响这些国家的经济增长。联合国贸易和发展会议（UNCTAD，2012）在对 G20 大宗商品市场工作组的报告中认为，上涨的大宗商品价格和短期的贸易条件增加所导致的国家对经济多元化和工业化的动力减少，是对长期增长不利的一个重要因素。侯佳贝（2016）通过 GARCH-BEKK 模型研究发现，国际石油价格的上涨对资本和技术密集型产品的出口具有促进作用，阻碍劳动密集型产品的出口，由于当前我国劳动力成本优势逐渐减弱，这会进一步降低高能耗劳动密集型产品的市场竞争力，从而导致其出口下降，但也在一定程度上起到推动我国出口贸易结构优化的作用。王擎、李俊文和盛夏（2019）通过建立 DSGE 模型，发现不同类型的外部冲击对国际大宗商品价格的影响通过贸易渠道和价格渠道传导到国内，正面冲击通过增加国外对国内生产的商品的需求来增加总产出。

1.2.2.2　金融渠道

1.2.2.2.1　资本市场渠道

国际大宗商品市场的波动会通过国内外金融市场的联动效应传导到实体经济上。有不少学者对资本市场这一传导渠道进行了研究。国外研究较早的有 Rudiger 和 Fischer（1980），他们提出的流量导向型模型认为，通过影响一国的进出口与国际贸易收支，汇率会对该国的经济和企业投资造成影响，最终影响股票市场上该公司的股票价格。Buyuksahin 和 Robe（2014）结合国际大宗商品的属性研究发现，国际大宗商品市场和股票市场之间的溢出效应强弱与商品的金融属性强度有关。Quadrini（2012）认为，一国实体经济部门会受到资产价格波动的影响，这种影响需要通过信用路径来实现。Hammersland 等（2014）在构建宏观经济模型过程中，采用两种彼此增强的金融加速器机制，研究发现金融加速器在资产价格对实体经济的影响效应上具有放大的作用。国内也有不少学者对这方面进行了研究。骆祚炎和郑佼（2017）通过 TVAR 模型研究发现，在净财富、现金流和预期等多种机制的作用下，金融加速器效应会整合国际大宗商品价格的波动，进而对一国经济的运行造成影响，其中对贸易收支的直接冲击效果比较显著。张翔、刘璐和李伦一（2017）认为，金融化在影响我国宏观经济波动时不仅可以通过信息途径，还可以经由其他途径对实体经济产生影响，这个途径与信息途径的作用方向相反，当它发挥主要作用时，金融化对经济波动具有放大效应。杨展和罗娅（2018）运用 VAR 模型研究认为，实体经济的产出水平无论是在长期内还是在短期内都会显著受到股票价格的影响，而价格水平受到的冲击较弱。姜丽宏（2018）通过 PVAR 模型研究发现，我国股票、大宗商品等价格的上涨均能够促进实体经济产出水平的增长，与债券价格的波动对实体经济产出造成的影响相反。

1.2.2.2.2　货币市场渠道

在货币传导渠道上，不少学者对利率和信贷方面进行了研究。对于货币政策中利率的作用机制，学者们进行过较多的研究，如 Jorgenson（1963）和 Tobin（1969）提出的新古典价格机制认为，货币政策要影响实体经济可以通过调整短期利率来实现。Jain 和 Ghosh（2013）研究表明，国际大宗商品价格对一国货币汇率存在显著影响。类承曜和魏开朗（2018）通过 VAR 模型及格兰杰因果检验方法研究发现，部分金融市场利率的变化能够造成居民消费价格指数、生产者物价指数和固定资产投资等经济运行指标的变化，然而这一传导机制的作用效果并不显著，少数利率才能够用来作为经济先导指标。张辉和黄泽华（2011）发现，现今银行同业拆借利率等多种货币市场利率对物价和工业产出等经济变量具有越来越强的解释效果。晁增义和谌金宇（2015）认为，大宗商品价格与货币政策的代表变量之间存在长期均衡关系，尤其是大宗商品价格会受到狭义货币供给量 M1 的显著短期影响。

信贷对经济的发展也起到了至关重要的作用。Oliner 和 Rudebusch（1996）通过研究企业投融资的关系，解释了信贷机制在货币政策传导中发挥的作用，其中中小企业是信贷机制的主要传导载体。Hume 和 Sentence（2009）研究了全球信贷高峰与宏观经济环境之间的关系，认为 20 世纪 90 年代中期以来的几次信贷高峰对高速的经济增长和通货膨胀没有显著的影响。潘敏和缪海斌（2010）构建 VAR 模型发现，无论是在短期还是在长期，银行信贷对经济增长都具有正向的作用，然而这种影响随着时间的推移表现出减弱的态势。其中，在货币政策传导机制中，银行信贷是促进经济增长最主要的因素。李炳和袁威（2015）通过研究货币信贷结构，认为货币结构、信贷期限结构对经济产出水平分别造成较弱的正向和负向影响。曾国安和马宇佳（2018）认为，改革开放以后，信贷一直都在带动经济的增长，但长期来看这一作用效果在不断减弱。

1.2.2.3　研究模型

在研究方法上，传统的格兰杰检验历来是学者们广泛使用的变量间因果关系的检验方法，如 Lescaroux（2008）等。但是该方法主要测算的是建立在变量之间时间先后顺序上的因果关系，且其采用的实证模型对滞后阶数较为敏感。Shipley 等（2000）提出的有向无环图（DAG）算法已被国内外一些学者采用以检验变量之间的同期因果关系，如 Awokuse（2006）等。基于 VAR 模型或者 SVAR 模型的脉冲响应和方差分解是最常见的分析传导效应的实证检验方法。例如，Yeliz（2015）通过 SVAR 模型研究了国际原油价格变动对土耳其多个经济指标所具有的非对称效应。Ghysels（2004）提出混频数据分析模型。Ma（2019）采用 GARCH-MIDAS 模型发现高频变量对低频变量具有最佳的解释能力。Awartani 等（2018）采用 DCC-MIDAS 研究了高频变量石油与股票之间的动态条件相关性。Foroni（2018）通过 RU-MIDAS 模型对美国月度宏观经济变量进行了预测，发现混合频率模型能够有效攫取出低频信息。Salisu 和 Ogbonna（2019）在预测美国 GDP 增长时，认为使用 MIDAS 模型提高了能源对经济增长的预测能力。Degiannakis 和 Filis（2018）发现，将石油市场基本面与高频金融数据相结合能提高对石油价格预测的准确性。

在国内研究方面，周建和唐成千（2018）采用 MIDAS 模型来研究混合频率数据之间的关系，发现这一方法能够克服用传统的同频模型来研究非同频数据所带来的弊端。于扬（2017）采用 MIDAS 模型研究 PMI 指数对季度 GDP 的预测能力及预测时效性，发现 PMI 指数对于季度 GDP 的变动有较强的解释力度。陈强等（2018）基于对混频数据的分析发现，无论是股市收益还是股市波动均对居民消费有着显著的影响效应。丁黎黎等（2018）在预测 GDP 时发现，混频数据抽样模型可以充分利用高频数据携带的有效信息。左喜梅（2018）发现，高频数据预测效果优于低频数据。席旭文（2018）采用 MIDAS 模型得出的预测结果和我国现实经济发展状况较为吻合。

从国内外学者的研究中可以看出，大多数学者研究的是大宗商品市场价格波动对中国宏观经济中的物价、产出等宏观经济变量的影响。他们对传导渠道的归纳研究不尽相同，分类角度没有统一的标准，而且多数学者并没有充分考虑到国际大宗商品市场以中国商品期货市场为中间变量对实体经济的传导。另外，在研究方法上，商品期货市场上的波动都是高频的日间波动，而很多经济变量的数据都是按月、季度、年公布的低频数据，这种数据频次间的差异将导致很多学者对其进行人为加工，数据同频将使研究的可信度降低，损失很多信息。因而有必要寻求新的模型来对不同频率的数据进行处理。

1.2.3　数字经济对中国经济的影响研究

与数字经济蓬勃发展形成鲜明对比的是，数字经济的理论研究相对滞后，大部分研究依然围绕着数字经济的内涵及增长原因、数字经济核算等展开讨论（刘航等，2019）。当涉及数字经济和宏观经济的相关性时，已有部分研究聚焦于数字经济对宏观经济波动的影响机制，其中主要是关于数字经济对宏观经济发展提质增效的作用路径（陈亮等，2011；姜卫民，2020），少有研究注意到数字经济产业的发展所引发的宏观经济波动与风险。

1.2.3.1　数字经济的内涵

目前国际上并没有普遍认可的数字经济的定义，不同机构和学者基于差异化视角定义了数字经济。第一，将数字经济视为一种广义的数字技术集群（OECD，2014）。第二，从商业化运作层面解读数字经济。美国经济分析局（BEA）认为，数字经济主要包含三个方面：一是数字化基础设施，二是电子商务业务，三是数字媒体（丁志帆，2020）。第三，将数字经济视为新的经济活动或经济形态，这也是对前两种定义的深化与发展。《中国数字经济发展与就业白皮书（2019年）》指出，数字经济是以数字化的知识和信息为关键生产要素，以数字技术创新为核心驱动力，以现代信息网络为重要载体，通过数字技术与实体经济深度融合，不断提高传统产业数字化、智能化水平，加速重构经济发展与政府治理模式的新型经济形态。Bukht 和 Heeks（2017）将数字经济分为三层：数字经济的基础层次是信息和通信技术。狭义的数字经济主要是数据和数据技术的应用带来新的商业模式，包括平台经济和共享经济。广义的数字经济即所有基于数字技术的经济活动，即在狭义的数字经济基础上还包含了算法经济、工业 4.0、电子商务等。

1.2.3.2　数字经济对宏观经济的影响及其机制

数字经济与宏观经济波动之间的密切关系引发学者关注，大量研究聚焦于数字经济整体对宏观经济波动的直接影响（Bertani 等，2020），指出数字经济通过促进产业升级、提升全要素生产率拉动宏观经济增长（张景利，2020）；部分研究从商业流通、通信交流、信息传播与扩散等传导路径角度探究数字经济对宏观经济波动的影响效应。

从商业流通的角度出发，电子商务类的互联网企业改变传统的销售模式，在Web 2.0 应用程序和社交媒体的参与下，通过创建商务网站、网上广告投放、参与网络社区等营销模式向消费者传播商业信息并销售商品（Johnson 等，2004），从而影响消费（Busalim 等，2021）。刘涛雄等（2019）设计了中国第一套基于互联网在线大数据的居民消费价格指数在线 iCPI，可实现各层次类别的月指数无滞后实时更新，指数数据由电脑自动进行计算，节省人力之余减少人为干预因素，并在实时监测宏观经济形势等方面表现突出。

从通信交流的角度出发，信息基础设施对宏观经济波动的影响主要体现在以下两方面：一方面，此类基建项目将产生乘数效应，更大程度地刺激投资，扩大内需，直接促进经济增长（姜卫民等，2020）；另一方面，信息基础设施的建设和应用具有网络外部性，使用者越多，网络外部价值越大（Waverman，1996），也会帮助企业实现简单便捷的信息供需对接，从而降低交易成本，提高交易效率（张雪玲和焦月霞，2017）。同时，信息通信基础设施也会通过促进产业结构升级、缓解区位之间的独立性和错位性等方式拉动宏观经济增长。陈子凤等（2016）强调，发挥信息通信技术（ICT）的信息基础设施和通用技术作用，对实现工业信息化、产业结构升级和提升国家创新能力具有重要意义。马荣等（2019）指出，基础设施建设向新型化、智能化、网络化转型，可以充分规避规模不经济的严峻压力，以实现空间资源高效分配，达到城市产业集聚的自增强式效果。

从信息传播角度出发，综合门户类的互联网企业每日的信息会直接影响居民情绪，与投资和消费关系紧密（Gu 和 Kurov，2020）。俞庆进和张兵（2012）采用百度指数作为投资者关注的代理变量，考察创业板股票市场的波动，研究发现，短期内的投资者关注对创业板股票具有正向驱动作用。Scott 和 Varian（2013）运用谷歌趋势来预测消费者信心指数，发现财政规划、投资、商业新闻、投资引擎这些关键词最为重要。黄润鹏等（2015）使用微博数据证明，微博情绪信息反映的社会整体情绪倾向能够影响并预测股票市场整体价格走势的变化，提出社交媒体中富含了有助于投资决策的有效信息。刘伟江和李映桥（2017）利用搜索引擎中的关键词搜索数据所合成的网络消费者信心指数（WCCI），分析了中国网络消费者信心和经济增长的动态相关关系与相互作用情况。

除了上述数字经济运行对宏观经济波动的直接影响路径之外，金融市场也是数字经济对宏观经济的传导渠道之一，但鲜有文献分析"数字经济—金融市场—宏观经济"的中间作用逻辑，相关的实证研究也并不多见。已有研究指出了数字经济产业对投资的吸引力。乔晓楠和郗艳萍（2019）强调，数字经济产业由于提升了劳动生产率，具有边际收益递增的特点，因此吸引了大量投资。而有关金融资产价格变动影响总需求的理论早已成熟，主要作用渠道有财富效应、托宾 q 效应等（王虎等，2008）。

1.2.3.3 电子商务平台对出口的影响

电子商务对于贸易的影响受到越来越多学者的关注。在该方向的研究文献中，最相关的是研究互联网对出口的影响，国内外的研究主要从以下两个方面入手：在宏观层面围绕着互联网对国家贸易的影响，在微观层面围绕着互联网对企业贸易的影响。

在宏观层面，Siddiqi（2009）通过引力模型，对 64 个国家进行分析，发现互联网的使用使国际贸易量得到显著的提高，Yadav（2014）在探究互联网对撒哈拉以南的非洲国家贸易的影响后也得出了类似的结论。Clarke 和 Wallsten（2006）通过对 98 个国家的数据进行研究，发现互联网的发展显著提升了发展中国家对发达国家的出口。Lin（2015）对 200 个国家的数据进行分析后发现，互联网促进了贸易的发展，一国互联网用户每增加 10%，会使一国贸易总额增加 0.2%~0.4%。

在微观层面，异质性企业理论得到发展后，学者们开始从企业微观层面来探究互联网对于企业的作用。Timmis（2013）发现，互联网的使用有助于促进发展中国家企业的直接出口，但对间接出口影响不大。Ricci 和 Trionfetti（2012）通过世界银行数据来分析互联网对全球企业生产力的影响，结果发现互联网从三个方面促进企业出口：与所有权相关的外国网络；与商会、监管相关的国内网络；与电子邮件、互联网相关的通信网络。如果企业规模越大、生产率越高，那么出口受益于互联网的可能性就越大，网络指数每提高一个标准，企业出口的可能性就会提高 15%左右。李坤望（2015）采用 Tobit 模型对中国 12400 家企业数据进行分析，发现企业出口绩效显著受到地区信息化基础设施水平的影响。

电子商务作为互联网下的一个细分领域，其对企业贸易的影响也受到了国内外学者的关注，已有研究围绕着各个传导路径来探究电子商务对企业出口绩效的影响。茹玉骢和李燕（2014）采用 Probit 以及 Fractional Probit 计量方法对中国企业分析发现，电子商务增加了我国企业进入海外市场的概率，提高了企业的出口绩效。岳云嵩和李兵（2019）通过理论和实证双面验证了电子商务平台对中国企业出口的影响，发现电子商务平台提升了企业进入出口市场的可能性，从而提高了企业的出口绩效。Bertschek（2006）选取德国制造业和服务业企业，使用转换回归模型研究电子商务对劳动生产率的影响，结果表明电子商务有助于提升企业的组织管理结构，并以此提高企业的劳动生产率；使用电子商务企业的信息通信技术投资的产出弹性显著大于不使用 B2B 企业的信息通信技术投资的产出弹性，劳动生产率的提升提高了企业的出口绩效。Zurovac 等（2014）分析了肯尼亚的各种电子商务平台对中小企业家出口的影响力，结果发现电子商务平台的流程与结构可教育当地商家，加深他们对电子商务贸易和信息化的重要性的了解，从而对中小企业进行赋能，使当地企业更好地融入全球的价值链中，促进提升企业的出口绩效。刘娟（2010）对中国中小企业进行分析后得出同样的结论，即电子商务的应用与实践加速了中国中小企业国际化的进程，为中国企业开拓国际市场提供了良好的机会。Yang（2016）研究表明，在大数据分析技术的支撑下，互联网电子商务企业较传统企业的全要素生产率和利润率更高，电子商务平台对于企业的出口绩效有着显著的正向促进效应。Tee 和 Gawer（2011）通过 I-mode 互联网平台进行案例分析，发现电子商务平台可以通过平台产业生态和线上营销管理体系来降低企业的生产可变成本，平台透明的竞争关系使众多企业逐渐加强企业之间的交流聚集与分工合作，形成一个具有创新能力的"产业生态系统"，以此提高企业整体的效率与出口绩效。朱勤、孙元和周立勇（2019）通过对690家出口跨境电商开展的问卷调查发现，电子商务平台有着赋能和价值共创的效果，这对电商的绩效有着正向的提高作用。平台与其中的企业通过紧密协调来完成赋能和价值共创，并从共同制订计划、共同解决问题和灵活做出调整三个方向来影响企业的出口绩效。

电子商务平台对企业出口绩效的影响来源于多个方面，已有研究大多围绕着与渠道紧密相关的特征变量，例如市场进入门槛、交易匹配效率、管理成本、品牌国际化、全要素生产率、进口要素价格等。这是由于电子商务平台渠道改变了传统贸易渠道，将贸易前、贸易中、贸易后的行为转到线上进行，电商平台成为贸易洽谈、商务结算的主要场所。经过梳理，在探讨电子商务平台对企业出口绩效的影响路径方面，已有文献大致从以下两个路径来阐述说明。

1.2.3.3.1 品牌国际化路径

1980年以来，在诸多品牌并购案和价格战的压力下，国内外企业开始重视品牌的建设，在现代市场经济下，品牌可以提高市场营销活动的有效性、品牌忠诚度和贸易杠杆，从而带来更大的竞争优势。国内外不少学者论述了品牌建设的重要性。Biel（1992）提出，品牌作为一类重要资产，有助于增加企业未来潜在收益的可能性。Johar等（2005）认为，品牌价值与品牌的名称、标志有关，它一方面可以提升商品的效用值，另一方面可以改变顾客对商品的认知。Upshaw（2001）认为，品牌价值涵盖了大众的主观感受和产品的客观特性，其中，主观感受是指大众对商品的印象，客观特性是商品的异质性。Hutton（2003）认为，品牌作为企业关键的资产，其存在于有形的产品外，并可为企业带来额外的收入。

电子商务的发展推动了电商企业的出口，庞大的海外市场以及便利的电商平台引发了商品同质化竞争、价格战等一系列问题，越来越多的企业意识到未来企业的核心竞争力在于海外市场的品牌形象，即品牌国际化。品牌国际化是指企业将自身品牌打造成为国际品牌，即在国际市场上有一定影响力的品牌的行为过程。目前学术界关于电子商务平台与品牌国际化的研究主要集中在以下两个方面：一是电子商务平台能够降低企业进入国际市场的门槛和运营成本，以此提高品牌国际化的概率；二是电子商务平台的差异化市场以及直面消费者的便利性促进了企业自主品牌的建设和运营，以此来提高品牌国际化的概率。在电子商务平台降低企业进入国际市场的门槛和运营成本的相关文献中，甘碧群和曾伏娥

（2005）发现，进入国际市场的成本是阻碍规模较小企业品牌发展的关键限制条件。eBay 公司 2015 年对美国中小企业进行调查后发现，借助互联网平台的企业有 94% 的概率能够加入到国际市场中，大约有 19 万家企业可以进入四大洲市场，相比之下传统企业只有 5% 的概率能够进入国际市场。Cho 和 Tansuhaj（2011）发现，电子商务平台能更有效、更全面地推荐新产品，其宣传成本较线下宣传也相对更低。在电子商务平台的差异化市场以及直面消费者的便利性等相关文献中，雷鹏（2013）发现，电子商务对中小企业的品牌具有塑造作用，电子商务平台提供的细分市场、差异化市场能够促进企业塑造和完善企业的品牌战略目标。徐松和张艳艳（2015）指出，电子商务促进了我国自主品牌的发展，电子商务平台可直面消费者，中国大量企业通过此途径，从国际品牌企业代工厂开始做大做强自有品牌。

在电子商务平台的促进下，实现了品牌国际化的企业在出口方面是否有着更可观的出口业绩是一个值得关注的问题。围绕品牌国际化与出口绩效的相关文献主要从宏观层面以及微观层面展开。在宏观层面，林晓怡和陈敏（2019）通过 VAR 模型探究电商出口额和品牌国际化之间的关联，其中品牌国际化程度通过我国马德里商标国际注册数来体现，实证结果表明双方相互影响，电商出口额每变动 1%，马德里商标国际注册数会变动 0.19%。邓兴华、梁正和林洲钰（2017）通过引力模型对 41 个经济体的双边增加值贸易数据和海外商标注册数据进行分析，结果发现海外商标可以通过降低需求偏好差异、扩大市场进入来显著提升一国出口的增加值。在微观层面，主要围绕品牌国际化对企业绩效的影响。刘红霞和张烜（2016）选取沪深两市上市公司为样本，通过单参数检验方法研究上市公司驰名商标的认定是否对公司绩效有正向作用，结果表明，我国上市公司的绩效在拥有驰名商标后得到显著提升，且拥有的同类商标的数量与绩效提升程度正相关，并且在知识产权保护越好的地区，该提升作用越显著。Zolas（2017）指出，对于目标是进军发达国家市场的企业而言，海外商标会发挥很大的作用，海外商标以及海外品牌会促进企业融入价值链中，从而提升企业业绩。

1.2.3.3.2 贸易边界拓展路径

贸易边界的拓展是指电子商务平台对企业出口目的国的广延边际有着提升作用，其作用来源于两个方面：一是电子商务平台削弱了地理距离，二是电子商务平台降低了市场进入的固定成本，使企业进入新市场的概率加大。

在传统贸易中，地理距离是阻碍国家之间贸易的重要因素。Blum（2006）指出，地理距离一般对国家间的贸易有着负面影响。同时，不少研究发现，互联网以及电子商务对于贸易有着一定的促进作用，在此背景下，电子商务的快速发展是否会弱化地理距离对国家间贸易的负面影响成了学者们关注的问题。

关于电子商务平台削弱地理距离的影响方面，已有文献大致从以下两方面进行阐述：第一，从宏观角度出发，探究国家间贸易额、国家间互联网连接程度以及地理距离之间的关系；第二，以某电子商务平台为例，探究电商出口额与地理距离之间的关系。在宏观层面，Gomez-Herrera 等（2014）借助欧盟 27 个国家的线上和线下数据分析发现，电子商务的发展可以降低地理距离对出口的贸易成本的负面影响，但寄送包裹、售后的成本会相应上升。马述忠、房超和张洪胜（2019）利用中国与 G20 成员贸易数据进行分析，发现地理距离仍然对电子商务出口额有负面影响，但和传统贸易相比，地理距离对电子商务出口的负面影响较小，其原因主要是互联网能减少搜索成本和沟通障碍以此削弱地理距离的阻碍。马述忠、郭继文和张洪胜（2019）对中国和"一带一路"沿线国家的出口数据进行检验发现，电子商务能显著降低出口的距离成本，且这种成本的降低效应在发达国家表现得更为显著。韩会朝（2019）采用二元离散模型和市场渗透效应模型对中国企业出口数据进行实证分析得出了相同的结论，并表明互联网会从静态的市场进入效应和动态的市场渗透效应这两个方面影响企业的出口：在市场进入效应方面，互联网的应用削弱了地理空间对出口的阻碍，使企业进入出口市场的概率提升了 22%；在市场渗透效应方面，互联网的应用实现了企业第二年在出口市场 59% 的市场增长率。在以某电子商务平台为案例进行的相关研究中，鞠雪楠等（2020）通过对电子商务平台"敦煌网"出口数据分析后发现，电子商务平台在一定程度上克服了贸易成本对出口的阻碍，电子商务平台拓展了贸易边界，为非沿海省份、高附加值行业提供了进入国际市场的机遇。Goldmanis 等（2010）借助 eBay 和 mercadolibre 两大电商平台的线上交易数据分析后发现，地理距离对线上交易的阻碍小于线下交易。Lendle（2016）对比了地理距离对 eBay 电子平台贸易和传统贸易的影响后发现，得益于电子平台搜索成本的降低，距离对贸易的影响在 eBay 上平均要小 65%。Kim 等（2017）发现，电子商务平台的应用以及包裹寄送行为降低了海外顾客的陌生感，实现了买卖双方的零距离沟通，降低了地理空间的限制。

关于进入市场的固定成本方面，已有研究表明电子商务平台可以从两方面降低相关进入成本：第一，电子商务平台可以削弱贸易中的信息成本。Blum 和 Goldfarb（2006）指出，企业在决定进入国际市场前需要搜索调查市场情况，该搜索成本是贸易成本的重要组成部分。Anderson 和 Wincoop（2004）指出，互联网搜索成本的降低促进了贸易的发展。电子商务平台的出现给了企业成本更低、效率更高的宣传机会。第二，电子商务平台可以降低海外市场经营和分销的成本。程立茹（2013）指出，电子商务平台中的虚拟店铺在一定程度上替代了传统的海外分销渠道，线上店铺的出现缓解了空间和时间的固定约束。

通过对已有文献的分析可知，目前对于电子商务平台、企业品牌国际化、企业贸易边界、企业出口绩效之间关系的研究仍在不断完善中。第一，对于电子商务平台、企业品牌国际化、企业贸易边界、企业出口绩效之间关系的研究在我国等新兴国家的实证分析方面仍有完善补充的空间。第二，在研究对象的选择方面，已有研究的选取对象大多为上市企业或某地区的企业，以我国制造业企业为对象的相关研究较少。第三，在围绕电子商务平台、品牌国际化、出口绩效三者关系的研究中，现有文献关注较多的是其中两两之间的关系，对于三者之间关系的研究较少。第四，在电子商务平台促进企业自主品牌的建设和运营方面，已有文献主要侧重于理论分析和机制讨论，研究方法多采用自主品牌的案例研究法。由于缺乏微观实证数据的支撑，研究结论的可拓展性受到了较大的制约。第五，在企业品牌国际化对出口绩效的影响方面，已有相关文献停留在宏观层面，即一国拥有的商标注册量对一国出口的影响。宏观层面的结论在微观层面是否同样成立的现实问题亟待解决，电子商务平台参与者多为中小民营企业，宏观数据是否能准确展现微观企业的情况有待解答。第六，在围绕电子商务平台、贸易边界、企业出口绩效三者关系的已有研究中选取我国本土电子商务平台的案例较少，且不同电子商务平台的运营模式不同，已有研究结论的可拓展性受到了一定的制约。

1.2.3.4 基于数字经济对宏观经济运行的分析与预测研究

在经济研究中，关于宏观经济指标分析与预测的方法已经较为成熟，主要分为定性和定量两种，一般认为，定量预测相较于定性预测具有明显的优势（王珍，2012），可以更加精准地预测宏观经济的未来波动。

在预测因子的选择上，最初用来预测的指标大多是宏观经济指标，如 GDP、失业率、先行指数等（刘宽斌和张涛，2018），随着大数据时代的来临和预测技术的发展，金融市场数据已经广泛应用于宏观经济指标的混频数据预测中（Garboden，2020）。Andreou 和 Ghysels（2013）、Tsui 等（2018）均使用金融高频变量预测 GDP 增长率。龚玉婷等（2014）发现，长期利率、粮食和能源商品市场的收益和波动都有助于 CPI 短期预测，而且收益对 CPI 的影响要比波动更加持久。Chai 等（2018）运用 MIDAS（m，K，h）-AR（1）展开实时预测，分析结果表明国际原油现货价格对我国七大产业的产出有显著且差异的影响。

数字经济也对宏观经济预测和分析产生影响，已有一些学者尝试将电子商务与信用卡、网络搜索、社交媒体等数字经济相关指标纳入宏观经济预测和分析中。董倩等（2014）以百度搜索指数为数据基础，采用多种计量模型对二手房和新房价格进行拟合和预测，发现网络搜索数据可以较好地预测房价指数并具有时效性。Duarte 等（2017）分析了自动柜员机（ATM）和销售点（POS）收集的数据对预测季度私人消费的有效性，发现新经济指标显示出比典型指标更好的预测性能。Mihaela（2020）的结果表明，通过谷歌趋势收集的指标可能会改善罗马尼亚的失业率预测，可以为政府决策提供更好的预测。

从方法上来说，传统宏观经济分析一般采用构建时间序列模型、小波分析、回归方法、组合预测、神经网络学习等展开预测（王晓芳等，2011；吴晓峰等，2019）。然而，这些方法大多采用月度或者季度数据，往往并不能充分地利用观测到的信息（Ghysels 和 Valkanov，2004）。随着新经济指标被用于宏观经济预测中，数据分析方法和计量模型也由此产生革新，混频数据分析、贝叶斯结构时间序列、神经网络、随机森林等新方法纷纷被应用于经济分析与预测（Clements 和 Galv，2008；Scott 和 Varian，2013；Schonlau 和 Zou，2020）。

从已有研究中可以看出，诸多学者在数字经济内涵、数字经济对宏观经济的影响以及宏观经济预测方面已经做了大量研究。借鉴以往文献关于数字经济的定义和对内涵的诠释，本书认为凡是直接或间接利用数据来引导资源发挥作用、基于数字技术推动生产力发展的经济形态均属于数字经济。关于数字经济对宏观经济的影响及机制研究，大部分研究将数字经济视为整体，少有研究从产业层面展开分析。部分研究指出，数字经济运行主要通过商业流通、通信交流和信息的传播与扩散等传导机制对宏观经济波动产生直接影响，但是鲜有学者考虑到数字经济基于金融市场对宏观经济的间接影响。在宏观经济分析与预测方面，以往研究选取的预测因子有宏观低频经济数据、金融市场高频数据以及数字基建数据和网络搜索数据等新经济指标，常用的预测方法有时间序列、回归方法、小波分析等，本书创新性地基于数字经济相关指标构建预警指数，采用混频数据抽样（MIDAS）、贝叶斯结构时间序列（BSTS）、随机森林回归（RFR）等新兴预测方法进行相关性分析和预测。

1.3 研究框架与思路

本书首先对既有文献、相关理论进行梳理，然后基于宏观经济学、产业经济学、国际金融学的分析框架进行理论建模，研究我国宏观经济运行中主要风险源的传导路径与传播特征；其次，进一步对各类大数据方法在宏观经济研究上的适用性进行了判别，寻找针对新时代中国宏观经济运行分析的最适大数据方法集；最后，在此基础上构建综合性风险预警体系。具体技术路线如图1-1所示。

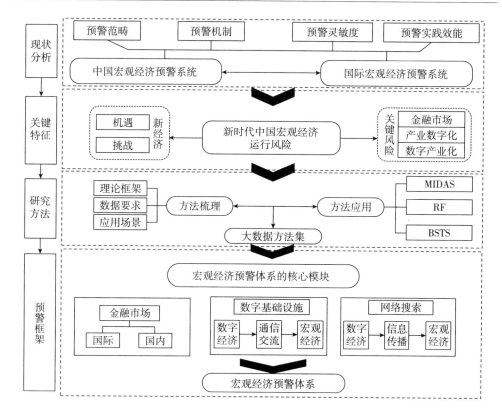

图 1-1　研究技术路线

本书研究内容主要包括以下几个方面：

（1）宏观经济预警系统研究现状分析及模型改进。本书梳理现有宏观经济预警常用模型，针对目前世界各国央行广泛使用的 DSGE 模型和景气预测模型，通过国际比较，对两种模型进行修正并应用到中国宏观经济预测中，对 DSGE 修正模型采用政策模拟预测的方式进行分析判断，对景气预测法的结果采用与能够反映我国经济走势的指标对比的方式进行判断。第 2 章就本书内容进行详细汇报。

（2）新时代宏观经济运行风险分析。在经济增长框架下识别中国宏观经济运行的关键风险，总结发现，金融发展、数字产业化和产业数字化对我国宏观经济运行影响深远。进一步地，在当前数字经济蓬勃发展背景下，本书就数字经济的发展阶段及数字经济发展的机遇和挑战进行分析，并通过实证方法就数字经济对出口、产业融合的影响展开研究，为本书奠定了研究基础。第 3 章和第 4 章就本书内容进行了汇报。

（3）大数据方法集构建。大数据方法在社会科学研究中被广泛应用，本书在分析大数据特点基础上，按照大数据产生、大数据收集和大数据分析三个方面就大数据方法在社会科学研究中的应用进行了总结，之后对常用的大数据预测方法——混频数据抽样、随机森林、贝叶斯结构时间序列进行详细介绍。第5章就本书内容进行了展示。

（4）基于多维大数据展开中国经济运行预警研究。本书从金融市场、产业数字化、数字产业化视角出发，运用金融市场数据、数字基建数据、网络搜索数据，借助混频数据抽样、随机森林、贝叶斯结构时间序列等大数据预测方法对我国宏观经济进行预测。第6章、第7章和第8章对应本书内容。

（5）宏观经济运行预警体系构建。本书梳理了传统经济指标，并以四部门、三市场的宏观经济框架为基础总结宏观经济活动中产生的大数据，之后将大数据和传统指标纳入统一的框架中，构建宏观经济运行预警体系。第9章对本书内容进行了汇报。

1.4　研究方法

本书综合使用了经济学、统计学、社会学、情报科学等多种方法，为科学有效地解决本书的研究难点提供了有力的支撑。具体内容如下：

（1）文献计量分析。通过对国内外期刊、图书、文献数据库的检索，对国内外相关理论、实证及应用对策研究的历史成果、典型案例及最新进展进行梳理总结与比较分析，为本书研究提供理论支撑。

（2）动态随机一般均衡模型。动态随机一般均衡（DSGE）模型是一个拥有良好微观理论基础的宏观经济优化模型，它将一般均衡理论作为指导，利用动态优化方法描述各经济主体（家庭、厂商、政府部门等）的跨期优化问题，在经济预测中得到越来越广泛的应用。

（3）景气预测法。IFO 研究所最早在 20 世纪 50 年代就开创了景气调查方法。景气预测法是通过对个别重要宏观经济指标进行分析，总结经济运行周期，从而提高对经济发展趋势预测的准确性，确定经济运行拐点。在经济一体化日益发展的今天，景气预测法在追踪世界经济波动轨迹中扮演着重要角色。

（4）混频数据抽样。混频数据抽样回归（MIDAS）源于分布滞后模型的思想，能够充分利用原始数据的信息，很好地解决解释变量和被解释变量不同频的问题。目前，该方法在预报当前宏观经济状态、分析和预测未来宏观经济走势方面也有广泛的应用。

（5）随机森林。随机森林（RF）最早由 Breiman 提出，它的基本思想在于用 Bootstrap 方法从原始样本中抽取多个子样本，对每个子样本进行决策树建模，再利用投票法或者平均法组合多棵决策树的预测结果来决定最终预测结果，非常适合中大型数据集。与普通最小二乘回归相比，随机森林回归可以得到更高的校正 R 平方值。

（6）贝叶斯结构时间序列。贝叶斯结构时间序列模型（BSTS）由 Scott 和 Varian 于 2013 年提出，作为对传统自回归（AR）和平均回归（MR）模型的补充，以一致且连贯的方式整合数据的不确定性、模型及模型参数，适用于预测变量较多的时间序列，也可以减少过度拟合。

1.5　研究特色与创新点

第一，研究视角独特。本书基于数字中国建设中国家大数据建设这一国家战略背景，对我国宏观经济运行风险预警机制进行研究，从包括数字经济在内的新经济产业运行风险、金融市场部门风险向实体经济部门蔓延、外部金融风险向国内传导等视角出发，考察预警体系构建。这对探讨经济深化融合发展对我国宏观经济发展冲击的深层次研究具有积极意义。

第二，研究内容新颖。本书从经济风险控制角度出发，着重从风险识别、风险判断及预警、风险应对与控制等维度考察我国宏观经济运行中预警模式的选择、预警机制的构建。以实时预测与长期可持续经济发展并重为思路，可为我国基于多维大数据的宏观经济运行预警体系改进方案设计提供参考。

第三，研究方法融合。本书采用混频数据抽样、随机森林、贝叶斯结构时间序列等分析工具，对我国宏观经济运行中各经济风险的传导机制进行分析，力图在分析工具与研究方法上能融合创新、相互支撑，确保对问题的分析具有系统性、整体性和缜密性。

1.6　本章小结

本书旨在使用大数据方法，从国际金融市场风险蔓延、新经济产业运行风险等视角对中国经济运行风险预警机制进行研究。为此，本书从当前宏观经济运行预测、国际金融市场对中国经济的影响、数字经济对中国经济的影响三个方面对现有研究进行梳理和评述，明确了研究思路并构建研究框架，针对当前研究宏观经济预测的传统方法存在的不足提出修正方法，并在后文中进行应用，同时介绍了本书的研究方法和创新之处，为本书的研究奠定了基础。

2 宏观经济预警系统的研究现状及改进

恩格斯曾经说过："社会力量完全像自然力一样，在我们还没有认识和考虑到它们的时候，起着盲目的、强制的和破坏的作用。但是，一旦我们认识了它们，理解了它们的活动、方向和影响，那么，要使它们越来越服从我们的意志并利用它们来达到我们的目的，这就完全取决于我们了。"宏观经济预测在经济活动中起着不可小觑的先驱作用。不仅如此，《中共中央关于经济体制改革的决定》曾指出，需要"改革计划方法，充分重视经济信息和预测，提高计划的科学性"，这也正是对经济预测对掌握经济发展趋势具有指导作用的一种肯定。工业化时代以后，世界各国的历史发展进程表明，各国经济发展过程中都存在着增长速度不同的阶段，也由于自身经济体系的独特性，各国在宏观经济预测这一领域的发展上表现出时间层面和模型层面的不一致。

从时间层面看，早在 1979 年，美国国民经济研究局与美国国际经济循环研究中心就曾进行合作，选取关键经济要素作为影响指标，确定合理的评价体系，构筑经济指标系统，将 7 个发达国家定为参考体系（李晓曼，2014）。同年，欧洲共同体（以下简称欧共体）也开始对其成员的经济监测预警系统进行研究。20 世纪 80 年代中后期，日本等国相继开始经济预警系统的建设工作。我国从改革开放后，对宏观经济预测也越来越重视。1980 年，中国社会科学院数量经济和技术经济研究所成立，建立了经济模型研究室，负责开展经济模型研究工作，并试图将其应用于我国经济预测中。1989 年前后，研究所完成了一系列宏观经济模型的构建，并于 20 世纪 90 年代初，正式将其应用于对中国宏观经济的分析和预测。

从模型层面看，宏观经济预测经历了从凯恩斯主义的结构分析到非结构分析，再到现在的非结构分析和结构分析相结合的宏观经济预测过程（黄文平，1999）。但是由于不同经济领域表现出的独特性，各个国家在模型的建立和使用上也呈现出了差异性。美联储通常使用 DSGE 模型和 Nowcasting 对美国的宏观经济进行预测。日本的景气警告指标 1968 年在《经济白皮书》中首次开始采用并一直沿用至今。而中国的学术研究除了使用常用的神经网络模型和回归模型外，国内部分研究机构也开始尝试自行建立适合中国国情的计量模型，如厦门大学研制的中国季度宏观经济模型（CQMM）、山东大学开发的中国宏观经济预测理论模型（CMSVAR）等。现阶段，虽然已经有很多研究证明了各个模型对自己国家的适用性，但是不同国家所使用模型之间的可替换性以及国外预测模型对中国经济指标的参考性是否存在依然有待考证。

迄今为止，世界上越来越多的国家和地区开始注重宏观经济预测，在模型的构建和使用上也越发成熟。从预测的角度来看，可以将预测模型分为两种：一种是利用现有相关数据信息对未来经济形势可能存在的变动进行预测和估计，目前在世界各国央行使用较多的模型为景气预测；另一种是将未来想要实现的经济政策模拟成外生冲击，根据其波动结果分析估计可能出现的变动情况，即一种政策的模拟预测，目前在世界各国央行中使用较多的此类模型为 DSGE 模型。我国在宏观经济预测领域起步较晚，在信息统计系统及预测模型的构造上可能依然存在待完善之处。因此，通过对国内外模型的比较研究，可以验证国外预测模型或方法对于中国的适用性，提升我国在经济预测领域的发展水平，具有重大的实践意义。

本章立足于国内外宏观预测模型的比较，首先，从预测的两个不同角度选择了两个在世界各国央行使用较广泛的预测模型，即 DSGE 模型和景气预测模型，分别论述 DSGE 模型和景气预测模型在国内外的发展，对模型的基本框架结构进行介绍。其次，对两种模型在各国央行中的使用情况进行比较，从指标选择、预测方法两个角度与其在中国的相关研究进行比较分析，得出修正建议，为后文实证分析奠定理论基础。最后，基于上述比较结果，分别对两种模型进行修正，对 DSGE 修正模型采用政策模拟预测的方式进行分析判断，对景气预测法的结果采用与能够反映我国经济走势的指标对比的方式进行判断。在上述两种修正模型的结果中探寻与借鉴国外在宏观经济预测这一领域的经验。从研究内容上看，可以概括为三个"比较"：一是从预测指标、预测方法角度比较国际主要经济体在实际应用 DSGE 模型进行政策模拟预测时的异同；二是从预测指标、预测方法角度比较国际主要经济体在景气预测体系实际应用中的异同；三是通过利用中国的数据进行政策性模拟预测或根据中国实际情况进行模型修正，将实证分析得到的结果与我国实情进行比较，给出有效修正建议，促进我国宏观经济短期预测领域的发展。

2.1 DSGE 模型与景气预测法的体系简述

本节将梳理归纳 DSGE 模型与景气预测模型的相关理论，并对两种模型的体系进行简单阐述。具体地，对于 DSGE 模型的构建，首先确定经济体的构成，通常包括家庭、厂商和决策部门等，其次根据微观经济理论得出经济体中所有经济主体的行为方程，在线性化模型的基础上对模型进行求解。对于景气预测模型体系，景气用来综合性描述经济状况的活跃程度，景气预测模型则是在确定景气预测指标体系的基础上，通常采用 NBER 的计算方法，分别计算出先行、一致、滞后指数，根据指数的波动状况分析经济的波动性与周期性。

2.1.1 DSGE 模型体系简述

2.1.1.1 DSGE 模型构建步骤

DSGE 模型是一个拥有良好微观理论基础的宏观经济优化模型，它以一般均衡理论为指导，利用动态优化方法描述各经济主体（家庭、厂商、政府部门等）的跨期优化问题，在资源、技术、信息约束等限制条件下得到经济主体的最优决策行为满足的一阶条件。

模型的构建一般包括以下四步：

（1）确定模型中的经济行为主体。构建 DSGE 模型的基础是确定经济行为主体，基础的 DSGE 模型一般至少包括家庭、厂商和政府三个主体，根据研究问题所需，厂商分为中间产品生产厂商和最终商品生产厂商。政府包括中央银行、财政部门等政策发布部门。根据研究领域，模型中也会纳入其他部门，比如将其他国家纳入模型，构建开放经济模型；将银行部门纳入模型，考察银行活动在经济运行中的作用（康立和龚六堂，2014）；将房地产市场作为一个部门考虑到模型中，研究房地产行业对经济的冲击（陈诗一和王祥，2016）。

（2）确定模型中行为主体的决策环境。当前 DSGE 模型主要包含新古典主义和新凯恩斯主义两类框架模型，两类模型假设条件不同，因此经济主体面临的决策环境也存在差异。相较新古典主义 DSGE 模型，新凯恩斯主义 DSGE 模型假设价格存在黏性以及市场具有不完全竞争性，更好地刻画了现实经济。

（3）确定行为主体面临的冲击。根据研究问题的不同，确定行为主体受到的外生随机冲击。比如，王曦等（2016）将消息冲击纳入 DSGE 模型中，王升泉和陈浪南（2019）将情绪冲击纳入 DSGE 模型中。

（4）在约束条件下实现主体行为最优化。对于家庭而言，其向劳动力市场提供劳动力，获取工资，并产生消费行为，同时向政府部门纳税，最优化目标是在预算约束条件下实现效用最大化。生产厂商利用资本和劳动进行生产活动，通过销售商品获得收入，其目标是实现利润最大化或者成本最小化。政府部门制定并发布政策，同时获得税收收入，其最优化目标是进行最优政策的选择，实现目标损失最小化或者社会福利最大化。

2.1.1.2　模型线性化

DSGE 模型通常包含了大量具有理性预期的非线性方程组，求解过程十分烦琐，因此在模型求解过程中，通常先对模型中的行为方程进行对数变换，再在稳态处进行泰勒一阶展开近似，这种变换方法通常叫作对数线性化方法。

DSGE 被表示为具有 N 个非线性差分方程的模型系统，即：

$$\Psi(z_{t+1},\ z_t)=0 \tag{2-1}$$

其中，z_t 和 0 均为 n×1 维列向量，对应变量的稳态值记为 $\bar{z}$。

式（2-1）的另一种形式可以写为：

$$\Psi_1(z_{t+1},\ z_t)=\Psi_2(z_{t+1},\ z_t) \tag{2-2}$$

对式（2-2）两边取自然对数，并根据恒等式 $z_t=e^{\log z_t}$ 得：

$$\log\Psi_1(e^{\log z_{t+1}},\ e^{\log z_t})=\log\Psi_2(e^{\log z_{t+1}},\ e^{\log z_t}) \tag{2-3}$$

将 $\log z_t$ 和 $\log z_{t+1}$ 均看成一个整体，通过泰勒一阶近似展开，将式（2-3）转化为对数线性化形式。对式（2-3）左边第一项的近似为：

$$\mathrm{Log}\Psi_1(z_{t+1},\ z_t)\approx$$
$$\log[\Psi_1(\bar{z},\ \bar{z})]+\frac{\partial\log(\Psi_1)}{\partial\log(z_t)}(\bar{z},\ \bar{z})\times\left[\log\left(\frac{z_t}{\bar{z}}\right)\right]+\frac{\partial\log(\Psi_1)}{\partial\log(z_{t+1})}(\bar{z},\ \bar{z})\times\left[\log\left(\frac{z_{t+1}}{\bar{z}}\right)\right] \tag{2-4}$$

对式（2-3）左边第二项的近似为：

$$\log\Psi_2(z_{t+1},\ z_t)\approx$$
$$\log[\Psi_2(\bar{z},\ \bar{z})]+\frac{\partial\log(\Psi_2)}{\partial\log(z_t)}(\bar{z},\ \bar{z})\times\left[\log\left(\frac{z_t}{\bar{z}}\right)\right]+\frac{\partial\log(\Psi_2)}{\partial\log(z_{t+1})}(\bar{z},\ \bar{z})\times\left[\log\left(\frac{z_{t+1}}{\bar{z}}\right)\right] \tag{2-5}$$

如果定义：

$$A=\left[\frac{\partial\log(\Psi_1)}{\partial\log(z_{t+1})}(\bar{z},\ \bar{z})-\frac{\partial\log(\Psi_2)}{\partial\log(z_{t+1})}(\bar{z},\ \bar{z})\right] \tag{2-6}$$

$$B=-\left[\frac{\partial\log(\Psi_1)}{\partial\log(z_t)}(\bar{z},\ \bar{z})-\frac{\partial\log(\Psi_2)}{\partial\log(z_t)}(\bar{z},\ \bar{z})\right] \tag{2-7}$$

并且将变量对数的稳态偏离值记为 $\hat{z}_t = \log\left(\dfrac{z_t}{\bar{z}}\right)$，那么式（2-3）可以化简为：

$$A\hat{z}_{t+1} = B\hat{z}_t \tag{2-8}$$

2.1.1.3　模型求解

线性化 DSGE 模型的求解方法主要有四种，分别是 BK 方法、QZ 分解方法、广义舒尔分解法和待定系数法。目前利用 Dynare 和 Matlab 可以直接对非线性化模型进行求解，无须手动计算。

2.1.1.4　模型参数的估计

DSGE 模型中的参数可以分为两类：一类是反映模型稳态特性的相关参数，对于这类参数，通常采用校准的方法来设定；另一类是反映模型动态特性的相关参数，这类参数通常采用估计的方法来确定，常用的估计方法有广义矩方法、极大似然估计和贝叶斯估计。本书中使用的参数都是各学者通过贝叶斯方法估计得到的，因此以贝叶斯估计方法为重点介绍。贝叶斯估计原理如下。

假设模型取对数后为：

$$E_t\{f(y_{t+1},\ y_t,\ y_{t-1},\ u_t;\ \theta)\} = 0 \tag{2-9}$$

其中，E_t 表示预期，y_t 表示内生变量，u_t 代表外部冲击，θ 为参数。通过求解方程 $f(y_s,\ y_s,\ y_s,\ 0;\ \theta) = 0$，可以得到 y_t 的稳态值 y_s，进而通过 Juillard（1996）的方法解动态方程 $\hat{y}_t = y_t - y_s$，可以得到如下解：

$$\hat{y}_t = g_y(\theta)\hat{y}_{t-1} + g_u(\theta)u_t \tag{2-10}$$

其中，$g_y(\theta)$ 和 $g_u(\theta)$ 是参数 θ 的非线性函数。

假设 y_t^* 为模型中的可观测变量，则它满足方程：

$$y_t^* = M(\theta)y_t + \eta_t \tag{2-11}$$

定义 $E(u_t u_{t'}) = Q(\theta)$，$E(\eta_t \eta_t') = V(\theta)$，采用 Kalman 滤波可以得到如下方程：

$$v_t = y_t^* - y_s^* - M\hat{y}_t,\quad F_t = MP_t M'V,\quad K_t = g_y P_t g_y' F^{-1} \tag{2-12}$$

$$P_{t+1} = g_y P_t (g_y - K_t M)' + g_u QQ g_u',\quad \hat{y}_{t+1} = g_y \hat{y}_t + K_t v_t \tag{2-13}$$

从而可以得到似然函数的对数值：

$$\ln L(\theta \mid Y_T^*) = -\frac{TK}{2}\ln(2\pi) - \frac{1}{2}\sum_{t=1}^{T}|F_t| - \frac{1}{2}v_t' F_t^{-1} v_t \tag{2-14}$$

且 $\ln L(\theta \mid Y_T^*)$ 为样本 Y_T^* 的似然函数，T 为样本容量，K 刻画了内生变量 y_t 的维度。

依照贝叶斯原理，可以得到参数 θ 的后验概率密度函数：

$$\rho(\theta \mid Y_T^*) = \frac{L(\theta \mid Y_T^*)\rho(\theta)}{\rho(Y_T^*)} \tag{2-15}$$

其中，$\rho(\theta)$ 是参数 θ 的先验概率密度函数，$L(\theta \mid Y_T^*)$ 是样本的似然函数，$\rho(Y_T^*)$ 是边际概率密度函数：

$$\rho(Y_T^*) = \int \left[L(\theta \mid Y_T^*) \rho(\theta) \right] d\theta \tag{2-16}$$

从式（2-16）可以看出，边际概率密度函数 $\rho(Y_T^*)$ 与 θ 并无关联，因此在给定 θ 的先验分布后通过使函数 $\ln L(\theta \mid Y_T^*) + \ln \rho(\theta)$ 最大化就可以得到 θ 的众数估计值。另外，在随机模拟计算中，采用 MCMC 方法，计算边际概率密度函数，还可以得到参数 θ 的后验分布情况及其他相关数据信息。

2.1.1.5 模型框架

DSGE 模型通常假定有三类经济主体，分别为家庭、厂商和政府部门（或中央银行）。其中，家庭通过向制造商提供劳动力以赚取工资，并且有一定数量的货币和制造商发行的债券。制造商处于垄断竞争的市场中，单个制造商生产具有一定差异的产品，并制定自己的价格。与传统模型一样，假设家庭的目标是在其整个生命周期内最大化其预期总效用，而制造商的目标是最大化其预期总利润。

（1）家庭。家庭的行为通常用具有特定形式的效用函数来描述，在新凯恩斯 DSGE 模型中，货币政策非中性，需要定义货币需求函数，通常会将实际货币存量包含在效用函数中，目前应用最广泛的货币函数为 MIU 效用函数：

$$u_t = U\left(C_t, \frac{M_t}{P_t}, 1-N_t\right) \tag{2-17}$$

其中，C_t 为最终消费品，$\frac{M_t}{P_t}$ 为货币实际存量，P_t 为当期市场价格的总水平，N_t 为劳动耗费时间。

假设效用函数可分，终生最大化期望总效用函数即代表性家庭的目标可以记为：

$$E_t \sum_{i=0}^{\infty} \beta^i \left[\frac{C_{t+i}^{1-\sigma}}{1-\sigma} + \frac{\gamma}{1-b}\left(\frac{M_{t+i}}{P_{t+i}}\right)^{1-b} - \chi \frac{N_{t+i}^{1+\eta}}{1+\eta} \right] \tag{2-18}$$

$$C_t = \left[\int_0^1 c_{jt}^{\frac{\theta-1}{\theta}} dj \right]^{\frac{\theta}{\theta-1}} \tag{2-19}$$

其中，σ 和 b 分别表示消费和货币余额，η 决定了当期的跨期替代弹性，γ 和 χ 决定了上述三者之间的期内替代弹性。

实现一个家庭的最优行为有两种方式，即在一定的预算约束下，最小化一定数量商品的支出和最大化效用。假设 C_t 代表单个家庭的一定数量的消费品，代表家庭的问题是通过选择不同的消费品使支出最小化，并优化消费的跨期分配，即：

$$C_t^{-\sigma} = \beta (1+i_t) E_t \left(\frac{P_t}{P_{t+1}} \right) C_{t+1}^{-\sigma} \tag{2-20}$$

货币需求方程为：

$$\frac{\gamma \left(\dfrac{M_t}{P_t} \right)^{-b}}{C_t^{-\sigma}} = \frac{i_t}{i_t+1} \tag{2-21}$$

即持有货币的机会成本与货币和消费的边际替代率相等。

家庭的劳动供给方程为：

$$\frac{\chi N_t^{\eta}}{C_t^{-\sigma}} = \frac{\omega_t}{P_t} \tag{2-22}$$

即闲暇的机会成本与闲暇和消费的边际替代率相等。

（2）厂商。对厂商行为的描述主要体现在市场特性的界定以及价格刚性。通常情况下，中间厂商的市场为垄断市场，而最终产品市场为完全市场。

对于价格的描述模型种类很多，基于国际经验，本书采用卡尔沃定价模型，该模型相对简单，应用广泛。卡尔沃认为，为了反映价格刚性假设，有 ω 部分的厂商在每阶段被随机选择，它们需要保持价格不变，即当前产品价格等于上一阶段的价格；另有（1-ω）部分的制造商可以重新定价自己的产品，ω 被用来衡量名义价格刚性。这表明，制造商的决策过程是一个跨越不同时期的动态过程，因为制造商在该时期的定价行为不仅影响当期的利润，还可能影响未来时期的利润。类似家庭的最优化行为，厂商的最优化行为也可以概括为两部分：一方面，根据家庭的需求 c_{jt}，各厂商需要用最小化的成本生产一定数量的产品；另一方面，选择合适价格 p_{jt} 以最大化其预期总利润。综合上述两方面，新凯恩斯主义理论下的菲利普斯曲线可以表示为：

$$\pi_t = \beta E_t \pi_{t+1} + \kappa \hat{\varphi}_t \tag{2-23}$$

其中，$\hat{\varphi}_t$ 为实际边际成本，但以偏离稳态的百分比的形式表示，κ 为常数。

进行迭代后可以得到：

$$\pi_t = \kappa \sum_{i=0}^{\infty} \beta^i E_t \hat{\varphi}_{t+i} \tag{2-24}$$

进而可以直接得到通胀和产出缺口之间的联系：

$$\pi_t = \beta E_t \pi_{t+1} + \kappa x_t \tag{2-25}$$

其中，产出缺口为 $x_t = \hat{y}_t - \hat{y}_t^f$。

（3）政府。为了简化分析，暂假设中央银行并不作为最优化主体，只是执行简单的货币政策以实行一定的政策目标，在学术研究中通常采用简单的泰勒利率规则，即：

$$i_t = \rho + \varphi_\pi \pi_t + \varphi_{\hat{y}} \hat{y}_t + v_t \qquad (2\text{-}26)$$

整合之后就可以获得代表整个经济动态均衡条件的矩阵方程，从而得到一种最优配置，进而综合模拟政策冲击对经济的影响。

（4）市场出清。即各部门达到均衡状态：

$$Y_t = C_t + I_t + G_t + \varepsilon_t \qquad (2\text{-}27)$$

2.1.2 景气预测模型体系简述

2.1.2.1 景气预测法概述

景气用来综合性描述经济状况的活跃程度，现代社会中，景气的变动影响着人们对于未来经济状况的预判，从而影响经济活动的安排。家庭需要根据景气安排内部资产，企业需要根据景气调整生产策略，政府则需要参照景气出台相应的经济政策，以便在经济下行或市场萧条时，更大限度地发挥其对经济的引导作用，因此对于景气的分析与研究不容忽视。景气预测法是通过对个别重要宏观经济指标进行分析，总结经济运行周期，从而提高对经济发展趋势预测的准确性，确定经济运行拐点。在经济一体化日益推进的今天，建立世界经济景气预测体系有助于比较研究当前与历史经济周期中的同期差异，利用相关指标预估当前经济周期的规模和程度，从而最小化由于经济下行造成的损失，因此，景气预测法在追踪世界经济波动轨迹中扮演着重要角色。

从1917年的哈佛指数开始，景气预测法迄今已有百年历史，人们对景气的研究与应用越来越深入且广泛，这一分析方法在世界各国学者的潜心钻研下也越来越完善。目前，国际上已有几十个国家的政府及民间机构进行着景气监控预测工作，并定期发布景气指数。其中，美国在这一领域的发展较为超前，美国的会议委员会和OECD是从事景气预测工作较为权威的两家机构，除此之外，亚洲一些国家如日本、韩国等国也在根据本国国情和经济趋势建立客观、适合的预测体系。而我国在这一领域起步较晚，1980年前后我国才逐渐引入西方相关理论加以借鉴，但由于时间较短，统计体系发展也不健全，我国的景气预测体系和美国、OECD等具有先进预测水平的经济体相比仍存在较大差距。

2.1.2.2 景气预测指标的选取

对于宏观经济的景气预测，核心内容就是构建完善的指标体系。从历史经验来看，在经济的周期性波动中，一些经济指标的波动比经济周期波动要超前，这样的指标被称为先行指标；而有的指标与经济周期变动大致相同，被称为一致指标；还有一些指标的变动要明显落后一段时间，这样的指标称为滞后指标。这些不同的指标就构成了景气预测的指标体系，分别为先行指标、一致指标和滞后指标（董文泉等，1988）。

指标的选取也有一定的原则，不能全靠主观判断，需要考虑经济上的重要性、统计上的充分性、统计的适时性以及与景气波动的对应性（高铁梅等，2003）。通常一套完善的预测指标体系对于正确的景气预测结果有着不可或缺的作用，因此，比较其他较发达经济体的景气预测指标体系的异同，从中寻找可借鉴之处，参考我国国情加以运用，才能更加高效地促进我国景气预测体系的整体提升。

2.1.2.3　构建景气合成指数

目前，对于指数的合成国际上有三种计算方法，分别为美国商务部的合成指数计算方法（NBER 方法）、日本经济企划厅的合成指数计算方法以及 OECD 的合成指数计算方法。本书将使用 NBER 的合成指数方法，这也是目前我国在景气预测中对合成指数的计算方法，具体步骤如下：

2.1.2.3.1　计算指标的对称变化率

记指标 $Y_{ij}(t)$ 表示第 j 指标组的第 i 个原始指标，$j=1$，2，3 分别表示先行指标组、一致指标组以及滞后指标组，$i=1$，2，$\cdots$，k_j 表示各组内指标的序号，k_j 表示第 j 指标组所含有的指标个数。

对 $Y_{ij}(t)$ 求对称变化率 $C_{ij}(t)$：

$$C_{ij}(t) = 200 \times \frac{Y_{ij}(t) - Y_{ij}(t-1)}{Y_{ij}(t) + Y_{ij}(t-1)}, \quad t=2, 3, \cdots, n \tag{2-28}$$

其中，当指标 $Y_{ij}(t)$ 中有非正数或者为比率序列时，对称变化率取一阶差分：

$$C_{ij}(t) = Y_{ij}(t) - Y_{ij}(t-1), \quad t=2, 3, \cdots, n \tag{2-29}$$

2.1.2.3.2　计算标准变化率

为了防止波动较大的指数在 CI 指数中占据主导地位，有必要对每个指标的对称变化率进行标准化，使其平均绝对值等于 1。这样可以使各指标对合成指数的影响程度是均等的。

标准化因子 A_{ij}：

$$A_{ij} = \frac{\sum_{t=2}^{n} |C_{ij}(t)|}{n-1} \tag{2-30}$$

将 $C_{ij}(t)$ 标准化可以求得标准化变化率 $S_{ij}(t)$：

$$S_{ij}(t) = \frac{C_{ij}(t)}{A_{ij}}, \quad t=2, 3, \cdots, n \tag{2-31}$$

2.1.2.3.3　计算三个指标组的标准化平均变化率

记平均变化率为 $R_j(t)$：

$$R_j(t) = \frac{\sum\limits_{i=1}^{k_j} S_{ij}(t)\omega_{ij}}{\sum\limits_{i=1}^{k_j} \omega_{ij}}, \quad j = 1, 2, 3; \ t = 2, 3, \cdots, n \tag{2-32}$$

其中，ω_{ij} 代表每一个指标的权重。

2.1.2.3.4 计算指数的标准化因子

为了使三组指数具有相同的波动幅度以便于比较，我们进行指数标准化，并且以一致指数的波动幅度作为基准来计算指数，以计算指数标准化因子 F_j：

$$F_j = \left[\frac{\sum\limits_{t=2}^{n} |R_j(t)|}{n-1}\right] \Big/ \left[\frac{\sum\limits_{t=2}^{n} |R_2(t)|}{n-1}\right], \quad j = 1, 2, 3, \ F_2 = 1 \tag{2-33}$$

2.1.2.3.5 计算指数标准化平均变化率 $V_j(t)$

$$V_j(t) = \frac{R_j(t)}{F_j}, \quad t = 2, 3, \cdots, n \tag{2-34}$$

利用一致指标序列的平均变化率的振幅度来调整先行指标序列和滞后指标序列的平均变化率，以便将这三个指数作为一个协调系统来应用。

2.1.2.3.6 计算合成指数

令 $I_j(1) = 100$，则：

$$I_j(t) = I_j(t-1) \times \frac{200+V_j(t)}{200-V_j(t)}, \quad t = 2, 3, \cdots, n \tag{2-35}$$

计算合成指数，基准年份为100：

$$CI_j(t) = \frac{I_j(t)}{\overline{I_j}} \times 100 \tag{2-36}$$

其中，$\overline{I_j}$ 为 $I_j(t)$ 在基准年份的平均值。

2.2 DSGE 模型与景气预测法的国际比较

本节整理了一些世界上主要国家及地区或者经济组织对 DSGE 模型与景气预测模型两种模型的使用方法，结合我国在这两种模型上的应用情况，分别进行了这两类模型的国际对比，结合比较结果，得出修正方向，为下一节修正模型的构建提供基础。

2.2.1 DSGE 模型的国际比较

越来越多的政策机构开发并使用 DSGE 模型为政策决策提供借鉴与参考。各国央行及货币基金组织等均是 DSGE 模型的主要使用者。因为各个经济体异质性的存在以及政策目的的不同，各国政府纷纷开发更为适用于自身的 DSGE 模型应用于政策分析和经济预测之中，尤其是在金融危机之后。

金融危机后，许多政策机构都对其模型进行了修改，如纳入失业、金融摩擦和非常规货币政策等。迄今为止，政策机构越来越多地将 DSGE 模型作为其最重要的政策分析工具之一。

2.2.1.1 国际货币基金组织

国际货币基金组织（IMF）开发了 GEM、GFM、GIMF 等一系列 DSGE 模型。GEM 模型是 IMF 最早开发的多国 DSGE 模型，该模型结合了 RBC 的长期特性和短期凯恩斯主义的动态特征，旨在提供一个优化的跨期框架，通过对跨期经济框架模型求解，能够解决涉及政策和结构冲击的国际传递的基本政策问题（Pesenti，2008）。GEM 模型不能反映长期财政政策变化的很多重要特征，因此 IMF 在GEM 的基础上发展出了 GFM 模型。GFM 是一个多国动态一般均衡模型，专门用于探索财政政策问题（Botman，2006）。GFM 是更丰富的非李嘉图结构，允许扭曲性税收，并包括并非所有消费者都能完全进入金融市场的现实假设。因此，GFM 模型可以用于评估消费者短视、工人对实际工资的敏感性、生产结构的灵活性以及不参与金融市场的程度等基本因素对财政政策效果的影响程度。该模型明确的微观经济结构允许在评估财政政策效果时考虑一些通常没有得到足够重视的关键因素，比如消费对实际利率变化的敏感性。此外，GFM 包含垄断竞争的假设，有利于考察价格扭曲对税收扭曲效应的影响。全球金融市场的多国层面允许财政政策运作的其他渠道，并指出贸易开放程度是财政政策效果的另一个基本决定因素。GFM 为财政政策问题研究提供了一个统一的框架。为了更好地进行政策分析和国际分析，IMF 又开发了 GIMF 模型，该模型是一个多国动态一般均衡模型，能够处理各国政策分体和内部风险评估分析（Kumhof 等，2010）。GIMF 模型包含了多个经济行为主体，考虑了供给、需求、财政政策、货币政策、金融、全球影响等多个影响因素，在国家结构性改革分析、财政改革分析等研究中得到广泛的应用（Anderson 等，2013；Elekdag 和 Muir，2014；Santoro，2015）。

2.2.1.2 欧洲央行

Smets 和 Wouters 于 2003 年建立的 AWM（Area Wide Model）模型是欧洲央行过去广泛使用的最基础的 DSGE 模型，之后在 AWM 模型基础上出现了众多拓展模型。在政策流程中，欧洲央行通常使用 NAWM（Christoffel 等，2008）和

CMR（Christiano 等，2003，2007）两种模型。NAWM 是为预测和政策分析而开发的。CMR 模型的开发是为了支持欧洲央行及其两大支柱战略的货币分析，并进行货币和金融情景分析。为不同目的服务的需要促进了开发 DSGE 模型时的建模选择。NAWM 包含一个详细的国际区块，这有助于根据其他国家经济活动、价格和利率的假设调整欧元区预测，并扩大情景分析的范围。CMR 包括一个更为发达的金融部门，这使它可以用于货币和金融方面的详细建模。Smets 等（2010）通过对 NAWM 和 CMR 两个模型的比较，发现它们所做的定性预测基本一致，尽管在定量方面存在一些差异，但提供的观点并不冲突，且通常是互补的。Gomes 等（2012）开发了 EAGLE（Euro Area and Global Economy）模型，可以对欧元区各区域之间以及欧元区与世界经济之间的宏观经济相互依存关系进行定量政策分析。通过模拟欧元区劳动力税率的持续性降低，发现劳动力税率下降对实际活动的影响在短期和长期都具有扩张性影响。

2.2.1.3 美联储

美联储常用的 DSGE 模型包括 SIGMA 和 EDO 两种。SIGMA 是一个多国开放经济模型，包含了美国、欧洲、日本、加拿大、墨西哥、欧洲发展中国家及世界其他七个国家模块（Erceg 等，2008）。该模型假设存在不完全信息，并通过卡尔曼滤波运用学习机制使模型针对冲击产生缓慢调整，此外假设一部分家庭的消费和税后可支配收入相等，从而打破李嘉图等价。同时，模型引入了消费习惯形成、投资成本调整等摩擦。得益于模型的微观基础，SIGMA 模型能够探讨结构性参数变化对政策效果的影响。EDO 是一个封闭的经济模型，该模型更为详尽地考虑了生产和消费决策。在生产方面，该模型将生产部门分为缓慢增长和快速增长两个部分。缓慢增长生产部门生产的商品大部分用于消费，快速增长生产部门生产的产品主要用于资本积累（Chung 等，2010）。在消费方面，该模型区分了包括非耐用消费品和非住房服务、耐用消费品、住宅投资和非住宅投资在内的四类私人需求，非耐用消费品和服务直接出售给家庭，耐用消费品、住宅资本品和非住宅资本品通过资本品中介交易。非耐用消费品和服务以及住宅资本品从缓慢增长生产部门购买，而耐用消费品和非住宅资本品的购买则来自于快速增长生产部门。除了消费他们购买的非耐用消费品和服务外，家庭还向这些生产部门的中间产品生产企业提供劳动力。

2.2.1.4 其他

日本中央银行使用的 DSGE 模型是 JEM 模型，该模型是一个大规模经济模型，其目的是改善货币政策的分析，允许不仅在经验上相关而且在理论上合理的预测（Fueki 等，2016）。JEM 模型广泛用于日本的预测和政策模拟之中，在机制分析中，每个经济变量都经历短期动态、短期均衡和稳定状态三个阶段。短期动态使 JEM 能够更密切地跟踪实际经济发展，促进预测，也使政策模拟演习更为真实。最后一个阶段是稳定状态，在这一状态时，所有实际变量都以相同的速度增长，即潜在的国内生产总值增长率。

加拿大银行使用的全球经济模型（BoC-GEM）是 GEM 模型的扩展模型，将可交易和不可交易商品部门包括在内，同时包括石油和非石油商品。此外，石油部门被分解为生产用油和零售用油（Lalonde 和 Muir，2007）。BoC-GEM 模型可以分析加拿大和全球经济当前面临的前沿问题，比如贸易保护主义、全球失衡和油价上涨。

澳大利亚储备银行目前使用的 DSGE 模型包含丰富的部门，包括非贸易部门、资源部门和非资源贸易部门。该模型包含更少的摩擦，且更容易开发相关扩展模型，更适用于情景分析，能够探讨货币政策、汇率和资源价格冲击带来的影响（Rees，2016）。

此外，DSGE 模型广泛应用于各个国家，如巴西中央银行的 SAMBA 模型（De Castro 等，2015）、智利中央银行的 MAS 模型（Medina 和 Soto，2007）和 XMAS 模型（Garcia 等，2019）、英格兰银行的 COMPASS 模型（Burgess 等，2013）等。

我国由于在 DSGE 模型的发展应用上起步较晚，至今仍在不断地摸索中，但在学术研究领域，我国学者根据中国经济特色，纷纷开始对 DSGE 模型进行了一系列的扩展，如引入了影子银行等新的金融部门，也引入土地金融和房地产行业，并对养老金缺口及其财务影响、金融限额测算和房地产政策的宏观影响、潜在产出与经济波动根源等重要问题进行了大量扎实的理论和实证研究。

2.2.1.5 DSGE 模型的国际比较结果

为了更清楚地了解各个国家的 DSGE 模型开发及使用情况，本书汇总整理了多个国家及区域央行 DSGE 模型的资料，详细对比结果如表 2-1 所示。

表 2-1　不同央行 DSGE 的比较

模型种类	全球模型			区域模型	
模型名称	BoC-GEM （加拿大）	GIMF （IMF）	SIGMA （美联储）	OECD	NAWM （欧洲）
生产和市场结构					
生产方程	中间产品：CES 最终产品：CES	中间产品：CES 最终产品：CES	中间产品： 柯布—道格拉斯 最终产品：CES	中间产品： 柯布—道格拉斯 最终产品：CES	中间产品： 柯布—道格拉斯 最终产品：CES
市场结构	中间厂商： 垄断竞争 最终产品： 完全竞争	中间厂商： 垄断竞争 最终产品： 垄断竞争	中间厂商： 垄断竞争 最终产品： 完全竞争	中间厂商： 垄断竞争 最终产品： 垄断竞争	中间厂商： 垄断竞争 最终产品： 完全竞争

续表

模型种类	全球模型			区域模型	
模型名称	BoC-GEM（加拿大）	GIMF（IMF）	SIGMA（美联储）	OECD	NAWM（欧洲）
名义、实际、金融摩擦					
价格刚性	价格通胀的调整成本	价格上涨的调整成本	卡尔沃定价	价格上涨的调整成本	卡尔沃定价
工资刚性	工资通胀的调整成本	工资上涨的调整成本	卡尔沃定价	工资上涨的调整成本	卡尔沃定价
金融加速器	无	有	有	有	无

DSGE 是一个具有庞大系统的宏观经济分析模型，它获得多个央行青睐的其中一个原因就是它有着良好的微观理论基础。从最初以 RBC 理论为基本框架的动态随机一般均衡模型发展至如今的实证 DSGE 模型，除了央行借此模型模拟和分析本国各种实际冲击以调整货币政策和财政政策之外，DSGE 模型如今也广泛用于学术研究领域。从表 2-1 的横向与纵向比较结果来看，各国央行在 DSGE 模型的应用上有所差异，其中一个原因就是各国在考虑到本国的实际国情后对模型加以调整，但也有部分机制是在各国普遍应用的。

在厂商部门方面，大多数模型将中间产品的生产函数采用柯布—道格拉斯函数，且用固定替代弹性生产函数（CES）作为最终产品的生产函数。在市场结构方面，多数央行 DSGE 模型将中间产品生产部门假设为垄断竞争市场，最终产品假设为完全竞争市场，这与我国大多数学者在有关 DSGE 模型的学术研究上的设定也是一致的。经过发展的 DSGE 模型摒弃了原有的 RBC 理论，选择了更加符合实际的新凯恩斯理论，引入了价格黏性与工资黏性，而从比较结果来看，多数央行模型引用了卡尔沃的定价理论来解释工资与价格黏性机制。除此之外，DSGE 起初不被看好的其中一个原因就是无法解释与预测金融危机，这也是如今实证 DSGE 模型引入金融摩擦部分的原因，表 2-1 比较结果也表明，各国央行的动态随机一般均衡模型都引入了金融加速器来解释金融摩擦中的冲击变量。

在 DSGE 研究领域，中国目前仍处于学习吸收与优化阶段，因此本书对动态随机一般均衡模型的修正将建立在国外模型的基础上，通过调整参数设置，将之修正成为一个适用于中国国情的模型，并进行检验。根据比较结果，可以发现美联储的 SIGMA 模型在一些方面与目前 DSGE 模型在中国学术领域中的应用较为相似，比如中间产品的生产方程采用柯布—道格拉斯函数等，且美联储的 SIGMA 为多国模型，构建较为完善，因此本书将以美国 SIGMA 模型为基础，将使用中国数据估计出的参数加以修正，以此观测修正后的美联储 SIGMA 模型是否适用于中国宏观经济政策的模拟预测。

2.2.2 景气预测法的国际比较

2.2.2.1 美国景气预测指标体系

从百年前的哈佛指数开始，美国在景气预测这一领域的发展在世界上就一直领先，当前，美国已经建立了较为完善的宏观经济预测指标体系。以美国大企业联合会的指标体系为例，指标体系分为先行指标、一致指标、滞后指标，详细指标如表 2-2 所示。

表 2-2 美国景气预测指标体系

先行指标	一致指标	滞后指标
制造业平均每周工作小时	非农业从业人数	失业的平均时长
平均每周对失业保险的初次申请	居民可支配收入	制造业和贸易的库存/销售比
制造业的消费品和原材料新增订单	工业生产指数	制造业单位产出的劳动成本
零售状况扩展指数	制造业和贸易业销售额	平均最惠利率
非国防资本品的制造业订单		商业和工业贷款额
新的私人建房建筑许可		消费分期贷款/个人收入比
S&P500 种股票价格指数		服务业 CPI
货币供应量（M2）		
利率差（10 年期国债减美联储基金）		
消费者预期指数		

资料来源：美国大企业联合会。

2.2.2.2 日本景气预测指标体系

1968 年，日本《经济白皮书》首次采用了"景气警告指标"这一经济分析工具，随着经济运行机制的不断发展，目前内阁府公布的景气指标体系如表 2-3 所示。

表 2-3 日本景气预测指标体系

先行指标	一致指标	滞后指标
最终需求品的生产者库存率指数	工业生产指数	第三产业活动指数
生产者库存率指数	生产者出厂货值指数	一般工人就业指数（同比）
新工作机会（不含应届毕业生）	耐用品生产者出厂数量指数	购置新厂房和设备的业务支出

先行指标	一致指标	滞后指标
制造业机械订单指数	不定期工作时长指数（工业）	生活开支（工商户，同比）
新建住房开工面积	生产者出厂数量指标	公司税收
消费者信心指数	零售额同比变化	失业率
日经商品价格指数（42 项）	批发销售额（同比变化）	合约现金收入（制造业）
货币存量（M2）（同比变化）	全行业营业利润	居民消费价格指数
股票价格（东京股票价格指数）	有效就业比率	生产者存货指数
投资环境指数（制造业）		
营业利润与总资产之比（制造业）		
新发行政府债券收益率（10 年）		
小企业销售预测		

资料来源：日本内阁府经济社会综合研究所，www.cao.go.jp/。

2.2.2.3　韩国景气预测指标体系

从 1964 年开始，韩国着手编制经济周期循环指数，经过指标选择等方面的多次修订，目前已形成了较为完整的经济景气预测系统，由韩国开发研究院（KDI）定期公布合成指数，目前官网公布的指标体系如表 2-4 所示。

表 2-4　韩国景气预测指标体系

先行指标	一致指标	滞后指标
制造业新增和离职员工比率	非农业居民就业人数	制造业离职工人数
货币供给（M3）	工业生产指数	普通雇员人数
储蓄银行存款	制造业开工率指数	生产者库存指数
制造业中间产品销售	批发和零售贸易指数	消费
制造业库存率	国内现价消费	消费品的进口
中间产品工业生产指数	进口	红利
机械行业新增订单		
建筑许可面积		
出口信贷		
颁发的进口执照		

资料来源：韩国开发研究院，www.kdi.re.kr/。

2.2.2.4　中国景气预测指标体系

20 世纪 80 年代，中华人民共和国国家科学技术委员会（以下简称国家科委）、中国社会科学院数量经济与技术经济研究所、国家统计局以及一些地方政府陆续展开了景气测定工作。1999 年，国家统计局正式增设中国经济景气监测中心，定期出版《中国统计月报》《中国经济景气月报》，并为公众提供经济景气相关数据及研究报告。目前，中国经济景气监测中心公示的预测指标体系如表 2-5 所示。

表 2-5　中国景气预测指标体系

先行指标	一致指标	滞后指标
恒生内地流通股指数	工业生产指数	财政支出
产品销售率	工业从业人员数	工商业贷款
货币供应（M2）	社会收入指数	居民储蓄
新开工项目	社会需求指数	居民消费价格指数
物流指数		工业企业产成品资金
房地产开发投资先行指数		
消费者预期指数		
国债利率差		

资料来源：中国经济景气监测中心，http://www.cemac.org.cn/indexbci.htm。

2.2.2.5　景气预测指标体系的国际比较结果

为了更加直观地比较各国指标体系的差异，整理得到表 2-6 至表 2-8 所示信息。

表 2-6　不同国家一致指标体系的比较

	美国	日本	韩国	中国
一致指标	非农业从业人数	工业生产指数（采矿和制造业）	非农业居民就业人数	工业生产指数
	居民可支配收入	生产者出厂货值指数（矿业及制造业生产者出厂货值）	工业生产指数	工业从业人员数
	工业生产指数	耐用品生产者出厂数量指数	制造业开工率指数	社会收入指数
	制造业和贸易业销售额	不定期工作时长指数（工业）	批发和零售贸易指数	社会需求指数
		生产者出厂数量指标（投资货物不含运输设备）	国内现价消费	
		零售额同比变化	进口	
		批发销售额（同比变化）		
		全行业营业利润		
		有效就业比率		

基于多维大数据融合的中国宏观经济运行预警体系构建研究

表 2-7　不同国家先行指标体系的比较

	美国	日本	韩国	中国
先行指标	制造业平均每周工作小时	最终需求品的生产者库存率指数	制造业新增和离职员工比率	恒生内地流通股指数
	平均每周对失业保险的初次申请	矿产品和制造业制成品的生产者库存率指数	货币供给（M3）	产品销售率
	制造业的消费品和原材料新增订单	新工作机会（不含应届毕业生）	储蓄银行存款	货币供应（M2）
	零售状况扩展指数	制造业机械订单指数	制造业中间产品销售	新开工项目
	非国防资本品的制造业订单	新建住房开工面积	制造业库存率	物流指数
	新的私人建房建筑许可	消费者信心指数	中间产品工业生产指数	房地产开发投资先行指数
	S&P500 种股票价格指数	日经商品价格指数	机械行业新增订单	消费者预期指数
	货币供应量（M2）	货币存量（M2）	建筑许可面积	国债利率差
	利率差	股票价格	出口信贷	
	消费者预期指数	投资环境指数（制造业）	颁发的进口执照	
		营业利润与总资产之比		
		新发行政府债券收益率（10 年）		
		小企业销售预测		

表 2-8　不同国家滞后指标体系的比较

	美国	日本	韩国	中国
滞后指标	失业的平均时长	第三产业活动指数	制造业离职人数	财政支出
	制造业和贸易的库存/销售比	一般工人就业指数（同比）	普通雇员人数	工商业贷款
	制造业单位产出的劳动成本	按固定价格购置新厂房和设备的业务支出	生产者库存指数	居民储蓄
	平均最惠利率	生活开支（工商户，同比）	消费	居民消费价格指数
	商业和工业贷款额	公司税收	消费品的进口	工业企业产成品资金
	消费分期贷款/个人收入比	失业率	红利	
	服务业 CPI	合约现金收入（制造业）		
		居民消费价格指数		
		生产者存货指数（最终需求货品）		

从表2-6至表2-8反映的各国景气指标体系可以看出，影响经济景气的因素有很多，其中的作用机制也错综复杂，导致各国或各地区在景气指标的选取上有所差异。从宏观角度看，这些国家选择的指标都涉及生产、消费、投入、进出口这些领域，因为这些领域对经济景气变动的敏感度较高且易于观察，对国民经济也有着非同小可的影响。但经比较发现，中国在三种指标的选择上与其他三个国家还是略有差异，其中最直观的差异就是在先行指标和滞后指标的选取上，中国缺少就业相关统计指标，如就业人数、失业率、平均工作时间等。这是由于我国目前还没有成功建立一套完善的就业指标体系，一直以来发布的登记失业率也是季度数据，且只统计了在人力资源和社会保障部门进行失业登记的人数，从长远意义来看，数据覆盖面较小导致失真。但失业率是反映一个国家或地区劳动力资源利用程度的核心指标，可以用来判断一国经济增长的动力，因此就业指标在景气预测指标体系中的作用不容小觑，这也是本书在修正模型中要做的重点工作。

　　通过对两种模型分别进行国际比较，可以得到如下信息：对于DSGE模型，由于我国DSGE模型的发展尚未完善，同时根据比较结果，发现美联储的SIGMA模型在一些方面与目前DSGE模型在中国学术领域的应用较为相似，比如中间产品的生产方程采用柯布—道格拉斯函数等，且美联储的SIGMA为多国模型，构建较为完善，因此本书以美国SIGMA模型为基础，使用中国数据估计出的参数加以修正，以此观测修正后的美联储SIGMA模型是否适用于中国宏观经济政策的模拟预测。对于景气预测修正模型，中国在三种指标的选择上与其他三个国家略有差异，其中最直观的差异就是在先行指标和滞后指标的选取上，中国缺少就业相关统计指标，如就业人数、失业率、平均工作时间等，由于就业指标在一定程度上可以反映一国经济的变动情况，因此在景气预测指标体系中引入就业指标将是下一章节对景气预测修正模型要做的重点工作。

2.3　基于国际比较结果对中国宏观经济的模拟预测

　　本节结合模型的比较结果与我国经济特点构建修正模型，并通过实证分析，观测两种修正模型的有效性，总结出国外宏观经济预测模型的经验，并判断这些经验是否适用于我国且有利于我国在宏观经济预测领域的发展。

2.3.1 基于 DSGE 修正模型的预测

2.3.1.1 修正模型设定

根据模型的比较结果，本节将以美国 SIGMA 模型为基础，利用使用中国数据估计得到的参数加以修正，以此观测修正后的美联储 SIGMA 模型是否适用于中国宏观经济的政策模拟预测。

2.3.1.2 修正内容说明

一般而言，能最大化发挥 DSGE 模型的模拟预测作用的重点有两个：第一点是根据实际情况将经济特点或相关经济政策输出为一系列行为方程，进行动态化的模拟预测；第二点是依照本国实际数据通过校准或者估计的方法得出可信度较高的参数，可以说，模型最终能否反映经济特点与参数的正确设定有着密不可分的联系。美联储 SIGMA 模型通过使用 1995~2004 年的 NIPA 贸易数据来估算投资和政府支出在 GDP 中的比重，但用美国的数据估算出的参数并不一定适合于对中国宏观经济的测度，因此使用中国相关数据进行参数估计并重新设定是十分必要的。

2.3.1.3 "中国化"参数校准

美联储的 SIGMA 模型以 Erceg 等提出的理论为基础构建，是一个包含多国经济的大型开放 DSGE 模型，共有 285 个行为方程、35 个关键性参数以及多个其他参数，涵盖了家庭行为、公司行为、货币政策、财政政策以及贸易行为五部分，对整个模型的所有参数重新进行估计也十分复杂，因此本书将选取其中中国学术研究中涉及较为广泛的部分参数进行校准，包括家庭行为、公司行为以及货币政策三方面，主要参考我国在研究多国开放 DSGE 模型中可信度较高的文献进行参数的修正设置。具体参数校准情况如表 2-9 所示。

表 2-9 参数校准其来源

参数	数值	校准来源
家庭行为参数		
贴现因子	0.985	梅冬州和龚六堂（2011）
供给弹性的倒数	6.16	刘斌（2008）
反映消费习惯的持续性	0.7	林慧娟（2016）
投资调整成本	2.5	段磊（2018）
政府支出份额	0.15	康立和龚六堂（2014）
消费弹性	1	仝冰（2010）

续表

参数	数值	校准来源
公司行为参数		
技术增长率	1.0085	叶娅芬（2011）
折旧率	0.035	刘斌（2008）
出口定价加成率变化的持续性	0.34	刘斌（2008）
国内定价加成率变化的持续性	0.036	
工资定价加成率变化的持续性	0.37	
税率	0.1	由于我国税种较多，方便起见，所有税率系数统一设为0.1
货币政策参数		
通胀弹性	1.31	刘斌（2008）
利率平滑	0.98	
产出增长弹性	0.78	

在阅读了大量文献的基础上发现，对一些共性参数，我国学者在进行贝叶斯估计时所使用的数据都大致相同。比如在货币方面，M2 比 M1 对消费和产出的相关度更高，因此将月度 M2 数据通过简单平均后转变为季度数据，然后经过季节调整处理后得到实际货币余额。对于 GDP，一般用消费价格指数作为缩减指数来计算实际 GDP 值。对于通货膨胀，通常利用推算出的消费者价格指数的月环比 CPI 转换为季度数据来度量。在就业方面，中国没有劳动时间投入方面的数据，现有研究主要是用就业人数这个变量来替代，对于缺失数据可以用总工资除以人均工资计算得到。

将上述校准后的参数与 SIGMA 模型的参数进行比较（见表 2-10），可以发现利用中国相关数据估计得到的参数与原模型参数大有不同。

表 2-10　修正模型与 SIGMA 模型的参数比较

	SIGMA	修正
家庭行为参数		
贴现因子	0.997	0.985
反映消费习惯的持续性	0.8	0.7
政府支出份额	0.18	0.15
供给弹性的倒数	10	6.16
投资调整成本	3	2.5
消费弹性	2	1

	SIGMA	修正
公司行为参数		
技术增长率	1.0037	1.0085
国内定价加成率变化的持续性	0.75	0.036
出口定价加成率变化的持续性	0.5	0.34
折旧率	0.025	0.035
工资定价加成率变化的持续性	0.75	0.37
税率	0.3	0.1
货币政策参数		
通胀弹性	0.6	1.31
利率平滑	0.8	0.98
产出增长弹性	0.28	0.78

2.3.1.4 脉冲结果分析

美联储 SIGMA 模型中含有多种冲击，本书选取货币政策冲击与财政政策冲击两方面探讨修正后的 DSGE 模型对中国宏观经济政策的模拟预测能力，利用宏观经济模型数据库（MMB）完成数据的分析工作。

一般而言，当货币政策收紧时，企业的融资成本会随之增加，允许贷款额度减少，导致投资以及资本下降，总产出也会随之降低，可以有效抑制经济过热的情况。反之，当实施宽松的货币政策时，企业的融资成本降低，可贷款额度增加，那么，投资和资本也会上升，使总产出增长，进而有效刺激经济复苏。现假设中央银行实施紧缩的货币政策，即利率受到一单位标准差的正向冲击，也就是利率增加一个百分比，得到脉冲响应，如图 2-1 所示。其中，横坐标表示冲击的季度时期，纵坐标表示各变量在受到冲击后偏离稳态的程度，本书选取了 SIGMA 模

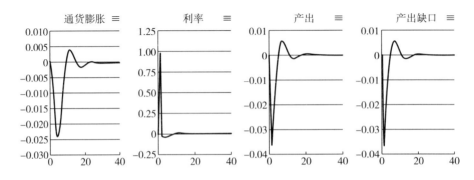

图 2-1 货币政策冲击脉冲响应结果

型中的四个主要变量来观测冲击的影响，即通货膨胀、利率、产出以及产出缺口。从图 2-1 中可以清楚地看到受到冲击后产出明显下滑，因此紧缩的货币政策可以抑制经济增长。

对于财政政策的冲击，一般来说，中央银行实行积极的财政政策时，能够有效刺激总产出增长，但是同时也可能造成一定的挤出效应，使投资以及资本下降。现假设政府实行积极的财政政策，政府支出占 GDP 的比重同样受到一单位标准差的正向冲击，即政府支出占 GDP 的比重增加一个百分比，得到脉冲响应，如图 2-2 所示。从图 2-2 中也可以清晰看到，总产出在受到冲击后迅速增长。

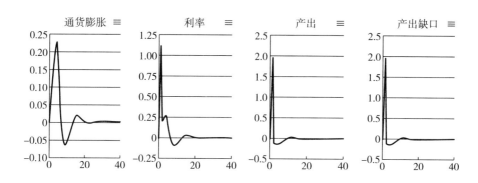

图 2-2 财政政策冲击脉冲响应结果

从上述两个脉冲响应图来看，在增加货币政策冲击以及财政政策冲击这两种需求冲击后，产出与通货膨胀同方向变动，与理论设定达成一致，且从上述结果来看，在受到冲击后，通货膨胀、利率、产出及产出缺口都在 20 期后逐渐回到稳态。比较而言，通货膨胀率的波动呈现出一定的滞后性，与王云清（2013）的研究结果一致。除通胀外，其他三者对冲击较为敏感，基本都在冲击后迅速反应，呈驼峰状，且并不是一次波动后就逐渐回到稳态，而是在持续的上下波动中，逐渐降低波动频率，最终回到稳态，相较于常规情况下在一次波动后立马回到稳态，更加贴合实际情况。

以货币政策冲击为例，在稳态时增加一个百分比的利率冲击后，通货膨胀率首先向下偏离稳态，然后在第 5 个季度向下偏离稳态达到最大值，接近 0.025%，之后逐渐回到稳态，并在第 12 个季度前后达到向上偏离稳态的最大值，然后再慢慢下落，大约在第 22 个季度后回到稳态附近，随后通货膨胀率对利率的冲击完全消化。货币政策冲击在开始阶段引起通货膨胀率向下偏离稳态的原因如下：首先，存款利率的提高会降低人们的投资欲望。银行储蓄利率的提高会提高存款的利息收入，吸纳一部分厌恶风险的资金。利率的提高也会提高债券的利率，投资债券货币基金等可以获得更好的低风险收入，也会导致流向实体经济的资金减少，从而降低了实体经济的投资，经济总支出降低，需求的下降会导致价格水平的下降。其次，贷款利率的提高也会提高企业的融资借债成本，使企业经营成本增加。企业为了生存，只能节衣缩食，也会引起经济总支出的下降，从而导致价格水平的下降。最后，利率提升会吸引外国资本流入，使本国货币面临升值压力，同时利率的上升也会导致企业产品成本的上升，两者都会降低出口产品的竞争力，进而抑制经济总支出。在以上三种方式的共同作用下，经济总支出下降，通货膨胀随之下降。但又由于通胀下降到一定程度时，经济活力下降，资本的效率降低，此时央行可能会采取行动以降低利率，从而保证经济的正常运行，在这种情况下，人们逐渐减少储蓄，企业也开始扩大投资，进而引起通货膨胀率的上升。通货膨胀率就是在这种不断波动中逐渐重新回归稳态，且利率冲击的负向效应大于正向效应，这种波动的不确定性和以前的结论是不谋而合的。

对于产出，利率上升后，实际产出向下偏离稳态，在第 2 个季度时就达到了下偏的最大值，在 0.038% 左右，这和凯恩斯学派的理论一致，即实际利率的上升会使产出下降，之后图像回趋于稳态，在第 8 个季度前后达到向上偏离的最大值。宾国强教授之前也得到过相似的结论，即在粗放经济增长的过程中，较高的利率会对国民经济的扩张有一定作用，最后慢慢下落，在第 20 个季度前后，产出重新回到稳态附近。从理论上看，脉冲图呈现出这种结果的原因和上述利率对通货膨胀率的影响相似，当利率上升时，群众趋向于储蓄而不是消费，同时，企业贷款利率的增加使企业倾向于缩减经营成本，导致投资减少，因此经济缓行，社会总产出下降。但是产出下降到最低点时，央行可能采取措施以保证经济的正常运行，此时会降低利率，企业重新开始投资，产出上升，在这种不断波动的情况下逐渐重新回到稳态。利率对产出缺口的影响也一样。脉冲响应图说明利率对于产出的影响是不确定的，虽然提高利率可能会使产出下降，但是对产出也可能会有正向效应，这种同步影响在我国也是存在的。比如在 1997 年的亚洲金融危机爆发后，我国的经济增长逐渐放缓，为了刺激消费，我国央行大幅下调利率，其中存款基准利率下调 1.8%，贷款基准利率下调 2.16%，但是事实证明，我国的 GDP 增长率不仅没有上升，反而两年连续下滑，可见，利率对产出的影响是不确定的，正如脉冲图所反映的那样，利率上升后，产出虽然下降又回到稳态，但依然可能再次上升，这种波动的随机性也使模型更具有现实意义。

整体来看，上述脉冲反应结果表明，货币政策冲击即正向的利率冲击对中国宏观经济有以下经验事实：①通货膨胀率受到冲击后向下偏离稳态，在第 5 个季度向下偏离稳态达到最大值，之后逐渐回到稳态，并再次以驼峰形式上升，于第 12 个季度达到向上偏离稳态的最大值，然后再慢慢下落，大约在第 22 个季度后回到稳态附近，恢复至零状态，表明了利率冲击对于通货膨胀具有滞后性和惯性，这与王云清（2013）、张晓芳和张宸瑄（2020）以及胡承晨（2020）的研究结论十分相似。②产出将出现持续性的下降，在第 2 个季度就达到了下偏最大值，之后图像回趋于稳态，在上下波动中逐渐收敛至零。马家进（2018）、叶娅芬（2011）以及李春吉、范从来和孟晓宏（2010）也得出过相似的结论。

同样，财政政策冲击即正向的政府投资支出冲击对中国的宏观经济有以下经验事实：①通货膨胀率在前 3 期内以驼峰形式增长，在第 8 期恢复至零，随后稍稍下降，在第 10 期达到最大值，最后缓慢上下波动至稳态。与货币政策冲击一样，通货膨胀率的变动呈现出一定的滞后性，这种波动性与赵懿（2013）、尚航（2018）的结论基本相同。②产出在受到冲击后立即上升，于第 2 期达到最大，随后在第 20 期前后逐渐回归至稳态。这说明积极的财政政策对总产出有增长效应，马家进（2018）、赵懿（2013）同样支持了这一主流观点。

由修正模型所得出的对于货币政策冲击和财政政策冲击的模拟预测结果都是符合理论要求的，而且在我国的实际特点以及学术研究成果中也有迹可循，整体结果较为稳健。值得一提的是，SIGMA 模型在用美国数据和中国数据分别模拟出的脉冲响应图是有差别的，其中，在受到财政政策冲击时，即政府占 GDP 的比重增加一个百分点后，通货膨胀率的变动出现了差异（见图 2-3）。

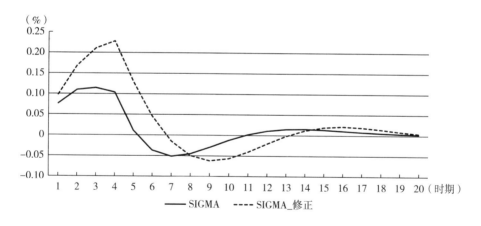

图 2-3　财政政策冲击下通胀率在两模型中的变动对比

从图 2-3 可以看出，虽然模型的结构是一致的，但是在使用不同的参数进行模拟后出现的结果存在差别，美联储模型下的通胀率变动要小于修正模型的通胀率变动，这可能是因为，虽然美国政府的支出增加，但是美国的债务比一直不断上升，赤字也是居高不下，美国国债的可持续性可能会对人们的心理预期产生影响，从而削弱这种财政政策的作用，导致通胀率变动相对较小。可见，在利用相关模型进行政策的模拟预测时，要使用合适的参数进行设定，这样得到的结果才能够准确反映经济事实。

2.3.1.5 DSGE 修正模型在政策模拟预测中的应用

2.3.1.5.1 技术进步冲击的情境模拟预测

技术进步是推动国家发展的关键因素，综观我国目前的发展现状，技术水平的提升成为必然。2020 年中央经济会议也指出，我国经济正转向高质量发展的阶段，迫切需要通过技术创新与技术进步培育新动能，实现高效持续发展。

现假设在国家的积极政策下，技术领域得到很好的发展，即假设给予标准差为 0.1 的正向技术冲击，得到图 2-4 所示脉冲响应，其中横坐标表示时间，即冲击发生的季度，纵轴表示偏离程度，即变量偏离稳态的程度。

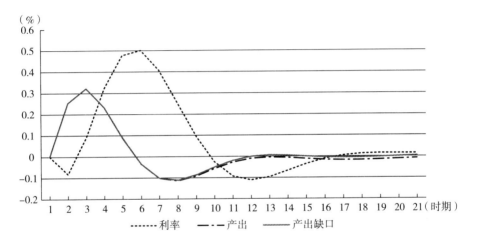

图 2-4 技术进步冲击下各变量的动态变化

从图 2-4 可以看出，当给予 1% 的正向技术进步冲击时，产出突然增加 0.32%，随后下降，并在上下波动中逐渐于第 20 期前后缓慢趋于零，回到稳态。产出缺口的变动与产出的变动大致相同，图像基本重合，而实际利率由于受到名义利率和通货膨胀的影响，先短暂下降，然后在第 6 期上升到最大值，在 0.5% 左右，随后又立即下降，之后技术进步对利率的影响逐渐减弱，最终使其收敛于稳态值。因此说明，当国家持续出台积极政策促进技术进步、技术创新时，经济受到这种正向的技术冲击影响，产出就会增加，进而引起消费增加，从而扩大了人们对于货币的需求。整体来说，技术进步可以推动经济发展，利率对于产出有抑制作用，因此下调利率可以在一定程度上提高实际产出水平，但这可能会导致通货膨胀以及名义利率波动的副作用。因此，国家应继续加大对科技的研发投入，促进具有核心竞争力的技术创新，实现技术进步，整体提高技术水平。

2.3.1.5.2 人民币汇率冲击的情境模拟预测

当前经济全球化和金融一体化不断发展，中国的经济已经成为世界经济中不可或缺的一部分，在这种多国互相贸易的情况下，不可避免地会遇到一些贸易摩擦，尤其是和以美国为代表的发达国家产生的贸易摩擦对我国经济的影响会更加深远，汇率的稳定性对一国经济市场也起着至关重要的作用。现假设人民币逐渐升值，即给予一个正向的汇率冲击，同样标准差设为0.1。图2-5表示在汇率冲击下，产出、产出缺口及通胀率的变化。

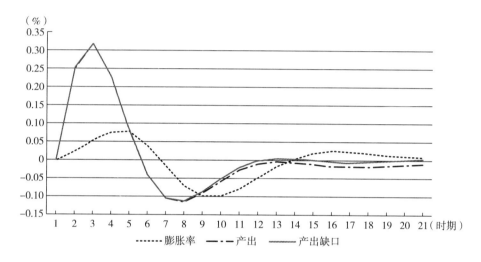

图2-5 汇率冲击下各变量的动态变化

从图2-5来看，当给变量一个汇率的正向冲击时，即人民币升值时，在短期内可以促进产出水平的上升，最大正影响为0.33%，但是随着时间的推移，影响逐渐转为负向。这可能是由于，在短期内，人民币升值可以提升人民币的吸引力，使大量的资本流入中国市场，进一步提升外资的吸收水平，同时推动了我国通货膨胀水平的上升，促进中国经济的发展。但是，从长期来看，汇率上升会对我国产品的出口竞争力产生削弱作用，从而并不利于经济的增长。因此，应当有序推进金融领域的开放，慎重开放对于资本流动的管制，使人民币汇率保持合理均衡水平。

但是，由于政策与形势的不时变动，比如在中美贸易摩擦中，汇率也会相应地波动。假设对汇率的正向冲击继续提高比重，产出以及通货膨胀率的变动也会不同。

图2-6展示了汇率冲击为0.1、0.15以及0.2时因变量的不同变化。由于产出缺口与产出的波动状况大致相同，此处省略对产出波动走势的分析。从图中可

以看出，当汇率受到不同程度的正向冲击时，对产出以及通货膨胀的影响都是正向的，回归稳态的时间也都在第 20 期前后，与前文的分析大致相同。但值得注意的是，当汇率以 0.15 的比例进行冲击时，相较于原来，增长幅度也随之提升，产出的最高值波动幅度为 0.36%。但是当汇率继续以 0.2 的比例上升时，产出虽然依然是增长的，但是相对来说增长的幅度会有所降低，高峰值大约只有 0.23%。因此，对于汇率的冲击，应当保持在一个合适范围内，有序推进金融领域的开放，慎重开放对于资本流动的管制，使人民币汇率保持合理均衡水平，稳步推动经济可持续发展。

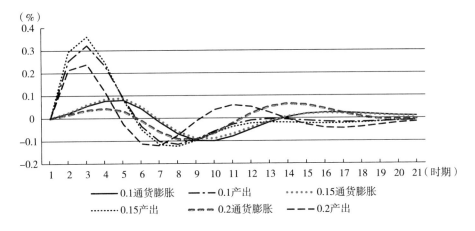

图 2-6　不同汇率冲击下各变量的动态变化

动态随机一般均衡模型在模型设定和参数估计上取得重大突破后，世界上一些主要发达国家的中央银行对 DSGE 模型都非常重视，这一模型在我国学术研究中也被广泛应用于政策的模拟预测，即将需要实施的政策模拟成一个行为方程，设置为相关的外生冲击变量，以此分析政策实施后预计会产生的效应与影响，这也是宏观经济短期预测的其中一个角度。本节采用如上预测方式，在比较各国央行 DSGE 模型后，选择美联储 SIGMA 模型作为基础模型，参考其他学者的研究，用使用中国相关数据估计得到的参数替换掉 SIGMA 模型中的参数，以此进行模型的中国化修正，进而进行政策效果的模拟预测。

从脉冲响应图来看，在对参数修正后得到的实证模拟结果符合实际凯恩斯理论框架，而且相较于其他研究中脉冲图像在经过一次波动后就回到稳态的结果，上述持续且逐渐放缓的波动更加符合实际情况，这种波动性在我国的经济发展以及其他学者的研究中也有支持性成果，整体结果较为稳健。与此同时可以发现，在经过不同的参数设定后，使用同一个模型中的行为方程得到的脉冲结果也千差万别，因此如何得出一系列更符合我国经济发展现状及特点的参数，是未来我国在 DSGE 模型研究领域中的重要工作。

2.3.2 基于景气预测修正模型的预测

2.3.2.1 构建修正预测指标体系

参照目前我国经济景气监测中心发布的指标体系与上文的比较结果，本书的预测指标体系将在先行指标和滞后指标中加入就业相关指标。但正如前文所述，我国目前在就业相关指标方面的统计工作仍不完善，数据相对真实可信的城镇调查失业率至今也不过统计了两年，时间跨度较短，因此需要一个能够反映我国就业形势或者劳动力市场波动趋势的指标进行替代，以此完成模型的修正工作。目前我国主要使用的就业统计指标及相关说明如表 2-11 所示。

表 2-11　我国主要就业统计指标说明

指标名称	频次	指标简介	问题
城镇新增就业人数	月	城镇累计新就业人数减去自然减员人数	没有考虑失业情况
城镇失业人员再就业人数	月	再次办理就业人数	是城镇新增就业人数的组成部分
城镇调查失业率	月	调查范围为全国所有地级城市	较稳定，2018 年 1 月起更
城镇登记失业率	季	只统计了在人力资源和社会保障部门进行失业登记的人群	长期稳定在 4% 左右，失真
城镇领取失业保险金人数	季		未覆盖全部劳动者
求人倍率	季	有效需求人数与有效求职人数之比	求职者在找到工作时可能未进行申报登记
CIER 指数	季	市场招聘需求人数与市场求职申请人数之比	仅包含智联招聘网站数据
PMI：从业人员	月	PMI 分项，分为制造业和非制造业	
工业企业从业人数	月	41 个行业的全部从业人员年平均人数	仅限工业

如上所示，我国各项与就业有关的指标纷繁复杂，但至今仍未有一套完善可行的就业指标统计体系，而且缺少可行的月度指标数据，因此可以观测其他与就业指标变动大致相同的指标，以寻求替代指标。从劳动力市场的供求角度出发，可以选取保障和盈利两个方面进行分析。首先，劳动力就业时会缴纳保障保险，失业时便可以领取，参保人数变化理论上能反映就业市场增量变化。分析得出，失业保险期末参保人数增速及城镇职工基本养老保险参保人数增速可作为求人倍率的领先指标、领取失业金人数的同步指标。其次，企业在经营较好时更愿意扩

大员工规模，在不景气时倾向于裁员，企业的经营或盈利指标理论上应是企业从业人员甚至更广泛劳动力数量变化的前瞻指标。因此，我们可以选择工业企业收入增速和城镇职工养老保险期末参保人数作为就业指标的替代备选指标。比较工业企业收入增速、城镇职工基本养老保险期末参保人数增速可以看出（见图 2-7），两个指标具有大致相同的变动趋势，但后者从 2013 年开始统计，时间跨度较短，综上，本书选取规模以上工业企业收入增速作为就业指标的替代指标进行修正。

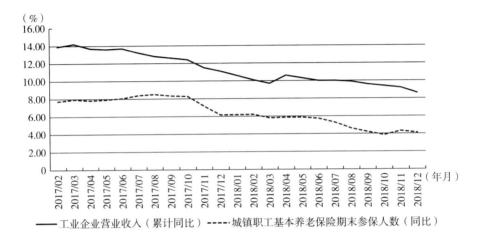

图 2-7　工业企业营业收入与养老保险参保人数比较

具体修正指标体系如下所示：

先行指标：恒生内地流通股指数、产品销售率、货币供应（M2）、固定投资新开工项目、物流指数、房地产开发投资先行指数、消费者预期指数、国债利率差以及工业企业收入增速。

一致指标：工业生产指数、社会收入指数和社会需求指数。

滞后指标：财政支出、工商业贷款、居民储蓄、居民消费价格指数、工业企业产成品资金。

2.3.2.2　数据处理

景气预测法所使用的数据时间频率越小，包含的有效信息越多，因此本书选择月度数据，又由于先行指标中的固定资产投资新开工项目统计时间截至 2017年 12 月，因此本书所选取指标的数据时间跨度为 2009~2017 年，数据主要来源于国家统计局、中经网统计数据库、EPS 数据平台、国泰安数据库以及 Wind 数据库。

从收集数据的实际情况来看，部分数据统计并不完全，存在缺失值，比如固定投资新开工项目累计值每年都缺少 1 月的数据，为使实证结果更加可信，需要预先对部分缺失的数据进行计算插补，插补方法有运用相关关系换算及使用邻近指标插补两种方法。

首先，运用相关关系换算法是指通过指标之间的关系，借助具有相关关系的指标通过换算补齐数据，尤其是通过当期数据、累计数据、当期同比增速、累计同比增速等指标之间的换算关系补齐。常用的换算关系涉及：当期数值等于当月累计数值与上期累计数值的差值；当期同比增速＝（当期数值/上期数值-1）×100%；累计同比增速＝（当期累计数值/上年同期累计数值-1）×100%。

以 2009~2011 年的社会货运量指标为例，缺失 2009~2011 年每年 1 月的数据，可根据当期数和累计数之间的关系进行换算，1 月当期数等于 2 月累计数减去 1 月累计数。虽然预算支出的实际值可能略小于决算支出，但两指标间差异不会太大，相互插补不影响指标的波动变化趋势。用上述方法插补得到的数据如表 2-12 所示。

表 2-12 社会货运量缺失数据补充 单位：吨

	社会货运量（当期）			社会货运量（累计）		
	2009 年	2010 年	2011 年	2009 年	2010 年	2011 年
11 月	232801	277520	317846	2496717.3	2891266.5	3302622.8
12 月	**247611.6**	**262143.9**	**327661**	2744328.9	3135410.4	3630283.8

其次，利用邻近指标插补方法是指运用同一指标邻近的数值，通过线性插值与趋势预测等方法进行插补。值得注意的是，相邻的 12 月和 1 月分属于两个不同的年度，因此这两个月份的缺失数据补齐方式与其他月份有所区分。本书数据中 1 月数据缺失较多，补齐方式为借助 2 月的数据推算 1 月数据，具体公式为 $Y_1 = \omega \times Y_2$，其中 Y_2 为 2 月数据，Y_1 为 1 月数据，ω 的取值根据指标变化趋势进行设置选取，主要包括如下三种情况：①当指标属于不规则波动的累计增速指标时，ω 设置为 1；②当指标为呈现上升趋势逐渐加强的累计数指标时，ω 设置为 1/3；③当指标呈现上升趋势逐渐减弱的累计数指标时，ω 设置为 2/3。

如"规模以上工业企业利润总额指标"，2011 年后每年都缺失 1 月数据，以 2011~2013 年时间序列数据为例，观察 1 月前后的原始序列数据的变化趋势，发现增速越来越慢，因此取 $\omega=2/3$ 以插补 1 月数据，计算结果如表 2-13 所示。

表 2-13 规模以上工业企业利润总额缺失数据补充 单位：元

	规模以上工业企业利润总额（累计）		
	2011 年	2012 年	2013 年
1 月	**4303.05**	**4040.04**	**4727.69**

续表

	规模以上工业企业利润总额（累计）		
	2011 年	2012 年	2013 年
2 月	6454. 58	6060. 06	7091. 53
3 月	10659. 23	10449. 14	11740. 08
4 月	14869. 21	14525. 20	16106. 91

　　同时，由于本书采用以月份作为观测单位的时间序列，月度时间序列一个明显的特征就是具有季节性因素，它往往遮盖或混淆经济发展中其他客观变化规律，使深入研究经济规律及经济内部关系陷入困境，造成不必要的麻烦。为了能准确把握我国经济变动规律，我们可以采用 X-12 季节调整的方法来剔除季节因素的影响，通过 EVIEWS 软件来实现调整。

　　以滞后指标组中的工业企业产成品累计资金为例，此序列在 2009 年和 2010 年为季度数据，在利用上述方法进行插补换算后，得到完整的月度时间序列，为了减少异常值的波动影响，进行季节调整，选用乘法模式进行，如表 2-14 所示。

表 2-14　季节调整前后数据对比　　　　　　　　　　　单位：元

时间	工业企业产成品累计资金（季节调整）	工业企业产成品累计资金
2009 年 2 月	21041. 22	19802. 01
2009 年 3 月	21140. 74	20271. 65
2009 年 4 月	21190. 59	20741. 28
2009 年 5 月	21262. 69	21210. 92
2009 年 6 月	21473. 22	21549. 90
2009 年 7 月	21676. 73	21888. 88
2009 年 8 月	21867. 96	22227. 86
2009 年 9 月	22105. 76	22697. 34
2009 年 10 月	22269. 85	23166. 83
2009 年 11 月	22650. 96	23636. 31
2009 年 12 月	22980. 54	23636. 31
2010 年 1 月	20718. 49	19733. 21
2010 年 2 月	20950. 35	19733. 21
2010 年 3 月	21222. 52	20395. 35

续表

时间	工业企业产成品累计资金（季节调整）	工业企业产成品累计资金
2010 年 4 月	21463.94	21057.50
2010 年 5 月	21733.03	21719.64
2010 年 6 月	21991.66	22072.62
2010 年 7 月	22203.93	22425.59
2010 年 8 月	22403.95	22778.57
2010 年 9 月	22778.97	23308.36
2010 年 10 月	23030.25	23838.16
2010 年 11 月	23449.39	24367.95
2010 年 12 月	23769.73	24367.95

用折线图可以更加清晰地看到季节调整前后的对比情况，如图 2-8 所示。

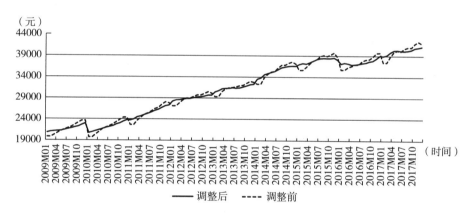

图 2-8　工业企业产成品累计资金季节调整前后对比

其中，虚线表示季节调整前的数据，实线表示季节调整后的数据，从图 2-8来看，经季节调整后的数据更能准确地体现出时间序列的变化趋势。

2.3.2.3　计算合成指数

首先要对各指标组的权重进行计算，国内大多数研究对所有指标都采用等权的方法来计算，但为避免使用等权法造成结果的失真，本书将使用主成分分析法，确定主要因子后，确定指标权重。先行指标、一致指标、滞后指标序列下每个指标的权重衡量方法都是相同的，下面以滞后指标序列为例，通过 EVIEWS 进行主成分分析，进而确定指标权重。

（1）确定主成分个数。滞后指标组的主成分分析结果如表 2-15 所示。

表 2-15　滞后指标组的主成分分析结果

Principal Components Analysis

Sample：2009 M01 2017 M12

Included observations：108

Computed using：Ordinary correlations

Extracting 5 of 5 possible components

Eigenvalues：（Sum = 5，Average = 1）

Number	Value	Difference	Proportion	Cumulative Value	Cumulative Proportion
1	3.914309	2.925740	0.7829	3.914309	0.7829
2	0.988569	0.915258	0.1977	4.902877	0.9806
3	0.073310	0.055017	0.0147	4.976188	0.9952
4	0.018293	0.012774	0.0037	4.994481	0.9989
5	0.005519	—	0.0011	5.000000	1.0000

上述结果中，第一列 Value 表示每个成分的特征根，第三列 Proportion 表示对总方差的累计解释比例，即方差贡献度，通常数值在 80% 以上表示适合作为主成分分析因子。观察以上数据发现，前两个因子相加对方差的解释度达到 88% 左右，因此选择前两个因子作为主成分进行分析。

（2）计算权重。按照上述结果，得到滞后指标组在两个成分下的分析结果，进而计算出权重比例，计算过程如表 2-16 所示。

表 2-16　滞后指标组的权重计算过程

滞后指标组		PC1	PC2
特征根		3.914309	0.988569
载荷数	财政支出	0.488467	0.110762
	居民消费价格指数	−0.07914	0.99309
	工业企业产成品资金	0.50104	0.012793
	城乡居民储蓄余额	0.501544	0.036611
	短期贷款	0.502544	−0.00057
方差贡献率		78.29	19.77

续表

	滞后指标组	PC1	PC2
系数	财政支出	0.246892	0.1114
	居民消费价格指数	−0.04	0.998815
	工业企业产成品资金	0.253247	0.012867
	城乡居民储蓄余额	0.253502	0.036822
	短期贷款	0.254007	−0.00057
综合系数	财政支出	0.21957567	
	居民消费价格指数	0.169437449	
	工业企业产成品资金	0.20478394	
	城乡居民储蓄余额	0.209816776	
	短期贷款	0.202681512	
比重	财政支出	0.218202088	
	居民消费价格指数	0.168377512	
	工业企业产成品资金	0.203502889	
	城乡居民储蓄余额	0.208504242	
	短期贷款	0.201413613	

　　按照同样的计算方法，得到先行指标和一致指标的权重比例值，如表2-17和表2-18所示。

表2-17　先行指标组的权重

	先行指标组	
比重	消费者预期指数	0.049063
	房地产投资先行指数	0.097243
	沪A成交额	0.105221
	工业企业收入增速	0.074437
	国债利率差	0.061681
	固定投资新开工项目	0.112267
	货币供应（M2）	0.209642
	产品销售率	0.23694
	物流指数	0.053507

表 2-18　一致指标组的权重

	一致指标组	
	工业生产指数	0.450106
比重	社会收入指数	0.20223
	社会需求指数	0.347664

依照上述主成分分析法确定各指标组权重后，为了控制变量，体现修正指标在景气预测过程中的有效性，选择 NBER 合成指数方法进行合成指数体系的构建。

（1）计算对称变化率。以滞后指标组为例，选取部分计算结果进行说明，如表 2-19 所示。

表 2-19　2009~2010 年滞后指标各组对称变化率

时间	财政支出	CPI	工业企业产成品资金	短期贷款	城乡居民储蓄余额
2009 年 2 月	-0.42658	-2.6	1.032648	0.795824	-0.84277
2009 年 3 月	2.76783	0.4	0.471891	3.721889	2.031746
2009 年 4 月	9.27383	-0.3	0.235495	0.073572	1.943715
2009 年 5 月	-12.2936	0.1	0.339676	0.451684	1.861346
2009 年 6 月	3.167945	-0.3	0.985277	2.946211	1.013558
2009 年 7 月	7.245135	-0.1	0.943262	-0.04229	0.471118
2009 年 8 月	-5.54613	0.6	0.878301	0.665802	0.374406
2009 年 9 月	7.31007	0.4	1.081545	0.920355	3.972932
2009 年 10 月	-4.57993	0.3	0.739555	-0.04253	-0.43973
2009 年 11 月	-4.73297	1.1	1.696816	-0.09635	0.836145
2009 年 12 月	52.65707	1.3	1.444534	-0.51411	1.964923
2010 年 1 月	-67.4013	-0.37	-10.3529	-1.11736	-0.29579
2010 年 2 月	39.40091	1.17	1.112866	1.109119	0.906403
2010 年 3 月	-7.7636	-0.33	1.290771	-0.15673	2.277229
2010 年 4 月	3.409512	0.44	1.13111	1.205863	0.929194
2010 年 5 月	0.092794	0.25	1.245863	0.607948	1.295148
2010 年 6 月	4.335733	-0.11	1.182983	0.614713	2.22804
2010 年 7 月	-1.16321	0.35	0.960596	0.91743	0.653203
2010 年 8 月	9.718039	0.18	0.896831	1.070634	1.702041
2010 年 9 月	2.22002	0.13	1.659985	0.934474	2.622309

时间	财政支出	CPI	工业企业产成品资金	短期贷款	城乡居民储蓄余额
2010 年 10 月	2.306175	0.76	1.09706	1.205245	−0.31143
2010 年 11 月	15.14373	0.75	1.803549	1.343677	0.939849
2010 年 12 月	−6.23474	−0.53	1.356834	1.343271	1.665259

（2）计算滞后指标各组标准变化率，如表 2-20 所示。

表 2-20　2009~2010 年滞后指标各组标准变化率

时间	财政支出	CPI	工业企业产成品资金	短期贷款	城乡居民储蓄余额
2009 年 2 月	−0.04339	−6.61278	1.081719	0.866296	−0.80314
2009 年 3 月	0.281559	1.017351	0.494315	4.051472	1.936215
2009 年 4 月	0.943384	−0.76301	0.246686	0.080087	1.852323
2009 年 5 月	−1.25057	0.254338	0.355817	0.491682	1.773827
2009 年 6 月	0.322261	−0.76301	1.032097	3.207106	0.965901
2009 年 7 月	0.737015	−0.25434	0.988085	−0.04604	0.448967
2009 年 8 月	−0.56418	1.526026	0.920037	0.724761	0.356801
2009 年 9 月	0.74362	1.017351	1.13294	1.001855	3.786128
2009 年 10 月	−0.4659	0.763013	0.774698	−0.0463	−0.41906
2009 年 11 月	−0.48146	2.797715	1.777448	−0.10489	0.79683
2009 年 12 月	5.356563	3.30639	1.513178	−0.55963	1.872534
2010 年 1 月	−6.85643	−0.94105	−10.8448	−1.2163	−0.28188
2010 年 2 月	4.008075	2.975751	1.165749	1.207334	0.863784
2010 年 3 月	−0.78976	−0.83931	1.352108	−0.17061	2.170156
2010 年 4 月	0.346834	1.119086	1.18486	1.312646	0.885504
2010 年 5 月	0.009439	0.635844	1.305066	0.661783	1.234251
2010 年 6 月	0.441054	−0.27977	1.239198	0.669148	2.12328
2010 年 7 月	−0.11833	0.890182	1.006243	0.998671	0.622489
2010 年 8 月	0.988572	0.457808	0.939448	1.165441	1.622013
2010 年 9 月	0.225832	0.330639	1.738867	1.017224	2.499011
2010 年 10 月	0.234597	1.932967	1.149192	1.311972	−0.29679
2010 年 11 月	1.540502	1.907533	1.889253	1.462664	0.895658
2010 年 12 月	−0.63423	−1.34799	1.42131	1.462221	1.58696

（3）计算所有指标组的平均变化率，如表 2-21 所示。

表 2-21　2009～2010 年所有指标组的平均变化率

时间	先行指标	一致指标	滞后指标
2009 年 2 月	1.368614	-0.28113	-0.89575
2009 年 3 月	0.258576	-0.52551	1.553061
2009 年 4 月	0.858504	1.007446	0.529923
2009 年 5 月	0.604088	0.891174	0.311239
2009 年 6 月	1.237829	1.488889	0.999228
2009 年 7 月	0.567071	1.321228	0.40341
2009 年 8 月	0.220953	1.072962	0.541445
2009 年 9 月	0.716348	1.314939	1.555326
2009 年 10 月	0.355272	1.263243	0.087767
2009 年 11 月	0.497482	1.798637	0.872749
2009 年 12 月	1.772913	0.120453	2.311185
2010 年 1 月	1.73645	-3.05689	-4.16525
2010 年 2 月	0.086728	-0.09833	2.036129
2010 年 3 月	2.498735	3.850674	0.379632
2010 年 4 月	0.076593	1.301265	0.954247
2010 年 5 月	0.122358	-0.98739	0.765345
2010 年 6 月	0.811638	-1.87084	0.8788
2010 年 7 月	-0.12716	0.653587	0.659778
2010 年 8 月	0.398395	0.328213	1.056906
2010 年 9 月	-0.0519	-0.34747	1.184751
2010 年 10 月	0.393074	-0.25764	0.812889
2010 年 11 月	0.133572	0.531259	1.523144
2010 年 12 月	-0.55648	0.383306	0.549278

（4）计算各指标组的标准化因子，如表 2-22 所示。

表 2-22　各指标组的标准化因子

	先行指标	一致指标	滞后指标
标准化因子	0.895817	1	1.134338

（5）计算三个指标的标准化平均变化率，如表 2-23 所示。

表 2-23 2009~2010 年各指标组的标准化平均变化率

时间	先行指标	一致指标	滞后指标
2009 年 3 月	0.288649	-0.52551	1.369134
2009 年 4 月	0.958348	1.007446	0.467165
2009 年 5 月	0.674343	0.891174	0.27438
2009 年 6 月	1.381788	1.488889	0.880891
2009 年 7 月	0.633022	1.321228	0.355635
2009 年 8 月	0.24665	1.072962	0.477322
2009 年 9 月	0.799659	1.314939	1.371131
2009 年 10 月	0.39659	1.263243	0.077373
2009 年 11 月	0.555339	1.798637	0.76939
2009 年 12 月	1.979102	0.120453	2.037475
2010 年 1 月	1.938399	-3.05689	-3.67196
2010 年 2 月	0.096814	-0.09833	1.794994
2010 年 3 月	2.789336	3.850674	0.334673
2010 年 4 月	0.085501	1.301265	0.841237
2010 年 5 月	0.136588	-0.98739	0.674706
2010 年 6 月	0.906031	-1.87084	0.774725
2010 年 7 月	-0.14195	0.653587	0.581641
2010 年 8 月	0.444729	0.328213	0.931738
2010 年 9 月	-0.05793	-0.34747	1.044442
2010 年 10 月	0.438789	-0.25764	0.71662
2010 年 11 月	0.149106	0.531259	1.34276
2010 年 12 月	-0.6212	0.383306	0.484228

（6）计算合成指数，如表 2-24 所示。

表 2-24 2009~2010 年的合成指数

时间	先行指标	一致指标	滞后指标
2009 年 2 月	101.603	99.43753	99.26
2009 年 3 月	100.3518	99.19482	101.43
2009 年 4 月	101.0261	100.7272	100.52

时间	先行指标	一致指标	滞后指标
2009 年 5 月	100.7396	100.6101	100.32
2009 年 6 月	101.4548	101.2133	100.93
2009 年 7 月	100.698	101.0437	100.41
2009 年 8 月	100.3096	100.7932	100.53
2009 年 9 月	100.8659	101.0374	101.43
2009 年 10 月	100.4602	100.9852	100.13
2009 年 11 月	100.6198	101.5273	100.82
2009 年 12 月	102.0627	99.83766	102.11
2010 年 1 月	102.0211	96.71511	96.44
2010 年 2 月	100.1595	99.61947	101.86
2010 年 3 月	102.8931	103.6326	100.38
2010 年 4 月	100.1481	101.0236	100.89
2010 年 5 月	100.1993	98.7377	100.73
2010 年 6 月	100.9733	97.8692	100.83
2010 年 7 月	99.9206	100.3713	100.63
2010 年 8 月	100.5085	100.0453	100.99
2010 年 9 月	100.0046	99.37158	101.10
2010 年 10 月	100.5026	99.46089	100.77
2010 年 11 月	100.2118	100.2486	101.40
2010 年 12 月	99.44288	100.1004	100.53

2.3.2.4 合成指数结果分析

2.3.2.4.1 指标间时差性分析

从图 2-9 来看，先行指标、一致指标与滞后指标的前后时间差关系略有体现。比较三个指标的第一次波谷可以发现，先行指标在 2009 年 2 月先到波谷，一致指标落后两个月，滞后指标落后 4 个月。

同时，从图 2-10 可以发现，先行指标的先行性逐步体现，而且在 2010 年前半年的波动幅度达到最大。

2.3.2.4.2 合成指数走势可靠性分析

为了能够更加清晰地判断修正预测模型的准确性，依照主成分分析法，分别计算出先行指标、一致指标与滞后指标的权重后，合成一个综合性合成指数，与经济的实际走势进行对比，如表 2-25 所示。

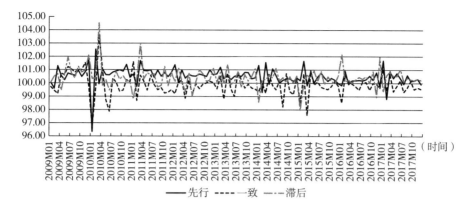

图 2-9 合成指数

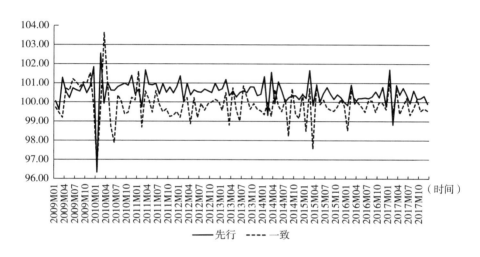

图 2-10 先行指标与一致指标对比

表 2-25 综合合成指数权重计算结果

特征根		PC1	PC2
		1.189052	1.025536
载荷数	先行指标	0.244767	0.890476
	一致指标	0.725498	0.094253
	滞后指标	0.643228	-0.44516
系数	先行指标	0.224467	0.87932
	一致指标	0.665328	0.093072
	滞后指标	0.589881	-0.43958

方差贡献率		PC1	PC2
		0.3964	0.3418
综合系数	先行指标	0.527676	
	一致指标	0.400363	
	滞后指标	0.11322	
权重	先行指标	0.506767	
	一致指标	0.384499	
	滞后指标	0.108734	

将权重分配给各指标后计算得到一个综合合成指数，如图 2-11 所示。

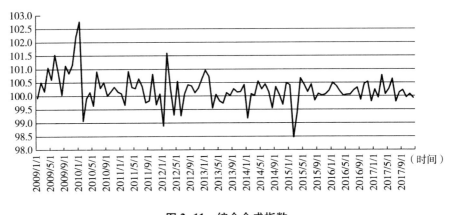

图 2-11　综合合成指数

从综合合成指数的波动情况来看，在 2009～2010 年合成指数的波动幅度较大，在 2009 年末景气指数不断上升，属于经济利好的趋势，但是在 2010 年景气指数呈现断崖式下降，经济情况变差，这种情况在 2015 年初也同样存在。整体来看，经济处于不断波动中，在 2009 年末与 2012 年中期景气指数上升得较为明显，说明市场经济发展良好。

2.3.2.5　可靠性度量

为了验证合成指数的可靠性，需要有一个能够刻画经济动态的基准指标，以检验景气合成指数与实际经济走势是否一致，通常情况下都用国内生产总值的变动作为参照，但由于 GDP 为季度统计数据，无法和月度数据进行比较分析，又因为从图 2-12 可以看出，GDP 增速与规模以上工业增加值增速的变动大致相同，而且工业增加值占 GDP 的比重都大于 30%，最大超过了 50%（见图 2-13），

6

因此选用规模以上工业增加值增速作为比较指标来验证景气综合合成指数的可靠性是较为合理的。

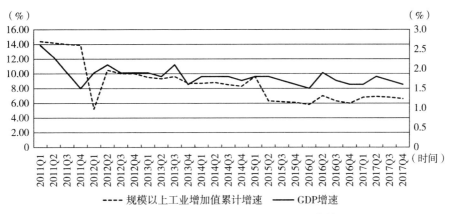

图 2-12　GDP 增速与工业增加值累计增速走势对比

图 2-13　GDP 累计同比贡献率：工业

　　将景气综合合成指数与规模以上工业增加值的变动进行对比分析，可以发现两者的波动幅度和趋势基本相同（见图 2-14），说明修正模型的合成指数具有一定的可信度，在一定程度上可以解释我国经济的波动状况。

　　2.3.2.6　修正模型的预测应用

　　为了实现修正模型的应用价值，在上述景气预测修正模型下，应用合成指数编制理论，结合数据的实际获取情况，本书对 2018 年 1 月至 2019 年 12 月的景气指数进行计算，并结合实际情况，对指数的走势进行分析与预测。指数的具体结果如表 2-26 所示。

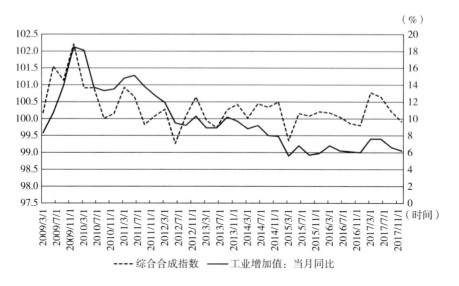

图 2-14　综合合成指数与工业增加值累计同比走势对比

表 2-26　2018~2019 年合成指数

时间	先行指标	一致指标	滞后指标
2018 年 1 月	100.0625391	99.71747049	100.0491909
2018 年 2 月	100.0827807	99.49276654	100.1696913
2018 年 3 月	100.6606126	98.78874754	100.2140839
2018 年 4 月	101.0040447	101.0391481	99.5013384
2018 年 5 月	99.88077143	99.67348913	100.245639
2018 年 6 月	100.5015745	98.90422525	100.6749773
2018 年 7 月	100.1507183	100.5431181	100.1424608
2018 年 8 月	100.6023405	100.0166123	100.0890505
2018 年 9 月	100.2796672	99.46110233	100.5247187
2018 年 10 月	99.99738283	100.1865667	100.0571583
2018 年 11 月	100.4889054	99.55140282	100.233315
2018 年 12 月	100.5744193	99.75016954	99.75051343
2019 年 1 月	99.35543795	99.48496691	100.5827087
2019 年 2 月	100.3451778	99.65960466	100.5616419
2019 年 3 月	102.051489	101.8030579	99.25697031
2019 年 4 月	98.46299859	98.66063348	101.9510987
2019 年 5 月	100.1703377	99.78178609	100.1305411

时间	先行指标	一致指标	滞后指标
2019 年 6 月	100. 8809914	100. 3709404	100. 8316756
2019 年 7 月	100. 4163178	99. 62934568	99. 73135939
2019 年 8 月	100. 0432822	99. 65652432	100. 0138043
2019 年 9 月	100. 5124888	100. 332126	100. 8370375
2019 年 10 月	99. 69727621	99. 37637981	99. 91659462
2019 年 11 月	100. 57179	100. 7117519	100. 6563271
2019 年 12 月	100. 7334161	99. 95363032	100. 7377956

从图 2-15 可以看出，先行指标的领先性与滞后指标的滞后性略有体现，领先、滞后时间在 2~3 个月，且在 2019 年初波动幅度较大。同样，为了更好地体现指数的指向性作用，按照上述对于先行指标、一致指标与滞后指标的权重分析，合成综合合成指数并进行分析预测，得到图 2-16。

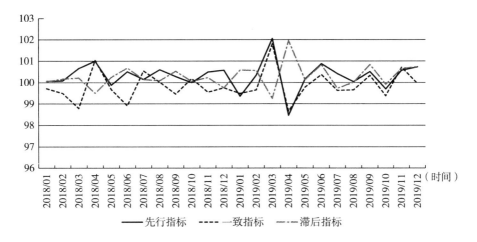

图 2-15　2018~2019 年合成指数

对 2018~2019 年的综合指数走势进行分析，可以发现每两个波峰或者波谷之间都相差 2~4 个月，即周期在 2~4 个月。从 2019 年 12 月开始景气指数已经呈现下降的趋势，本应按照原来的斜率发展并在 2020 年 3 月前后达到波谷，但是由于 2020 年初的新冠疫情突发影响，我国经济受到的冲击比较迅猛且突然，所以在 2020 年 2 月就以更快的速度下降至波谷。且全国从 2020 年 3 月前后开始逐步复工复产，由于受到疫情的冲击较大，有理由认为所需要的恢复时间也会相

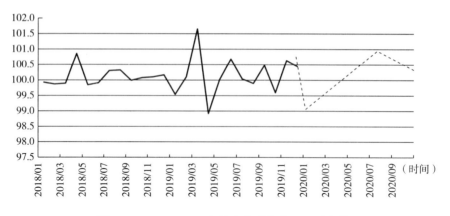

图 2-16　2018~2019 年综合合成指数及预测走势

应地增加，可能上涨为 6 个月，景气指数本来可能在 2020 年 5 月恢复至波峰，现预估计将于 2020 年 8~9 月达到下一个波峰，且从折线图上看，折线的斜率也会更加平缓，即恢复速度也会减缓。

本节从预测的另一个角度，即通过现有信息对未来经济形势进行预测估计，进行了对修正模型的实证分析。在本节中，通过对比美国、日本、韩国以及中国的景气预测指标体系，可以发现我国在指标选择中缺少反映劳动力市场的信息，如失业率、平均劳动时间等。又由于我国目前的就业统计体系尚不完善，缺少相关月度数据，无法进行指标修改，于是在考虑就业与企业收入的相关关系后，认为企业收入可以反映劳动力的变动趋势，所以选择了工业企业收入增速这一指标作为就业指标的替代，进行我国景气预测指标体系的修正。结果发现修正体系得出的综合合成指数与能够反映我国经济走势的工业增加值的走势大致相同，能够在一定程度上对我国的经济动态进行刻画。

2.4　本章小结

本章介绍了 DSGE 模型与景气预测模型这两种模型的理论基础及其框架体系。在具体的模型构建中，首先根据假设条件和微观理论构建一般性的行为方程，然后应用拉格朗日最优方法分别求出它们的行为方程，其中，中央银行根据泰勒规则确定货币政策规则方程，接下来，将 DSGE 模型平稳化，将模型中包含的所有行为方程进行对数线性化处理，得出理性预期线性方程系统。对于景气预测模型，本章从指标选取、指标分类、合成指数编制原理几个方面体系化地介绍了景气指数的构建理论。结合我国经济特点，本章分别进行了修正，检验了修正结果有效性，并分别对两个修正后的模型进行了应用。对于 DSGE 模型，本章以 SIGMA 模型为基础，借鉴我国学者在一些小型相似模型中的参数进行校准，对模型中涉及的部分相同指标参数进行修正，构建了修正的 DSGE 模型，对模型施以货币政策冲击和财政政策冲击两种外生冲击，脉冲响应图表明修正模型对我国经济政策的模拟与凯恩斯理论一致，且结果与我国多名学者的研究成果一致，之后又通过 DSGE 修正模型对技术冲击以及人民币汇率冲击的政策效果进行了模拟预测，加以应用。对于景气预测修正模型，通过国际对比发现我国在预测指标体系上缺少就业相关指标，在引入就业替代指标后，得出的综合合成指数可以反映我国的经济走势，于是基于修正模型对 2018~2019 年的合成指数进行了分析。

3 新时代中国宏观经济运行关键风险的识别

当前世界处于百年未有之大变局，在此形势之下，国内外的风险和挑战与日俱增，中国宏观经济运行面临下行压力，识别新时代中国宏观经济运行的关键风险有助于廓清经济发展的潜在危险。当前中国宏观经济运行面临各类风险，本章从经济增长的供给侧和需求侧出发，针对供给侧和需求侧两端的具体要素识别新时代中国宏观经济运行关键风险，分析框架如图3-1所示。

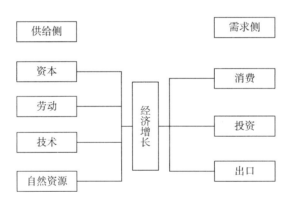

图 3-1　新时代中国宏观经济运行关键风险识别框架

3.1　供给侧要素

2015年11月10日，在中央财经领导小组第十一次会议上，习近平首次提出"供给侧结构性改革"，要提高供给体系质量和效率，增强经济持续增长动力。

资本、劳动、技术和自然资源等经济增长供给侧要素是经济长期持续增长的源泉。

3.1.1 资本

作为生产要素，资本指生产过程中所用的设备与建筑物存量，即现在用于生产新产品和劳务的过去生产的物品的积累。当考虑生产要素的获得过程时，资本又可以指借贷资本、股权资本等。在金融领域，资本通常用来代表金融财富。广义来讲，资本是人类创造的物质和精神财富的社会经济资源的总称。中国经济在资本方面主要面临以下问题。

3.1.1.1 资本跨境流动

近年来，中国金融市场对外开放节奏加快，2018年4月，在博鳌亚洲论坛开幕式上习近平提出中国进一步扩大开放的四个方面的重大举措。2019年7月，国务院金融稳定发展委员会出台了11条金融业对外开放措施。扩大金融对外开放能够促进境外金融服务机构进入中国资本市场，从而改善中国金融体系的运行效率，但金融开放具有双面性。金融开放必将增强人民币跨境资本流动的波动性，增加金融体系的脆弱性，进而给经济发展带来冲击。Reinhart和Reinhart（2008）指出，跨国资本的巨额流入会加大金融体系的脆弱性和金融危机爆发的可能性，频繁的跨国资本流动会给一国货币政策的独立性、汇率稳定带来冲击，给金融稳定带来伤害。金融开放扩大后，资本市场进一步放开，中国的资本跨国流动在速度、规模、方向上的变化日益显著，由此给金融稳定和经济发展带来了潜在的风险。此外，资本市场的开放将加剧国际金融市场的风险溢出。就股票市场而言，一个股票市场的价格会对其他股票市场的价格产生影响。资本市场开放后将使资本市场之间的相关性更强，一旦爆发金融危机，资本市场之间的风险蔓延将更加迅速和严重，这也成为经济发展中的一大隐患。

3.1.1.2 资本配置效率较低

资本配置效率指资本从低回报率行业（地区、企业）流向高回报率行业（地区、企业）的程度（陈创练，2016）。就中国目前情况而言，资本配置效率较低。首先，中国全社会税前资本回报率总体上高于美国、德国、法国、日本等发达国家，但中国税后资本回报率仍低于主要发达国家（李宏瑾和唐黎阳，2021）。其次，中国地区间资本配置扭曲，造成资源配置效率较低（Chen等，2017；陈诗一等，2019）。陈诗一等（2019）研究表明，资本配置扭曲导致中国大中城市偏小，小城市数目过多，此外资本配置扭曲损害了社会福利，带来了劳动力配置的扭曲。如果消除资本配置扭曲，社会福利可以提高38%。最后，行业间也存在资本错配。任韬等（2020）研究发现，中国重点行业间存在资本错配，其中房地产业、交通运输仓储和邮政业以及水利环境和公共设施管理资本要素投入过度，批发和零售业、制造业以及建筑业资本投入不足。资本配置效率较低将损害社会福利，对创新活动产生不利影响，进而阻碍经济高质量发展。

3.1.1.3 数据资本的特殊性

数据资本指以现代信息网络和各类型数据库为重要载体，基于信息和通信技术的充分数字化、生产要素化的信息和数据（徐翔和赵墨非，2020）。数据资本是数字经济发展的产物，随着数字经济的发展，数据被生产要素化、商品化与资本化。数据逐渐成为企业生产和管理中不可缺少的生产要素，企业将数据运用到生产过程中参与剩余价值的生产，数据资本由此产生（闫境华等，2021）。与传统资本不同，数据资本存在一定的特殊性。首先，数据资本需要生产要素化，只有通过处理、整合、挖掘，才能成为数据资本，整个过程往往要利用信息通信技术，通过人工智能等数字技术的应用，数据资本的价值得到提升。数据资本不仅单独作为生产要素促进经济发展，还能够促进其他生产要素的配置效率，间接提升生产效率。其次，数据资本所有权的确定。众多数字平台通过恶意收集用户信息、出售用户隐私信息获取利润，这有损于消费者的权益，背后涉及数据资本的所属权问题。最后，数据资本还存在垄断现象。数字技术的开发和应用往往需要大量的资金投入，同时数字技术专业人才缺乏，导致数据资本存在垄断现象。

3.1.2 劳动

凭借丰富、廉价的劳动力，中国成为制造大国，然而随着人口老龄化的出现，中国劳动力尤其是低端劳动力减少，人工成本也逐渐上涨。当前，中国已由制造大国向制造强国、智能制造转型，尽管各方做出了众多努力，但转型过程中依旧面临着诸多挑战。

3.1.2.1 人口老龄化

由于计划生育政策的实行及人们生育观念的转变，加之生活水平和医疗条件的提高，我国新生儿逐渐减少，青年人口数量减少，老年人口比例不断上升，人口呈现老龄化趋势。近年来，我国人口老龄化进程加快。人口老龄化将导致劳动力供给不足，人口红利逐渐消失，人力成本不断上升，因此制造业企业纷纷选择人力成本较低的替代区域，从而出现制造业转移现象。产业迁移给我国经济增长带来不利影响。同时，人口老龄化削弱了居民消费能力。Hurst（2008）指出，消费水平倾向于随着年龄的增长而下降。人口老龄化伴随着总人口的减少，从总量效应看，总人口的下降预示着总体消费需求的下降。此外，人口老龄化也给养老模式带来了挑战。按照中国传统，家庭养老是主要模式，人口老龄化将加剧家庭压力，尤其是"421家庭"，社会养老将成为未来趋势。养老观念的转变及社会养老条件的构建是未来养老模式面临的挑战。

3.1.2.2 劳动力成本增加

随着社会经济的发展，劳动力成本增加是必然结果。随着中国人口老龄化趋势显现及相关体制政策改革，中国经济依靠廉价劳动力的时代已经结束。劳动力成本上升对我国经济发展产生了一系列不利影响。首先，劳动力成本是中小企业的重要成本。劳动力成本上涨进一步加剧了中小企业的经营成本，经营压力显著增加。随着劳动力教育水平的提升，大企业就业倾向明显，从而进一步加剧了中小企业"用工荒"。其次，劳动力成本的增加提高了产品的价格，对于制造业尤其是劳动密集型制造业企业，其利润将被压缩。再次，劳动力成本上涨将加剧就业竞争压力。劳动力成本增加削弱了企业家创业积极性，从而导致工作岗位减少。最后，我国充足、廉价的劳动力一直是吸引外商直接投资的优势条件，劳动力成本的上升使中国在引进外商直接投资尤其是引入劳动密集型产业时优势减弱。越来越多的外商直接投资将生产企业转移到劳动力成本更低的国家。但不可否认，劳动力成本的上升有利于我国中西部地区的外资引入。由于受到政策、地理条件和开放程度等因素的影响，外商直接投资主要集中在我国东部沿海地区，而随着劳动力成本的不断增加，外商投资逐渐转移到我国劳动力成本较低、劳动力供给丰富的中西部地区，从而使外商投资在我国的地理分布发生了变化。

3.1.2.3 人才短缺

中国经济由粗放式发展转型为高质量发展，催生了对人才的需求。尤其是近年来数字经济蓬勃发展，中国对劳动力技能提出了更高的要求。然而，中国出现了人才短缺现象，技能人才供需结构不匹配，当前技能人才共有 1.65 亿人，高技能人才 4700 万人，占就业总人数的 6%，远远低于企业的需求（陈钢等，2020）。究其原因，首先，随着科学技术的进步，各个行业都在向高科技转变，无论是设计、生产还是销售，每个环节都向专业化、技能化转变，由此，低技能工人需要提升自身技能水平。而企业为了减少支出，对员工培训投入不足，造成员工的技能水平无法得到提升，从而无法满足企业需求。其次，中国人才培养模式无法满足企业的人才需求。职业教育体系不完善及高校科技创新产学研融合水平不高导致人才培养与人才需求不匹配。人才是技术提升的基础。企业层面，人才短缺导致企业不能顺利进行技术改造，影响企业对先进技术的应用。行业层面，人才短缺导致高技术行业内在驱动力不足。国家层面，人才的缺失将导致国家竞争力不足。尤其是在经济高质量发展的背景下，数字技术专业人才的缺失将对数字技术创新和数字基础的应用产生不利影响，从而使数字经济动能不足，对持续发展造成威胁。

3.1.3 技术

在创新战略的引领下，我国技术水平不断提升，在网络通信等领域已处于领先水平。从创新水平看，我国也位于世界前列。根据《2020 年全球创新指数（GII）》报告数据，在全球 131 个经济体中，我国位于全球创新指数榜单第 14 名。然而不可忽视的是，中国在很多领域的技术仍然比较落后，面临着很多亟须突破的困境。

3.1.3.1 "卡脖子"技术需要突破

近年来，我国科技创新水平不断提升，在航空航天、高铁等领域取得重大突破，但是在有些领域，我国仍存在关键核心技术"卡脖子"问题，底层基础技术不足，基本算法、基础材料方面存在瓶颈，一系列关键技术的使用仍受制于西方国家。比如，我国核心半导体芯片自给率不足 5%，芯片技术亟须突破。"卡脖子"问题严重制约了我国经济的发展，往往因为一个技术，整个行业的发展都受到限制，大大制约了我国科技强国建设。要突破"卡脖子"问题，需要各方协同。科研部门要重视基础研究。与应用研究相比，基础研究是突破"卡脖子"技术的关键。企业方面，要发挥企业作为创新主体的作用，充分挖掘企业创新潜力，尤其是中小企业。应该创设良好的创新环境，加大企业研发投入，鼓励企业参与科研。政府方面，要加强政府引导，确定创新布局，积极促进高校、企业等主体间的合作。党的十九届四中全会审议通过的《中共中央关于坚持和完善中国特色社会主义制度推进国家治理体系和治理能力现代化若干重大问题的决定》指出，要建立以企业为主体、市场为导向、产学研深度融合的技术创新体系。组建创新联合体是突破"卡脖子"技术的有效方式。

3.1.3.2 全要素生产率较低

全要素生产率指除劳动和资本等要素投入之外，由于技术进步导致的产出增加，是现阶段经济增长的主要源泉。有效提升全要素生产率是实现高质量发展的关键。然而，当前中国全要素生产率水平较低，与其他发达国家全要素生产率水平存在较大差距。2019 年，中国全要素生产率水平是美国的 63.48%，是日本的 63.09%，是韩国的 66.34%[①]。从全要素生产率对经济增长的贡献看，全要素生产率在中国经济增长中发挥了重要作用。根据中国人民银行调查统计司课题组（2021）的研究，1978~2020 年，中国全要素生产率年均增长率为 3.4%，对经济增长的贡献为 36.6%。然而，事实上 2008 年国际金融危机爆发后，全要素生产率对经济增长的贡献率是下降的，2013~2020 年下降至 25%。此外，全要素

---

① 数据来源于 Penn World Table（PWT 10.0）。

生产率地区差距的存在也不利于经济的协调发展。可见，作为经济增长的主要来源，全要素生产率目前在驱动经济发展方面具有提升作用。

3.1.3.3 数字技术的应用水平有待提升

数字经济成为经济增长的新动能。大量研究证明，数字经济的发展能够消除信息不对称性，提高生产率，从而促进经济发展。但目前数字技术的应用水平有待提升，产业数字化水平较低，尤其是第一产业和第二产业。2019 年服务业数字经济增长值占行业增长值的比重为 37.8%，工业数字经济增长值占行业增长值的比重为 19.5%，农业数字经济增长值占行业增长值的比重为 8.2%[①]。数字经济与实体经济融合发展水平较低，传统产业进行数字化转型面临着很多困难和挑战。一方面，数字技术与实际应用匹配度较低，应用性不强，从而导致数字技术在实际生产中难以被应用。另一方面，不少企业缺乏对数字技术应用的认识，尽管进行数字化转型的意愿强烈，但缺乏明确的实践路径，包括数字技术的投资、员工数字技能的培训、相关数字技术专业人员的引进，往往缺乏清晰的布局，从而导致企业数字化转型效果不佳。

3.1.4 自然资源

自然资源尤其是能源，作为生产要素在经济增长中发挥着重要作用。但粗放式的经济发展方式导致了一系列环境污染、能源过度消耗等问题。随着发展理念的转变，节约能源、保护环境成为经济发展中不可忽略的关键一环。

3.1.4.1 一次能源消耗严重，环境问题凸显

中国是一次能源消耗大国，且随着经济发展，对一次能源的需求仍处于上升态势。电力、热力的生产多依赖于一次能源的使用，且以煤炭为主。一次能源的使用将产生大量的粉尘、烟尘、二氧化硫等，会带来空气污染物及温室气体的排放，从而造成环境污染，给人们的身体健康和我国经济可持续发展造成隐患。可以说，改革开放后我国经济持续高速增长是以高耗能、高污染为代价的。能源严重消耗和环境问题对经济的可持续发展产生了威胁。一方面，一次能源具有不可再生性，随着能源存量的减少，过度依赖一次能源会产生能源危机。尽管我国是能源生产大国，但仍无法满足我国的能源需求，仍需要能源进口。能源进口的不确定性也将加剧能源危机。另一方面，近年来环境污染问题严重，雾霾等恶劣天气频发，给人们的身体健康、社会活动都造成了伤害。此外，近年来我国实行节能减排政策，倡导绿色发展，借助绿色金融等政策积极推动经济绿色转型。但在相关资源，尤其是资金资源配置过程中也存在着错配现象，对经济的绿色转型产

---

① 数据来源于《中国数字经济发展白皮书 2020》。

生了不利影响。

3.1.4.2 存在能源错配现象

有效合理配置能源是推动经济可持续发展，实现节能减排目标，推动高质量发展的关键，然而，当前我国能源配置存在扭曲，成为高质量发展的重要羁绊。首先，我国地区间存在能源错配现象，东部地区能源错配情况优于东北地区和中部地区，西部地区能源错配现象最为严重（李芳芳和李亚光，2020）。其次，我国行业间存在能源错配现象。行业异质性使各个行业能源使用成本不同，加之政府对于能源市场的干预，导致能源未能按照最优分配方式进行分配，从而导致了行业间能源错配现象（苏颉，2021）。此外，不同产权性质的企业之间、不同规模的企业之间也存在能源错配的问题。能源错配给经济发展带来了潜在风险。第一，能源错配不利于资源最优配置的实现。在政府干预下，能源往往配置给产值高的企业，受到政策的支持，部分企业往往能够以较低的成本获得能源，甚至能够通过增加能源投入获得利润，这破坏了企业间的公平竞争，也阻碍了生产效率的提高。第二，能源错配导致能源大量流入能源密集型产业，阻碍了产业技术创新和转型升级。因为企业将大量资金用于能源投资以获得可观收入，这削弱了企业的创新动机，从而导致企业忽略绿色技术开发的重要性，不利于产业实现绿色转型。第三，能源错配对能源效率提升产生不利影响。因为能源错配不是能源配置的最优策略，所以存在能源配置较高的一方能源利用效率低而能源配置较低的一方能源短缺的现象，从而从总体上阻碍了能源效率的提升。

3.1.4.3 "碳中和""碳达峰"目标的提出

2030 年前实现碳达峰、2060 年前实现碳中和的"30-60 双碳"目标是目前我国为应对气候变化做出的重大战略部署。实现"双碳"目标需要对现行社会经济体系进行一场广泛而深刻的系统性变革，此外，我国正处于经济增长期，能源需求持续增加，实现"双碳"目标压力很大，因此，碳达峰、碳中和将给经济发展带来冲击。首先，实现"双碳"目标给产业结构转型升级带来压力。在实现"双碳"目标过程中，我国产业结构必将发生变化，尤其是能源密集型行业，面临着关闭和减产的压力，而企业的关闭和规模缩减势必会进一步对就业市场产生不利影响。为实现"双碳"目标，需调整产业结构，而产业转型往往需要付出较高的成本，这给企业运行带来了额外的成本压力。其次，能源结构需要调整。目前我国过多依赖于一次能源，尤其是煤炭。为实现"双碳"目标，我国需要大力推进清洁能源的使用，包括核能、风能、潮汐能等。同时，脱碳技术的研发力度也需要进一步加大，而技术研发往往需要大量投资，技术使用也需要较高的费用，这给企业经营增加了额外的压力。最后，全国统一碳排放权交易市场的运行有待优化。碳排放交易是实现"双碳"目标的重要环节。尽管碳交易市场在我国 8 个省份进行了试点工作，目前也从区域试点过渡到全国统一市场，然而碳排放交易市场的运行机制仍需进一步完善，包括碳权的分配、交易机制的设置等方面。

3.2　需求侧要素

作为拉动经济发展的"三驾马车"，消费、投资和净出口在中国经济发展中发挥着重要作用。在新经济发展背景下，消费、投资和出口呈现出新特点，同时也出现了一些潜在的风险。

3.2.1　消费

作为经济增长的重要支撑，在出口乏力、投资不振的背景下，消费在缓解经济下行压力，稳定经济发展中发挥了重要作用。尽管受到新冠肺炎疫情的冲击，2020 年最终消费支出占 GDP 比重仍达到 54.2%。目前消费模式呈现出新特点，线上消费兴起，但总体来看仍存在内需不足及消费升级困难等问题。

3.2.1.1　内需不足

尽管当前消费在经济发展中贡献很大，2013~2019 年最终消费支出对经济增长的平均贡献率达到 60%，但与发达经济体 70%、80% 的水平相比，仍然具有很大的提升空间。首先，发达城市房价高、上涨快，大大降低了居民的购买力。买房成为越来越多家庭的首要和最大开支，从而对消费产生挤出效应。高房价使居民消费预期不稳定，也导致消费倾向下降。其次，我国居民收入差距较大，2019 年全国居民人均可支配收入的基尼系数为 0.465[①]，中低收入人群消费能力较弱。根据刘哲希和陈彦斌（2018）的研究，我国收入差距扩大的原因由高收入群体收入增长过快转为中收入群体收入增速下滑过快，这对居民消费产生了更大的损害。最后，新冠肺炎疫情的冲击使旅游业等服务消费受到抑制。受疫情影响，人们居家办公，大大减少了外出活动，餐饮业、旅游业受到较大打击。但疫情也带动了很多产品的消费，比如防疫用品、电子产品等。尤其是后疫情时代，国家及地方纷纷发放数字消费券，扩大了国内消费支出规模，拉动了需求。内需长时间不足会造成产能过剩、产品积压，进而产生物价下行压力，对企业盈利造成不利影响，最终导致经济发展失衡。

---

① 数据来源于 CNRDS 数据库。

3.2.1.2 线上消费兴起

数字经济时代的来临拓宽了消费渠道，线上消费兴起。除了日常购物之外，汽车、奢侈品也成为线上消费的一部分。近年来，直播带货等新模式的出现使直播购物成为当下消费者线上购物的新方式。随着新一代信息技术的应用普及以及国家相关政策的支持，未来线上消费仍将保持在高位。线上消费模式生成了大量的用户信息，包括地址、性别等基本信息及购买习惯等个人偏好信息，从而形成了庞大的数据库。同时，网购 APP 中用户的评论数据也会直接影响消费者的购买意愿。可以说，线上消费促进了消费，但同时也存在一些问题：其一，用户信息的安全问题。大量用户的隐私信息汇集到平台中，信息泄露成为潜在风险。其二，传统企业转型困难。对于传统企业，尤其是中小企业，在数字化潮流下将面临转型压力。线下销售模式向线上销售模式的转变需要人力、财力的投入，给企业经营造成了压力。

3.2.1.3 消费升级需进一步加快

消费升级指各类消费品支出中的结构升级和层次的提高。消费可以分为生存型消费、发展型消费、享受型消费和服务型消费，消费升级的顺序是从生存型消费升级到发展型消费，后升级为享受型消费，再升级为服务型消费。消费升级能够带动消费结构变化、促进科技革命、提高消费品质。目前，我国消费升级仍需进一步加快。消费升级需要从需求侧和供给侧两方面入手，包括完善需求侧，如完善收入分配制度、完善社会保障机制等，也要促进供给侧结构性改革，如解决供需错配问题、提升产品供给能力等。

数字经济的发展对消费升级产生了显著的影响。对于消费者而言，金融科技的发展显著影响了消费者行为，就目前应用广泛的支付宝而言，花呗、借呗等方式刺激了人们的消费欲望。对于生产者而言，无论是企业数字化水平的提升还是经营业态的变化，产业数字化转型提高了企业的创新能力以及产品和技术的科技含量，为企业提供多元化、个性化产品提供了技术支持。

3.2.2 投资

投资是拉动经济发展的重要手段，交通、能源、水利等重大项目，以及数字基础设施等成为投资的重要方向。经济的发展需要扩大有效投资，但目前我国投资存在回报率低、投资结构失衡等问题。

3.2.2.1 投资回报率较低

资本回报率反映了社会投资的总体收益，对宏观经济运行至关重要。总体来看，我国资本回报率较低，低于发达国家（李宏瑾和唐黎阳，2021）。投资分为政府投资和民间投资。其中，政府投资具有双重效益。一是政府投资直接影响社会需求的变动，促进地区经济发展，提高居民收入水平和就业水平，从而表现出经济效益。二是政府投资通过教育、医疗等基础设施的建设，提高了社会福利，表现出社会效益。根据廖凯诚等（2019）的研究，政府投资效率呈现倒 U 型变化趋势，且各地政府投资效率差距明显。民间投资是指具有集体、私营、个人性质的内资企事业单位以及由其控股（包括绝对控股和相对控股）的企业单位建造或购置固定资产的投资（郭婧和马光荣，2019）。相较于政府投资，民间投资更客观地反映了投资促进增长的情况，有研究表明民间投资能够更有效地促进经济增长（刘希章等，2020）。然而，当前我国经济发展尤其是投资方面仍以政府为主导，民间投资活力不足，甚至存在政府投资对民间投资的挤出效应。无论是政府投资和民间投资结构不合理，还是资本配置过程中的低效率，低水平的投资回报率不利于宏观经济的稳定发展。

3.2.2.2 地方债务

金融危机爆发后，为了促进经济平稳发展，我国开始加速投资基础项目。由于基建项目需要大量的投资，而地方政府财政收入无法满足投资需求，因此地方政府开始借入大量债务。近年来，地方政府发行债券量仍然在快速攀升，2020 年地方政府专项债务发行额为 41404.47 亿元，2020 年末地方政府专项债务余额为 129217.37 亿元，2020 年地方政府一般债务发行额为 23235.79 亿元，2020 年末地方政府一般债务余额实际数为 127393.40 亿元[①]。债务具有再分配性，地方债务不仅仅是地方债务，其背后是地方政府财权和事权不匹配。政府债务扩张或将导致政府过度投资进而降低资本配置效率，以及公共投资过高进而挤出私人部门投资。此外，地方政府债务的积累还会产生系统性金融风险，大量地方债务将压制经济增长，甚至导致债务危机出现和金融危机爆发。

3.2.2.3 投资结构需合理规划

尽管我国在高铁等基础设施建设方面取得了斐然的成绩，但基础设施总体水平还不够高，尤其是民生领域、城乡区域发展等方面仍存在短板，存在投资结构不合理问题。因此，要加快政府投资的结构优化，通过政府投资加快推进民生建设，加大对教育、就业、医疗健康等领域的投入。政府投资应当与地方经济发展相适应，提高政府投资效率，助力区域间均衡发展。

当前，新基建投资成为重要投资方向，包括 5G、人工智能、工业互联网、物联网等新型基础设施建设。2020 年全国政协十三届三次会议经济界委员联组会上习近平指出，要以"新基建"为支撑，加快数字经济建设，以数字经济"赋能"内循环，推动我国经济形成双循环发展格局。为发挥新基建对经济高质

---

① 数据来源于中国财务部官方网站。

量发展的赋能效应，新基建的投资建设要注意合理优化基建投资结构。传统基建与新基建各具优势，但就目前发展阶段而言，新基建侧重于技术密集型产业，能够为数字经济体系的构建奠定设施基础。因此，我国应加大短板领域的基建投资，加快新基建的布局建设，构成高效率、高质量、高信息安全度的基础设施体系，为经济转型升级助力，从而实现高质量发展。

3.2.3 净出口

2021年上半年，我国最终消费支出对经济增长贡献率达到 61.7%，拉动经济增长 7.8%，资本形成总额对经济增长贡献率为 19.2%，拉动经济增长 2.4%，货物和服务净出口对经济增长贡献率为 19.1%，拉动经济增长 2.4%。可以看出，净出口在拉动经济增长过程中发挥了重要作用。然而，我国在净出口方面面临着出口结构不合理、国际环境恶化和贸易顺差等问题。

3.2.3.1 出口结构需进一步优化

虽然我国出口产品结构持续优化，但仍然具有一定的升级空间。2020年，我国机电产品出口 10.7 万亿元，增长了 6%，提升明显，高新技术产品出口 5.4 万亿元，增长 2.5%，占出口总量的 29.9%。纺织品、服装、鞋类、鞋包、玩具、家具、塑料制品等劳动密集型产品出口 3.6 万亿元，增长 9.8%，占出口总量的 20.3%。从以上数据可以看出，高附加值产品出口增速明显，但从比重来看，高新技术产品出口占比仍具有很大的提高空间。纺织品、塑料制品等出口产品在国内的生产对环境破坏严重，因此要进一步优化出口结构，提升高技术含量产品出口比重。

3.2.3.2 国际环境恶化

当前全球贸易形势并不乐观，重要原因是国际贸易环境的恶化。对中国而言，中美贸易摩擦及新冠肺炎疫情的冲击是国际贸易环境恶化的两大重要原因。2018年以来，美国多次宣布对从中国进口的商品加征关税，列出对中国的实体经济清单，严重限制了中国的进出口，对某些行业的发展造成了不利冲击，对我国出口贸易经济、贸易公司及制造业企业产生了一定影响，规模较小的企业面临倒闭风险，规模较大的企业的出口量和利润也受到挤压，甚至有些企业因为产品进口受阻无法进行正常的生产活动，给我国经济发展造成了一定的影响。新冠肺炎疫情的暴发也阻碍了我国的出口贸易。受疫情影响，全球经济复苏乏力，国外疫情的蔓延也阻碍了我国的出口贸易。但在我国疫情防控取得阶段性胜利，生产生活逐渐恢复后，我国在防疫用品出口方面颇具活力，医疗物资和设备，如口罩、防护服、呼吸机及新冠疫苗等纷纷出口到其他国家。

3.2.3.3 贸易顺差的潜在风险

2020年中国贸易顺差总额为 5350 亿美元，比 2019 年的 4296 亿美元增长了

24.5%。贸易顺差可以增加我国的外汇储备，促进国内企业的资本积累，进而带动我国经济增长。然而，贸易顺差也具有消极的方面。第一，较高的贸易顺差表明我国经济增长依赖外部市场需求，一旦外部环境恶化，将导致出口无法实现，出口产品严重积压，威胁我国经济安全。第二，外汇储备损失风险。如果美国出现金融危机，将对我国较高的外汇储备造成损失，我国将成为美国金融风险的承担者。第三，贸易顺差增加我国的能源消耗。我国出口的产品在生产过程中大多需要消耗大量能源，也会对环境造成污染，同时也不利于我国"双碳"目标的实现。

3.3　本章小结

本章从经济增长的供给侧和需求侧两个方面，就供给侧要素——资本、劳动、技术、自然资源和需求侧要素——消费、投资、净出口展开分析了新时代中国宏观经济运行关键风险。分析发现，数字经济是新发展格局的主要动力，深刻影响了供给侧和需求侧的相关要素。具体而言，数字产业化是数字经济的基础设施，包括电子信息业、软件和信息服务业、信息通信业等。数字产业化蕴含着一系列与数据归集、传输、存储、处理、应用等相关的技术，相关数字基建是重要的生产资本，同时也是政府投资的主要方向。产业数字化是数字经济的融合部分，指新一代信息通信技术与传统行业的融合。产业数字化催生了新模式、新业态，共享经济、平台经济成为投资的重要对象。此外，产业数字化对数字技术相关专业人才的需求较大，对劳动力结构的优化提出了要求。同时，电子商务等平台的兴起改变了人们的消费模式，刺激了人们的需求，增加了消费。另外，金融市场的资本优化配置对经济发展具有重要的影响，无论是国际股票市场风险蔓延还是国内金融市场的波动，都将对经济产生显著的影响，因此金融市场的运行对宏观经济运行影响较大。基于此，本书在接下来的研究中，针对数字经济发展现状进行分析，探索数字经济发展带来的机遇和挑战，并从金融市场运行、数字产业化和产业数字化三个视角，分别基于金融市场数据、数字基建数据、网络搜索数据，运用大数据及大数据方法进行我国宏观经济预警研究。

4 数字经济发展现状研究

在数字经济时代背景下，以数字技术为基础的互联网企业突破了传统的地域与时间界限，使各类数字化商业活动之间的联系更加紧密，进而牵动着我国宏观经济的运行与波动。然而，数字经济的理论研究亟待丰富，各类数字经济产业如何影响宏观经济的运行依然是一个值得探讨的话题。同时，数字经济运行面临的机遇和挑战需要系统分析。本章简单梳理了1990年以来宏观经济和数字经济的发展进程，总结了宏观经济对数字经济的作用，进而立足于数字经济的运行活动，分析数字经济发展面临的机遇和挑战，并针对性地就电子商务平台对企业出口绩效的影响和数字经济对实体经济的影响进行了实证分析。

4.1 数字经济发展阶段分析

第三次科技革命以来，如图4-1所示，中国的宏观经济基本呈现上升趋势。参考刘树成等（2005）、丁志帆（2014）的研究，本章根据产出增长率的变化划

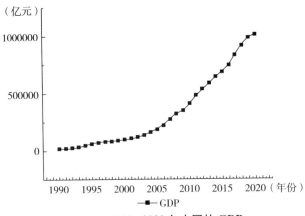

图4-1 1990~2020年中国的GDP

分出1990年以来中国宏观经济波动的转折点，即1992年、1998年、2001年、2008年、2012年（见图4-2）。在此期间，信息基础设施的发展和网络技术的进步共同催生了很多新的数字经济形式。本章梳理了中国宏观经济波动式发展时间轴、信息基础设施建设时间轴和互联网企业发展历程时间轴，如图4-3、图4-4和图4-5所示，发现宏观经济的波动与数字经济的发展存在着对应关系，展现出较强的相关性。这意味着，随着信息网络技术在各产业的渗透与扩张，数字技术被广泛使用并带来宏观经济运行情况的根本变化。

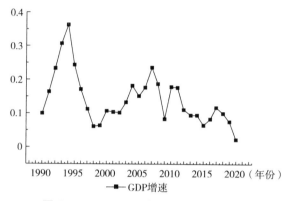

图4-2　1990~2020年中国的GDP增速

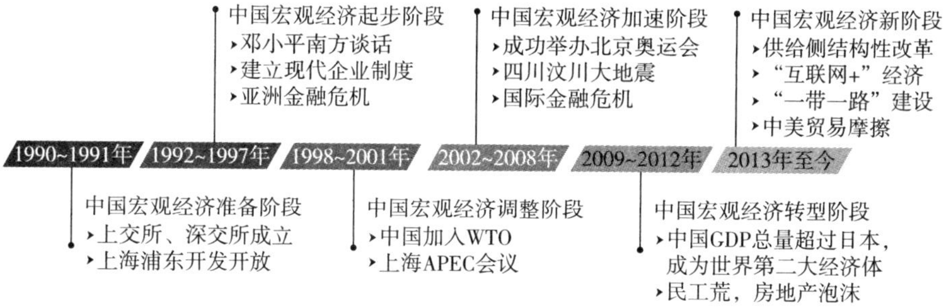

中国宏观经济起步阶段	中国宏观经济加速阶段	中国宏观经济新阶段
➤邓小平南方谈话	➤成功举办北京奥运会	➤供给侧结构性改革
➤建立现代企业制度	➤四川汶川大地震	➤"互联网+"经济
➤亚洲金融危机	➤国际金融危机	➤"一带一路"建设
		➤中美贸易摩擦

1990~1991年	1992~1997年	1998~2001年	2002~2008年	2009~2012年	2013年至今

中国宏观经济准备阶段	中国宏观经济调整阶段	中国宏观经济转型阶段
➤上交所、深交所成立	➤中国加入WTO	➤中国GDP总量超过日本，成为世界第二大经济体
➤上海浦东开发开放	➤上海APEC会议	➤民工荒，房地产泡沫

图4-3　中国宏观经济波动式发展时间轴

底层建设基础阶段	底层建设快速发展阶段	底层建设新阶段
➤1993年，奔腾处理器诞生	➤2002年，ADSL2诞生	➤2014年，互联网+平台接入
➤1995年，Windows 95诞生	➤2004年，光纤直接接入家庭	➤2019年，进入5G时代
➤1997年，云计算被首次学术定义	➤2007年，PaaS服务发布	

1990~1991年	1992~1997年	1998~2001年	2002~2008年	2009~2012年	2013年至今

底层建设初始阶段	底层建设兴起阶段	底层建设裂变阶段
➤1990年，万维网诞生	➤1998年，首次引入x86虚拟技术	➤2009年，阿里巴巴建立首个电子商务云计算中心
➤1991年，Linux操作系统诞生	➤1999年，ADSL国际标准获得批准；中国光纤通信系统开通	➤2011年，宽带实现光纤入户20M

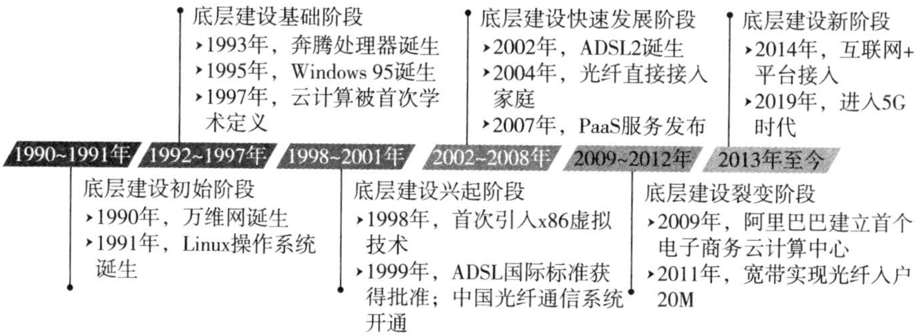

图4-4　信息基础设施建设时间轴

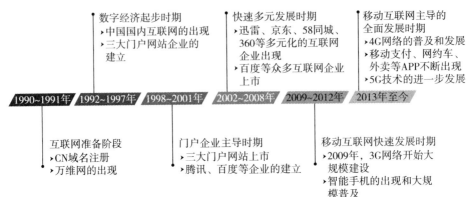

图 4-5　中国企业发展历程时间轴

中国信息通信研究院 2021 年 4 月发布的《中国数字经济发展白皮书》显示，2020 年我国数字经济增加值规模达到 39.2 万亿元，占 GDP 比重达到 38.6%，同比名义增长 9.7%。可见数字经济在逆势中加速腾飞，有效支撑疫情防控和经济社会发展。数字经济占宏观经济的比重之巨大、增长之迅速，使我国已将数字经济纳入国民经济统计范畴（陈梦根和张鑫，2020），同时也为进一步分析和预测宏观经济发展带来挑战。

如图 4-6 所示，数字经济的发展受到宏观经济、政策行规、基础设施、信息技术以及商业模式等多方面因素的影响（徐德顺等，2017；刘军等，2020）。其中，宏观经济对数字经济的作用主要体现在以下三点：第一，宏观经济对数字经

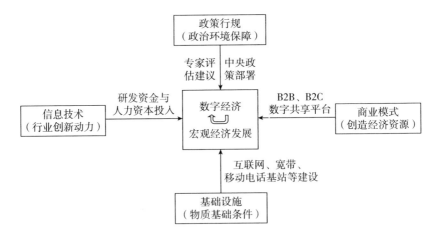

图 4-6　影响数字经济发展的因素

济的作用主要体现在需求创造上。2003~2008 年，经济升温，中国网民的数量迅速增长。在这一时期，中国数字经济企业多元化快速发展，百度的兴起使中文搜索进入百度时代，掀开了中国的第二次互联网浪潮。2009~2012 年，经济增速较稳定，移动互联网快速发展，手机成为重要的移动互联网终端。经济增长、人民群众收入提高带动了人们的娱乐、消费需求。第二，宏观经济中金融二级市场的建立和完善，不仅为数字经济有关的各类企业提供了资本，也推动了上市互联网公司的规范发展，构建了创新企业服务体系。第三，宏观经济制度与政策是数字经济成长的支撑。开放的贸易政策为信息通信技术及设备的流入创造了良好的条件，社会主义市场经济制度也为信息通信技术的有效开发利用以及数字经济的成长奠定了基础（张鹏，2019）。

4.2 数字经济发展面临的机遇

据统计，2020 年，中国数字经济增长规模达到 39.2 万亿元，占 GDP 比重达 38.6%。中国数字经济高速发展，在电子商务、移动支付等方面成为全球数字经济的领先者。中国的市场基础、政策支持及基础建设等都是数字经济发展面临的机遇。

4.2.1 全球最大的网民规模

中国数字经济的快速发展得益于中国庞大的人口数量，得益于中国拥有世界最大的网民规模。中国网民达 9.89 亿，稳居世界第一。庞大的网络用户为数字经济的发展提供了广阔的市场，这是中国在数字经济领域的竞争优势之一。随着智能手机的普及，移动消费用户群呈现爆发式增长趋势，目前手机网民规模达到 9.86 亿。一方面，庞大的网民规模能够形成巨大的连接网络，积累非常多的用户数据，形成数据体系，为数字经济的拓展提供基础。数字经济时代，计算能力是技术的展现，然而大量的用户数据是计算的基础，中国网民的规模优势和强大的计算能力能够促进数字经济时代的创新，催生一批新型企业。另一方面，众多网民是最大的消费群。庞大的网民规模具有巨大的消费能力，网络购物因其便捷性已经逐渐深入民众的生活。淘宝、京东等网购平台迅猛发展，传统企业如苏宁、国美等也纷纷建立线上购物平台。截至 2020 年 3 月，我国网络购物用户规模达 7.10 亿，占网民整体的 78.6%。总而言之，巨大的网民规模是中国数字经济发展的市场基础，无论是作为数字经济的消费者还是数据的生产者，网民规模都是数字经济进一步发展的基础。

4.2.2 全方位政策支持

当前，数字经济被提升到国家战略高度，已成为国家经济新的增长引擎，云计算等数字产业被列为重点产业。从中央政府到地方政府都非常重视数字经济的发展。2015 年，中国提出国家大数据战略，"数字经济"连续被写入政府工作报告。2020 年政府工作报告中提出，要继续出台支持政策，全面推进"互联网+"，打造数字经济新优势。《中共中央关于制定国民经济和社会发展第十四个五年规划和二○三五年远景目标的建议》也指出，"发展数字经济，推进数字产业化和产业数字化，推动数字经济和实体经济深度融合，打造具有国际竞争力的数字产业集群"。在中央出台数字经济相关支持政策后，地方政府也不断加强对数字经济的战略引导，多数省份在政府工作报告中明确要大力发展数字经济，出台数字经济专项政策，包括产业规划、补贴政策等。比如，2021 年 1 月 4 日，上海市发布《关于全面推进上海城市数字化转型的意见》，指出要加快推进数字产业化、产业数字化，放大数字经济的辐射驱动作用，做优做强城市核心功能，助力创新型经济、服务型经济、开放型经济、总部型经济、流量型经济"五型经济"发展。2020 年 12 月 22 日，浙江省出台《浙江省国家数字经济创新发展试验区建设工作方案》，提出到 2022 年浙江省数字经济增长值达到 4 万亿元，占全省地区生产总值比重超过 55%，基本建成全国领先的数字政府先行区、数字经济体制机制创新先导区、数字社会发展样板区、数字产业化发展引领区和产业数字化转型标杆区。12 月 30 日，浙江省出台了全国首部促进数字经济发展的地方性法规《浙江省数字经济促进条例》。此外，数字经济的政策支持还体现在数字经济发展初期的"无政策"方面。从新的商业行为产生到政府监管行为的出现会有几年的间隔。比如，阿里巴巴于 2011 年推出扫码支付，2016 年政府才发布扫码支付标准；2002 年淘宝开始实行线上支付交易，直到 2010 年政府才批准第三方支付业务牌照。在"无政策"期间，各类互联网公司可以尝试新的互联网模式。因为发展早期政府没有干涉，创造了自由的发展空间，所以创业者可以大胆尝试多种商业模式和业务模式。无论是数字经济发展早期的"无政策"支持，还是目前数字经济相关支持政策的陆续出台，政策支持都为数字经济发展提供了优越的环境。

4.2.3 新基建的支撑

新基建是以新发展理念为引领，以技术创新为驱动，以信息网络为基础，面向高质量发展需要，提供数字转型、智能升级、融合创新等服务的基础设施体系,是以发展数字经济为代表的新兴基础设施建设(尚文思,2020),主要包括 5G 基建、特高压、城际高速铁路、城市轨道交通、新能源汽车充电桩、大数据中心、人工智能、工业互联网等领域。基础建设是经济发展的基石,具有基础性和先导性作用。2018 年底,中央政府提出加强以人工智能、工业互联网、物联网等新型基础设施为代表的"新基建",由此中国新基建走上快速建设之路。截至 2021 年 3 月末,中国移动电话基站总数达到 935 万个,其中 5G 基站数达到 582 个,5G 终端连接数超过 2 亿。从短期看,新基建可以有效拉动投资,缓解经济下行压力;从长期看,新基建为数字化转型、智能制造升级、数字技术创新提供了基础设施体系,成为数字经济发展的引擎,助推传统产业与数字经济的融合,促进新经济、新产业和新业态的培育,为经济实现高质量发展奠定基建基础。

4.2.4 疫情影响

2020 年底,新冠肺炎疫情暴发,给全球经济发展带来了破坏性冲击。但 2020 年,中国数字经济依然保持着 9.7% 的高位增长,是同期 GDP 名义增长速度的 3.2 倍多,成为中国稳定经济的关键。数字经济在疫情期间发挥了稳定器的作用,无论是疫情防控过程中还是在线学习、在线办公等方面都为缓解疫情冲击做出了突出贡献。同时,疫情期间,线下购物等线下活动会增加感染风险,在此背景下,网上购物成为方便快捷且更加安全的购物方式。可以说,电子商务、平台经济等很好地保障了疫情期间人民群众的基本生活和娱乐。疫情的扩散促使大数据企业进行数据收集分析,互联网企业开发疫情监控和开发平台。在疫情期间,人们逐渐培养了在线购物、在线教育、在线娱乐等在线消费习惯,这对数字经济的长期增长具有重要作用,数字经济将趁势得到长足发展。首先,淘宝、京东、拼多多等电子商务平台及顺丰、韵达等物流企业进一步发展。随着人们线上消费习惯的养成,上述行业成为人们生活中难以缺少的一部分。其次,网游、短视频、直播等也成为了人们娱乐的新方式。最后,政府治理数字化得到进一步推进。健康码、行程码的出现展示了数字技术在政府公共服务中的作用。数字技术精准、方便且有效地提升了政府治理效率,因此,政府的数字化治理体系和相关数字技术将成为未来数字经济发展的重要方向。

4.3 数字经济发展面临的挑战

中国数字经济发展在电子商务、移动支付等方面成绩斐然,但也要清楚地认识到，中国距离数字经济强国仍有一段距离，数字经济发展仍面临很多挑战。

4.3.1 关键核心技术缺失

每一次工业革命都以技术为根本动力，第一次工业革命的技术以蒸汽机为代表，第二次工业革命的技术以发电机、铁路等为代表，第三次工业革命的技术以集成电路、计算机等为代表。当前，数字经济是新一轮变革，以数字技术为推动力，具体而言，包括人工智能（Artificial Intelligence）、区块链（Blockchain）、云计算（Cloud Computing）、大数据（Big Data）等。新一代数字技术不仅仅局限于数字产业，更被广泛应用于传统产业的生产活动中，为传统产业的转型升级提供了动力，实现产业融合发展。然而，关键核心技术的缺失成为数字经济发展的一大阻碍，为数字经济的优质发展带来了重大挑战。一方面，数字技术仍须进一步提高、优化和完善。制造业自主创新能力有待进一步提升。有些关键技术长期无法破解，从而使产业发展受制于其他国家，如处理器架构、操作系统、高精度设备等。另一方面，数字技术的应用不足，实验室与应用市场脱钩，数字技术无法为数字经济应用领域提供足够的技术支撑。数字经济与产业融合发展还具有很大的进步空间，进而促进传统制造业对数字技术的应用，实现智能制造的转型升级。

4.3.2 专业人才缺乏

数字经济不仅包括技术的革新，还需要在理念、战略等各个方面同步变革，因此，数字经济相关的专业人才是数字经济发展的重要部分。数字经济的发展使人才结构发生了变化，传统行业中的岗位被技术设备取代，同时也产生了数字经济相关的新兴就业岗位。但新兴就业岗位往往与传统就业岗位不同，需要具有一定的数字技术知识和能力。对于数字经济专业岗位而言，更需要具有数字经济的专业人才。数字经济的专业人才需要有数字化的思维，准确把握外部环境的变化，及时、准确地做出数字化变革的决策。此外，数字化专业人才需掌握数字技术，包括大数据分析技术、数字化管理技术、人工智能等，能够将数字技术与传统行业的发展深度融合，促进产业改造升级。现阶段，人才市场中高技能人才尤其是数字技术人才稀缺，大学培养的人才无法满足企业需求，企业尤其是中小企业的数字技术专业人才短缺，这为数字经济长期高速发展带来挑战。

4.3.3 产业融合程度不够

数字经济很重要的一个方面是产业数字化，指传统产业应用数字技术所带来的生产数量和效率的提升。产业数字化是狭义数字经济与实体经济的融合，包括工业互联网、智能制造等融合性新模式。现阶段数字经济与传统产业的融合主要体现在金融业、服务业等第三产业，金融科技、电子商务、线上消费得到显著发展，但数字经济与实体经济尤其是工业融合程度不高。数字经济与制造业的融合往往需要数字技术的基础创新，中国从"制造"转型为"智造"需要大力发展数字技术，只有推动制造业实现数字化变革，才能从根本上实现数字经济与实体经济融合发展，实现实体经济高质量发展。

4.3.4　数字鸿沟

数字经济高速发展的同时，数字鸿沟问题也更为突出，并且随着数字经济发展阶段的变化，数字鸿沟的形式也发生了变化。第一代数字鸿沟是指接入信息通信技术（ICT）方面的鸿沟，一方接入了 ICT，另一方没有接入 ICT，由此产生了数字鸿沟。第二代数字鸿沟指 ICT 素养和培训及 ICT 利用水平方面的鸿沟，能够接入技术不代表具有利用技术的技能，第二代数字鸿沟即认为数字鸿沟是比技术接入更复杂的问题。对于数字技术掌握和运用水平的差距即为第二代数字鸿沟。第三代数字鸿沟指信息资源和知识鸿沟。邱泽奇等（2016）指出，互联网基础设施的发展缩小了接入鸿沟，即第一代数字鸿沟，应用覆盖性增强，同时触发了互联网红利的差异。金春枝和李伦（2016）从互联网普及和互联网应用类型的使用两个角度对中国区域间数字鸿沟进行了考察，研究发现，中国东中西部、省份和城乡之间的互联网使用规模和类型存在差距，验证了区域之间数字鸿沟的存在。数字鸿沟的存在和扩大将对数字经济的持续发展带来威胁。第一，不同年龄段之间存在数字鸿沟。老年人往往因其教育水平较低、学习能力较弱在数字产品的使用方面存在弱势，如因不会使用打车软件而打不到出租车、因没有智能手机而无法在疫情期间展示健康码等。第二，不同地区之间存在数字鸿沟。东部沿海等发达地区的信息基础设施建设水平高于中西部地区，同时受到居民教育水平等的影响，导致东部地区数字经济发展水平高于中西部地区。无论是代际鸿沟还是地区鸿沟，数字鸿沟的存在对数字经济的长久持续发展是潜在的威胁，同时数字鸿沟将加剧经济发展的不平衡，从而对经济发展产生不利影响。

4.3.5　数字安全

近些年，用户数据安全问题频频出现，暴露出数字经济发展中存在的数字安全问题，归根结底是数据可见性与数据可用性之间的关系。现阶段，数据信息的可用性往往建立在数据可见性之上，这就导致数据使用者往往必须想方设法得到数据，加上法律法规的监管漏洞，导致极具价值的数据信息变得廉价，数据信息买卖事件频频发生。智能手机的使用也让用户的日常生活受到"监控"，各类软件 APP 的精准推送的背后，是对用户个人数据的大量收集。日常生活和生产活动纷纷"上网"，产生了大量的信息，其中也涉及个人隐私、企业隐私乃至国家秘密。大量数据产生、集聚的同时，隐私泄露、数据泄密事件频发，给数字经济发展带来了隐患。在未来，要突破技术瓶颈，实现数据可用不可见，保护用户隐私，同时完善数据安全相关法律法规，明确大数据管理者和软件运营者的法律责任，规范数据收集和管理环节，避免因数据泄露而对个人、社会乃至国家造成损害。

4.4 电子商务平台对中国制造业企业出口绩效的影响研究

党的十九大指出，进入中国特色社会主义新时代，我国要推动互联网、大数据和实体经济的深度融合。在该方针的引导下，我国电子商务快速发展，并对稳定和促进对外贸易发挥着较大的作用。围绕两者之间关系的研究，早期主要探究互联网与贸易之间的关系，随着异质性企业理论的兴起，学者们开始从企业微观层面来探究互联网对于企业的作用，而电子商务作为互联网应用下的一个分支，其对企业出口绩效的影响也受到了国内外学者的关注。但截至目前，围绕这一领域，针对电子商务平台对企业出口的影响以及影响路径所做的研究还不够。

我国既是电商大国，也是出口大国，研究电子商务平台对我国企业出口绩效的影响兼具理论和实践意义。自 2013 年亚太地区成为全球最大网络零售市场以来，其增长速度一直在 20%以上。据 eMarketer 数据显示，2019～2020 年亚太地区电子商务零售增速超过 25%，而我国作为亚太地区网络零售总额第一的国家，是当之无愧的电子商务大国。据电子商务交易技术国家工程实验室测算，2019 年中国电子商务相关从业人员多达 5125.65 万人，电子商务带动相关服务、信息技术等行业吸纳从业人员 2010.57 万人。电子商务平台是电子商务中最关键的部分，是电子商务贸易洽谈、交易结算的关键枢纽，也是信息搜索、汇聚的重要场所。电子商务平台的应用能帮助企业快速、精准地获取国际市场信息，降低传统贸易中的信息不对称，减少地理距离对出口的阻碍，扩大企业品牌的知名度。通过电子商务平台的数字化和智能化运营，企业的生产和运营效率得到提升，企业的出口绩效显著上升。已有相关文献大多集中于研究互联网对出口的影响，而从微观层面探究电子商务平台与企业出口绩效之间关系的研究还较少，因此，在数字经济时代背景下探究电子商务平台对我国制造业企业出口绩效的影响具有较大的研究价值。我国一直大力支持数字经济与电子商务的发展,电子商务市场的建立和基本制度的逐步完善为企业出口创造了良好的外部环境。截至2021年,我国已经涌现出一批综合性电子商务贸易平台。朱勤(2019)通过问卷星对我国电子商务企业进行调查后发现,大部分企业表示电子商务平台在一定程度上能够帮助自身解决问题、适应变化的市场并提升出口绩效。有理由相信,电子商务平台可能对企业出口绩效产生一定的影响。在未来,将有更多的企业通过电子商务平台进行贸易往来,为了更好地研究电子商务平台对我国制造业企业出口的现实意义,本节通过我国主流电子商务平台企业收集相关数据,在已有文献的基础上探讨电子商务平台对我国制造业企业出口绩效的影响,以2000~2013年我国主流电商平台企业会员数据为样本,通过与工业企业海关数据库的匹配来进行实证检验,在实证研究结论的基础上,针对性地提出关于电子商务平台发展和完善的相关建议。

4.4.1 电子商务平台对中国制造业企业出口绩效影响的机制分析

基于关系网络理论、赋能理论以及价值共创理论,电子商务平台处于买方和卖方形成的关系网中的中心点,担任着核心角色,其拥有最多的共享信息并有着强大的影响力。同时,电子商务平台凭借其强大的科技水平和资源整合能力,在一定程度上可对电商平台参与者进行技术赋能,帮助企业获得资源、学习知识,创造新的流程来适应环境,并在紧密配合的过程中实现企业与平台的价值共创。

电子商务平台对我国制造业企业出口绩效有着正向影响,具体而言,这种正向影响通过以下三个层面进行传导:①共同制订计划方面。共同制订计划是指企业与电商平台一起设立计划。根据关系网络理论,电子商务平台拥有最多的资源和强大的影响力,其可通过互联网服务方式将动态的市场和多变的需求信息实时传递给平台企业,企业在收到这些信息后,有助于其制订更全面的计划,帮助企业对战略决策不断地进行优化,从而提升企业的出口绩效。②共同解决问题方面。共同解决问题是指企业与企业、企业与平台之间相互配合、联合行动,从而实现问题的共同解决。Fisher和Smith(2020)指出,联合行动的基础是参与者有能力影响互动结果。电子商务平台透明的竞争关系和便捷的信息传导路径加强了企业与企业、企业与平台之间的聚集与分工合作,各方参与者实现了建立在契约关系上的深度融合,这使企业有充足的动力配合平台来共同解决问题。问题的共同解决一方面提升了问题解决的满意度,另一方面也减少了在信息不对称情况下的机会主义行为,分散了企业的潜在风险,从而正向影响企业的出口绩效。③灵活做出调整方面。灵活调整是指企业根据市场情况实行的动态调整。Teece(1997)在其提出的动态理论中表明,动态能力是企业持续地建立、调整内外部资源，从而达到竞争优势的一种弹性能力，该能力可以稳步促进企业的发展。从该角度来看，电子商务平台提升了企业的动态能力，为企业提供了开放的竞争策略和共享的集约化服务，帮助企业根据多变的市场环境做出灵活的动态调整，抓住潜在的市场机遇，从而提升企业的出口绩效。

4.4.1.1　电子商务平台通过品牌国际化影响我国制造业企业的出口绩效

品牌国际化是企业将代表自身产品的标志、图案向不同地区、国家进行拓展的经营策略。品牌是企业综合能力的体现，是企业关键的资产之一。随着经济全球化进程的推进，探求品牌国际化发展成为了众多企业的目标。国内对于品牌国际化的研究开始于 21 世纪初。宋永高（2003）认为，品牌国际化是在多个国家进行产品营销，即将相同名称和标志的品牌推广到新的市场中去。韩中和（2009）对日本家电行业产品顺利进军国际市场的现象进行分析，认为商品异质性、品牌多样性可以提升品牌形象。胡海晨等（2017）利用效用叠加理论，认为企业通过国家营销和对本土市场的利用可以促进品牌的国际化进程。顾丽琴和赖星星（2014）指出，在传统贸易中，品牌国际化往往需要几十年甚至上百年的时间积累。近年来，随着电子商务的快速发展，中国产品向全球市场进军的速度正逐渐加快，"中国制造"正逐渐向"中国质造"转变，如科技品牌 Anker 受到众多海外消费者的关注，美妆国货品牌一叶子、相宜本草、膜法世家在海外销量大幅提升，服装品牌波司登、森马、李宁等也将国内成功模式复制到海外市场，不少兼具品控和制造能力的工厂通过电子商务平台开拓自有品牌，依托电子商务平台强大的供应链基础进入品牌国际化的新进程，并通过品牌国际化的新进程提升了企业的出口绩效和企业利润。

在电子商务蓬勃发展与品牌国际化的进程中，已有现象展示了电商平台、品牌国际化、企业出口绩效的紧密联系。电子商务平台对企业品牌国际化的影响可从以下三个层面展开：①电子商务平台加快了企业品牌国际化的速度。徐松和张艳艳（2015）指出，电子商务深刻影响了我国贸易产业链。具体来看，一方面，电子商务平台压扁了整个贸易条线，将货源、流通、支付等所有程序融为一体，买方可更为便捷地接触海外商品，卖方也可更方便地传播品牌信息；另一方面，电子商务平台使海外消费数据指导着国内供应链进行改变与升级，在及时得到消费者反馈的情况下促进了本土商品的精准定位，加速了品牌国际化的进程。②电子商务平台降低了企业品牌国际化的成本。甘碧群和曾伏娥（2005）发现，进入国际市场的成本是阻碍规模较小企业品牌发展的关键限制条件，大企业在进入国际市场时更有能力承担品牌调整和品牌本土化的成本。而电子商务平台打破了这一规律，中小企业可以享有电子商务平台中低成本的信息资源和集约化服务，通过大数据分析精准掌握海外消费者的偏好，从而增加品牌国际化成功的概率。

③电子商务平台提供了企业品牌国际化的科学依据。电子商务平台借助大数据分析的能力对众多消费者的交易数据进行分析，可准确地描绘用户画像并对未来的消费风向进行预测，这有助于企业把握消费风口，实现品牌定位的差异化从而提升品牌国际化进程。

品牌国际化对企业出口绩效的影响可从以下两个层面展开：①品牌提升了企业的辨识度。Zolas（2014）提出，商标权、专利等可以作为企业限制潜在竞争者的重要手段。在电商出口同质化竞争加大的背景下，品牌国际化将成为我国企业出口竞争力的关键所在，品牌的辨识度能够帮助企业差异化竞争，维持企业的可持续发展，促进企业出口绩效的提升。②品牌提升了顾客黏性。品牌的建立能够让消费者感受到它所代表的价值，如果顾客将企业品牌和从该商品中得到的价值绑定在一起，那么顾客将积极购买此种商品，并提升对该产品的忠诚度。品牌的建立提升了顾客的黏性，并通过主动回购、主动推荐等方式提升企业的出口绩效。

综上所述，电子商务平台在一定程度上可通过品牌国际化路径来提升企业的出口绩效，其传导路径如图4-7所示。电子商务平台通过加快品牌国际化速度、降低品牌国际化成本、提供品牌国际化科学依据来提升品牌国际化进程。企业品牌国际化的提升可通过企业辨识度和顾客黏性两个途径来提高我国制造业企业的出口绩效。

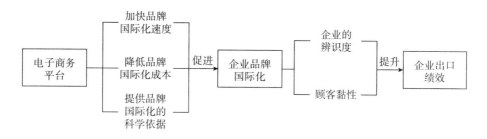

图4-7 电子商务平台、品牌国际化和制造业企业出口绩效之间的传导路径

4.4.1.2 电子商务平台通过贸易边界影响我国制造业企业的出口绩效

对企业贸易边界的分析本质上是从结构上对贸易流量进行分析，贸易边界是贸易增长的边际拓展。基于新贸易理论基础形成的二元边际方法是将一个国家或企业出口贸易的增长划分为集约边际和拓展边际。随着贸易的发展和数据的积累，边际拓展对企业贸易增长的重要性得到了广泛的验证。贸易扩展边际的增长，显示出了企业出口的多元化、企业自身的竞争力以及应对外部风险的抗压力。因此，二元边际特别是扩展边际对出口增长的影响机制获得了广泛的关注。

Hummels 和 Klenow（2005）基于 HS-6 位数出口数据研究发现，1996 年 132 个国家向 59 个国家的出口增长中，有 60% 由广度边际推动，广延边界拓展对贸易的重要性在其他国家也得到了证实。Eaton（2004）发现，法国出口总量的变化主要来自企业出口国数量的增加。Lawless（2007）对哥伦比亚地区企业样本分析后发现，该地区出口金额的变化来源于企业出口国数量的增加。Kancs（2007）通过对东南欧地区公司的二元边际构成进行分解，发现贸易的扩张大部分来源于边界的拓展。陈勇兵和陈宇媚（2011）总结了对贸易方向以及贸易流量产生影响的四大因素：①贸易成本。贸易成本是指除了生产商品的边际成本之外的剩余全部成本，其中包含运输成本、关税与非关税壁垒成本、结算成本、执行成本以及销售成本。②信贷约束，即企业在所在国获得的信贷支持或者信贷约束。③贸易制度。自由的进出口制度有助于企业贸易边界的拓展。④文化联系。文化的关联可视为信息壁垒的减弱、心理距离的拉近，文化联系越紧密则对扩展边际的促进越明显。

通过以上分析可知，电子商务平台的出现以及使用从各个方面影响了企业的拓展边际，即企业的贸易边界，并通过贸易边界的改变来影响企业的出口绩效。其传导机制可从以下两个方面进行阐述：①电子商务平台降低了企业的贸易成本，贸易成本的降低提升了企业进入海外市场的可能性。成本的降低包括时间成本、财务成本、运输成本、信息成本以及当地分销成本的降低。电子商务平台对成本的降低可以体现在贸易的各个环节，首先，进入海外市场前，企业需要对该地市场需求进行调查，而电子商务平台的使用大大降低了企业进入海外市场的搜寻成本，该部分成本是固定成本的重要组成部分，通过电子商务平台，企业省去了实地考察海外市场的消费需求等环节。其次，在交易过程中，电子商务平台弱化了语言、汇率和文化等阻碍，线上翻译和线上交流使谈判变得更加高效和便捷。最后，电子商务平台为企业提供了成本更低的宣传和分销方案，相比在海外市场寻找分销渠道、广告宣传等传统宣传和营运方式，电子商务平台可使用线上虚拟店铺，减少实体店的店面成本，并通过大数据精准定位潜在客户群体进行广告宣传，大大提升宣传的效率。贸易成本的降低提升了企业进入海外市场的可能性，新出口目的国的增加为企业带来了新的机会和新的市场，从而提升了企业的出口绩效。②电子商务平台加强了与出口国的文化联系，缩短了心理距离。Kim 等（2017）发现电子商务平台的应用以及快递包裹的寄送服务缩短了海外消费者的心理距离，实现了买卖双方的零距离沟通。电子商务平台的在线翻译以及网页的多语言版本缩短了与海外消费者的心理距离，提高了海外顾客对企业产品的认可度和消费黏性。文化的关联以及心理距离的拉近在一定程度上提升了企业贸易边界拓展的可能性，贸易边界的拓展为企业带来新的出口市场和分销市场，从而提升了企业的出口绩效。

综上所述，电子商务平台在一定程度上可通过贸易边界拓展路径来提升企业的出口绩效，其传导路径如图4-8所示。电子商务平台通过降低贸易成本、加强文化联系来拓展我国制造业企业的贸易边界，企业贸易边界的拓展增加了企业的出口市场，从而提高了我国制造业企业的出口绩效。

图4-8　电子商务平台、贸易边界拓展和制造业企业出口绩效之间的传导路径

4.4.2　模型设定与数据处理

4.4.2.1　模型设定

4.4.2.1.1　PSM-DID 模型选取

PSM-DID 又名双重差分倾向得分匹配法，是由倾向得分匹配模型（PSM）和双重差分模型（DID）结合而成，其中，PSM 负责为实验组个体筛选对照个体，DID 负责识别政策冲击的影响。

双重差分法作为政策评估方法中的一大利器，本书选取其作为评估加入电子商务平台对我国制造业企业出口绩效影响的方法，原因如下：

第一，双重差分法在一定程度上能够降低内生性问题，本书想要探究的是加入电子商务平台后，企业的出口绩效是否受到了影响，即将加入电子商务平台视为外部冲击，倍差法的应用可以解决一定的逆向因果问题，此外，使用固定效应估计在一定程度上也可缓解遗漏变量的偏误问题。

第二，与先设置政策虚拟变量再进行回归相比，差分法的模型设定可更精准地测度政策效果。

倾向得分匹配法是一种统计学方法，主要用于减少数据的偏差和混杂变量的影响，从而对实验组和对照组进行更合理的比较。本章在 DID 的基础上加入倾向得分匹配法，主要是基于以下几方面原因：

第一，企业的选择性偏差问题。一般而言，如果企业加入电子商务平台被视为自然实验，那么通过对比加入电子商务平台企业（实验组）和未加入电子商务平台企业（对照组）即可估计出加入电子商务平台所产生的效果，然而，企业加入电子商务平台可能存在"自选择效应"，即企业选择加入电子商务平台是具有非随机性的,若将加入电子商务平台和未加入电子商务平台的制造业企业直接进行对比,则可能会导致样本的选择性偏差。例如,发展前景和利润表现较好的制造业企业会更倾向于加入电子商务平台,规模大的企业会更容易加入电子商务平台,而对于那些非国有性质的企业,其在一定程度上缺少传播和销售的途径,也会更倾向于通过电子商务平台来经营等。

第二,用于衡量企业特征的参数众多。通过变量的描述性统计分析可知,不同企业的企业规模、人均资本存量、财务状况、所有制存在着较大的差异,为了避免以上问题对实证结论的干扰,本书采取倾向匹配得分法来有效、快捷地划分实验组与对照组。

4.4.2.1.2　实证步骤

模型选取后,本书将进行实证步骤的设定。在政策效应方面,本书借鉴了Loecker(2007)的方法,采用双重差分倾向得分匹配法,具体步骤如下:

第一步,挑选出实验组企业和对照组企业。实验组企业是指样本期开始时不使用阿里巴巴网站但之后在2000~2013年开始加入平台进行出口的企业。对照组企业是指在样本期内一直未加入阿里巴巴平台会员的企业。

第二步,倾向得分匹配。因变量的选取是以企业分组为标准的,企业在样本期内加入平台取1,在样本期内未加入平台取0。自变量的选取是一系列企业的特征变量,本书借鉴Yadav(2014)的研究成果,选取企业规模、产权性质、企业财务状况以及人均资本存量进行赋值,之后进行Logit估计。

第三步,匹配检验。为了保证结果的可靠性,本书对共同支撑假设和平衡性假设进行了检测。

第四步,采用多期DID来研究电商平台的使用对制造业企业出口绩效的影响。

第五步,稳健性检验。本书将通过安慰剂效应检验来对实证结果进行稳健性分析。

4.4.2.2　我国主流电商平台情况

本节欲探究电子商务平台对我国制造业企业出口绩效的影响。我国电子商务平台种类众多,本节选取具有代表性的阿里巴巴中国站作为分析对象,其有效性分析和相关市场描述如下。

目前,我国通过两类电子商务平台实现线上交易或线上撮合线下交易:一类是独立于外贸企业的平台型电子商务平台,以第三方的身份撮合买卖双方达成交易,该类平台以阿里巴巴、敦煌网等为代表;另一类是自营类电子商务平台,它们从国内供货商手中买断货源,再通过自建的物流体系将商品运送至国外,如大龙网、兰亭集势等。以上两大类电商平台的特点和市场占比各有不同,具体情况如表4-1所示。

表4-1 我国电商平台的种类及特点

模式	种类	电子商务出口占比（%）	特点	代表企业
平台型	B2B	80	阿里巴巴"一家独大"，行业集中度高	阿里巴巴、中国制造网、敦煌网
	B2C	20	市场份额集中于四大电子商务平台	亚马逊、速卖通、eBay、Wish
自营型	—	—	重资产模式，处于发展初期，销售规模整体偏小，行业集中度不高	环球易购、兰亭集势、执御、棒谷

在以上两类电子商务平台中，自营型电子商务平台是重资产模式，自行负担各个环节的成本，商品周转效率较低。整体来看，自营型电子商务平台销售规模偏小，行业集中度不高，处在发展初期。2019年，环球易购和兰亭集势在自营型电子商务平台销售额中分别排名第一、第二位，然而其在电商出口市场中的占比分别为0.75%、0.64%。由此来看，自营型电子商务平台的代表性偏低。相较于自营型电子商务平台，平台型电子商务平台属于轻资产模式，其作为独立于商家和消费者的第三方，主要为参与者提供信息展示和交易撮合服务，商品周转效率较高。整体来看，平台型电子商务平台销售规模大，行业集中度高，是我国电子商务平台种类选取的理想代表。

4.4.2.3 阿里巴巴中国站平台情况

在我国的平台型电子商务平台中，阿里巴巴中国站作为典型代表之一，在我国发展迅速，市场占有率高。阿里巴巴中国站成立于1999年6月，2007年在港交所主板上市，2013年6月，阿里巴巴中国站注册数突破1亿，2016年7月，阿里巴巴中国站发布公示称已有超过100万家企业成为会员。阿里巴巴经过14年的快速发展，成为全球首个B类注册用户超过1.2亿的电商平台，是我国最大的B2B电商平台。据阿里巴巴官网披露，阿里巴巴中国站每天平均产生1.5亿次在线浏览，超过1200万客户来访，其网站商铺覆盖工业品、家具、服装等50个一级行业和1709个二级行业。

本书欲将企业是否加入阿里巴巴中国站付费会员作为衡量其是否使用电子商务平台的标准，理由如下：

（1）阿里巴巴中国站作为我国最大的B2B电子商务平台，属于典型的平台型电子商务平台，选取该平台进行分析很大程度上能够反映我国企业对电子商务的了解。相较于自营型跨境平台，平台型电子商务平台规模更大，更为典型，其作为典型的双边市场，由于网络外部性的存在，市场规模效应明显，马太效应显现，行业集中度相对较高。从分类上来看，平台型电子商务平台可划分为 B2B 和 B2C 两类，从市场格局来看，B2B 电商平台占据电子商务出口额的近 80%，是 B2C 出口额的 4 倍左右。其中，B2B 平台内阿里巴巴"一家独大"，选取其进行研究具有一定的代表性。

（2）阿里巴巴中国站的会员认证体系可提升样本选取的有效性。企业加入阿里巴巴中国站诚信通会员后需要支付相应的会员费，相应的成本提高了企业的使用门槛，使加入会员的企业有很大的概率去使用该平台。

（3）阿里巴巴中国站官方语言为中文，语言和信息的畅通有助于样本的选取和研究的进行。

但选用是否加入阿里巴巴中国站会员作为评判准则也可能存在以下几个方面的不足：第一，有部分企业使用阿里巴巴中国站外其他电子商务平台进行出口，该数据未被统计到数据库中；第二，有部分企业虽然加入了阿里巴巴中国站并参与出口，但并未缴费成为会员，该部分企业信息也未被统计到数据库中。

整体来看，选用企业是否加入阿里巴巴中国站会员作为评判指标的确存在以上这些问题，但该指标仍有较强的可信度。由于上述两种情况在一定程度上会低估电子商务平台的出口效应，因此如果政策效应显著，则不影响电子商务平台对制造业企业出口绩效影响的判断。

4.4.2.4 样本选择

在有关电子商务与企业出口绩效关系的研究中，文献在选择样本时将上市企业作为重点。但实际上，其中一部分上市公司并不具有代表性和全面性。从现实情况来看，我国中小企业在电商出口方面具有一定的典型性和研究价值，因此，本书选取 2013 年阿里巴巴中国站付费会员中的制造业企业作为研究对象，剔除中途倒闭以及退出平台的企业，筛选出在 2000～2013 年持续出口并为阿里巴巴中国站会员的企业 841514 家。考虑到 2016 年 7 月阿里巴巴中国站宣布其认证会员超 100 万家，而本书获取数据时间截至 2013 年，因此可以认为本书数据与官方公布的数据量接近，数据质量较为理想。

本书选取的第二套数据是 2000～2013 年的工业企业数据，数据来源于国家统计局，其中包含工业企业的地址、行业大类、企业规模、从业人员数量、资产总计、企业性质、注册登记号等信息。

本书选取的第三套数据是 2000～2013 年中国海关数据库，数据来源于中国海关，包含企业的商品编码、出口的国别、出口金额（以美元计）等，根据企业名称，本书将海关数据库与工业企业数据库合并。

本书选取的第四套数据是马德里国际商标库，将具有代表性的马德里商标作为衡量品牌国际化的指标，数据来源于世界知识产权组织（WIPO）官网。马德里体系是商标注册者在多个市场获得并维持保护的一站式解决方案。选取马德里商标作为品牌国际化指标的有效性体现在以下几个方面：第一，马德里商标注册手续简便，节约了时间成本。我国商标申请人仅需在国内向主管机关提交一份申请书，即可在指定的多个缔约国申请保护，手续简便，申请过程中只需要一种语言的一份申请、一次付费即可（日本和加纳除外），这样的操作免除了多国申请、不同语言、分别缴费的烦琐手续。第二，马德里商标申请费用低廉，申请成本在650法郎左右，降低了企业申请的门槛。第三，马德里商标认可度高，截至2020年，马德里国际联盟共有97个成员，覆盖了113个国家和地区，这些国家和地区的贸易额约占了全球贸易额的80%。综上所述，从申请的便利性、费用的低廉性以及认可的广泛性来说，马德里国际商标是衡量品牌国际化的合适指标。

数据选择后，本书挑选样本中的制造业企业进行分析。在样本的代表性方面，制造业企业具有一定的典型性。对阿里巴巴中国站付费会员名录统计后发现，平台会员企业共有三种经营模式：厂家生产、经销批发以及商业服务。其中，厂家生产的经营模式是生产自己的有形产品，并且销售自己的有形产品，该类型会员数量占到总会员数量的82.66%；经销批发是指生产自己的产品或者批发其他企业有形产品后进行销售，该类型会员数量占到总会员数量的16%；商业服务是指提供类似商务咨询、企业管理咨询等无形产品，该类型会员数量占到总会员数量的1.34%。对企业类型分析后发现，经营类型为厂家生产的企业属于制造业企业的范畴，制造业企业占阿里巴巴平台会员数量的绝大部分。综上所述，探究电子商务平台对我国制造业企业出口绩效的影响具有一定的代表性。

在样本选择与数据筛选方面，为了探究电子商务平台对我国制造业企业出口绩效的影响，首先，本书选取阿里巴巴中国站会员企业类型中的厂家生产。其次，在工业企业数据库中，本书参考张洋（2017）的做法，在国民经济行业分类的基础上筛选出30个二位数制造业行业的企业数据，并在工业企业海关和阿里巴巴会员合并后数据的基础上进行如下筛选：①删除雇员人数小于5的制造业企业；②删除出口额存在缺漏值或负值的制造业企业；③删除企业年平均从业人员、企业总资产、企业固定资产中任何一项存在缺漏值、零值或负值的制造业企业。

4.4.2.5 变量说明

在探究电子商务平台对我国制造业企业出口绩效影响的过程中，本书涉及以下变量。

（1）核心变量，包括：①加入平台虚拟变量。其用于衡量企业在观测期间内是否加入电子商务平台，加入平台取1，否则取0。②企业出口绩效。其通过年出口总额来体现。③企业品牌国际化。品牌国际化是指企业商标是否被国际市场认可，本书中该指标通过企业是否注册马德里国际商标衡量，若注册为1，否则为0。④企业贸易边界。企业的贸易边界是指企业出口的广延边际，本书借鉴岳云嵩和李兵（2018）、刘斌和王乃嘉（2016）等相关文献，通过企业出口国数量来衡量企业的贸易边界。

（2）控制变量方面，本书借鉴李兵和李柔（2017）等相关文献，选取了企业规模、企业财务状况、人均资本存量以及所有制虚拟变量作为控制变量。企业规模用全部从业人员年平均余额来体现；企业财务状况用企业总负债与总资产的比率来衡量；人均资本存量用企业固定资产净值年平均余额与从业人员平均人数的比率来衡量；所有制虚拟变量反映了企业所有制是否为国有。

变量具体定义与计量方法如表4-2所示。

表4-2　变量定义及描述

名称	符号	形式	变量定义及计量方法
企业出口绩效	y	对数	企业年出口总额
加入平台虚拟变量	x	虚拟变量	企业是否加入阿里巴巴中国站会员，加入平台取1，否则取0，以加入平台的那年为准
企业品牌国际化	brand	虚拟变量	企业是否注册马德里国际商标，企业注册取1，否则取0
企业贸易边界	exc	对数	企业出口国家的数量
企业规模	size	对数	企业全部从业人员年平均余额
企业财务状况	finance	比率	总负债/总资产
人均资本存量	avcaptital	对数	固定资产净值年平均余额/从业人员年平均人数
所有制虚拟变量	state	虚拟变量	企业所有制是否为国有，国有企业取1，非国有企业取0

4.4.3　实证分析

4.4.3.1　描述性统计分析

本节对数据匹配和变量进行描述性统计分析。数据匹配方面，根据企业经营的具体地址、邮政编码，本书将阿里巴巴中国站会员数据与工企海关库进行匹配，匹配结果如表4-3所示。

表4-3 工企海关数据与平台数据合并状况的描述性统计

年份	工业海关企业数（家）	匹配会员数（家）	匹配新会员数（家）
2000	1582	449	449
2001	2264	577	128
2002	3001	702	125
2003	3931	1048	346
2004	6653	2366	1318
2005	8050	2607	241
2006	9870	2800	193
2007	13505	3015	215
2008	22122	3558	543
2009	22814	4466	908
2010	31207	5942	1476
2011	36568	7782	1840
2012	45512	10358	2576
2013	45367	15038	4680

经统计，匹配到的平台会员数约占平台企业的7%，匹配率的偏低可能是由以下几个方面导致的：一是统计口径的差异。阿里巴巴中国站会员大多经营规模较小，但工业企业数据库中的公司规模都在500万以上。二是企业类别的不同。电子商务平台有服务型、咨询型商铺，但工业企业数据库只统计工业型公司。三是工业企业数据库与海关企业数据库合并后遗失了一些有效数据。四是样本期（2000~2013年）处于电子商务发展的起步阶段，通过电子商务平台进行出口的制造业企业在一定程度上比较少。

对数据库匹配之后，本书使用stata软件对变量进行描述性统计分析。为了避免过大标准差对后续分析产生的影响，本书对一些数量级大的变量（企业出口绩效、企业贸易边界、企业规模以及人均资本存量）进行了对数处理，相关变量的描述性统计分析如表4-4所示。

表4-4 变量描述性统计

变量	均值	标准差	最小值	最大值
x	0.577	0.494	0.000	1.000
y	14.480	2.295	3.401	20.596
size	11.660	1.681	7.265	17.823

续表

变量	均值	标准差	最小值	最大值
avcaptital	4.138	1.640	−4.852	11.509
finance	0.584	0.261	0.002	2.727
state	0.255	0.436	0.000	1.000
Ind	17.989	8.350	1.000	32.000
year	2010.158	3.651	2000.000	2013.000
exc	1.976	1.440	0.000	5.153
brand	0.397	0.500	0.000	1.000

为了对各个变量做一个系统的了解，本书对其进行描述性分析：企业是否加入电子商务平台作为虚拟变量，最小值为0，最大值为1；在企业出口绩效中，不同企业之间的出口金额差距明显，企业年出口总额对数的最小值为3.401，最大值为20.596，均值为14.480；在企业规模方面，不同企业之间的差距较为明显，企业全部从业人员年平均余额的对数最小为7.265，最大为17.823，均值为11.660；人均资本存量差距较大，其对数最小为−4.852，最大为11.509，平均值为4.138；企业财务状况方面，最小为0.002，最大为2.727，平均值为0.584。中介变量方面，本书选取品牌国际化和贸易边界进行分析：品牌国际化为虚拟变量，最小值为0，最大值为1；企业贸易边界方面，不同企业出口国数量的对数相差较大，最小值为0，最大值为5.153，平均值为1.976。对不同变量观察后发现，不同企业之间的差异较大，已有的对数处理可避免过大的标准差对后续分析产生的影响。

4.4.3.2 共同支撑假设检验

模型设定后，本节将对倾向得分匹配进行检验，目的是检测倾向得分匹配的结果是否良好。为了检测这一结果，本书共采取两种方式对其进行验证：一是共同支撑假设检验，二是平衡性假设检验。

本节检查倾向得分匹配是否通过了共同支撑假设检验，检测方式如下：若在匹配后，实验组和对照组两组的拟合程度变得较高，趋势线走势变得相仿，则说明倾向得分匹配通过了该假设。在明白了检测步骤和原理后，本书进行了共同支撑假设检验，得到了倾向得分匹配前后加入电子商务平台（实验组）和未加入电子商务平台（对照组）的密度函数分布（见图4-9）。

由图4-9可以看出，在实行倾向得分前，加入和未加入电子商务平台的两个组别之间存在差异，而在倾向得分匹配后，加入和未加入电子商务平台的两条密度趋势线走向基本相同。

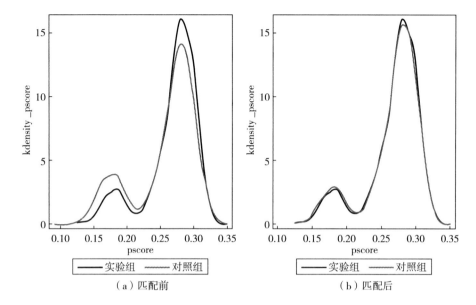

（a）匹配前　　　　　　　　　　　（b）匹配后

图4-9　倾向得分密度函数分布

　　综上所述，通过对比匹配前后加入电商平台企业和未加入电商平台企业的得分密度函数分布图，发现匹配结果较为理想，倾向得分匹配通过了共同支撑假设检验。经倾向得分匹配后，加入电子商务平台的实验组企业有了适宜可对比的对照组企业，在一定程度上克服了企业加入电子商务平台的自选择效应。

4.4.3.3　平衡性假设检验

　　检测倾向得分匹配的成果是否良好，还需要检查其是否通过了平衡性假设检验。对于平衡性检验，本书参照 Smith 和 Todd（2005）的做法，计算匹配后实验组和对照组各匹配变量的标准偏差，标准偏差越小，则说明匹配效果越好。在衡量标准差绝对值小的程度方面，学界目前并无统一标准，Rosenbaum 和 Rubin（1985）认为匹配变量的标准偏差绝对值大于 10 时表示匹配效果不佳。

　　本书对 2000~2013 年样本期内制造业企业数据进行倾向得分匹配，若匹配后变量的标准差低于 10%，并且 p 值在 10% 水平以上，则证明通过了平衡性假设检验。

　　本书的平衡性检测结果如表 4-5 所示。通过对比其中的各项数据，可以看出通过匹配后企业规模、人均资本存量、财务状况、产权性质等匹配变量的标准化偏差都降到了 10% 的范围内，且全部的变量标准化偏差都小于 5%，这说明在倾向得分匹配后，实验组与对照组之间的匹配变量未有显著不同。由此得出，本书制造业企业样本通过了平衡性假设检验。

表 4-5 倾向得分匹配平衡性检验结果

变量		均值		标准化偏差	标准化偏差减少幅度	T 检验		V(T)/v(C)
		处理组	控制组			T 统计值	p>|t|	
企业规模	匹配前	10.976	11.301	-19.500	98.300	-12.340	0.000	0.83*
	匹配后	10.976	10.982	-0.300		-0.190	0.852	1.000
人均资本存量	匹配前	3.877	4.036	-10.700	97.600	-6.850	0.000	0.960
	匹配后	3.877	3.874	0.300		0.140	0.890	1.000
财务状况	匹配前	0.560	0.571	-4.500	80.500	-2.900	0.004	0.93*
	匹配后	0.560	0.562	-0.900		-0.470	0.635	0.980
产权性质	匹配前	0.128	0.209	-21.700	97.800	-13.420	0.000	—
	匹配后	0.128	0.126	0.500		0.280	0.777	—

注：*表示在10%水平上显著。

4.4.3.4 倍差估计结果与分析

在倾向得分匹配通过了共同支撑假设检验和平衡性假设检验后，本书验证了加入电子商务平台的企业（实验组）与未加入电子商务平台的企业（对照组）样本的可比性，为政策效应的识别提供了良好基础。在倾向得分匹配后，本节欲采用双重差分法来识别电子商务平台对制造业企业出口绩效的作用方向和强度。

为了探究电子商务平台对我国制造业企业出口绩效的影响，在模型选取方面，本书借鉴戴觅和余淼杰（2011）的双重差分倾向匹配得分法，对制造业企业样本进行分年匹配后进行倍差分析。倍差分析公式如下：

$$Y = \alpha + \beta X + Cons + u_1 + u_2 + \varepsilon \tag{4-1}$$

其中，X 作为自变量，表示企业是否加入平台，制造业企业若加入平台取 1，否则取 0，并以加入平台的那年为准；Y 作为因变量，表示制造业企业的出口绩效，以企业年出口额来衡量；α 表示截距项，u_1 表示个体异质性，u_2 表示时点异质性，个体异质性和时点异质性控制了不同制造业企业的特征差异和年份差异，Cons 为不可估计部分，ε 表示模型残差。

通过对倍差分析法模型的回归和系数的观察，本节可探究电子商务平台对制造业企业出口绩效影响的方向和强度。表 4-6 给出了 PSM-DID 法估计下的电子商务平台对我国制造业企业出口绩效影响的基准回归。

表 4-6 电子商务平台对我国制造业企业出口绩效影响的基准回归结果

变量	回归结果
size	0.724*** (39.38)

变量	回归结果
avcaptital	−0.283 ***
	(−14.66)
finance	−0.015
	(−0.20)
state	−0.552 ***
	(−7.34)
X	0.121 ***
	(3.08)
_cons	6.361 ***
	(17.08)
Ind	Yes
Year	Yes
N	9938
R^2	0.209

注： ***表示在1%水平上显著。

在控制了企业规模、人均资本存量以及财务状况等变量后，$R^2 = 0.209$，对于截面数据来说，拟合程度属于良好水平。统计观测值在1%的水平下显著，说明该方程通过了显著性检验，表明此模型的回归系数显著不为0，即认为电子商务平台对制造业企业出口绩效存在影响。

从方程的具体回归系数来看，加入电子商务平台对制造业企业出口绩效的影响系数为0.121，说明电子商务平台对企业出口绩效的影响是显著的，并且影响是正向的。这表明，加入电子商务平台对制造业企业出口绩效产生了正向影响，即有助于提高出口绩效，该结果与汪旭晖和张其林（2017）、岳云嵩和李兵（2018）的研究结论一致。

控制变量方面，企业规模对企业出口绩效有着显著的正向影响，这在一定程度上说明了企业扩张规模会带来一定的规模效应，并提升企业的竞争力和出口绩效；企业的财务状况对于企业的出口绩效影响并不显著；产权性质方面，国有性质会降低企业的出口绩效。

综上所述，电子商务平台对制造业企业出口绩效有着显著的正向影响，即电子商务平台确实可以对企业进行赋能，帮助企业提升其出口绩效。

本章的实证分析证明了电子商务平台对制造业企业出口绩效的正向影响，其结果可以从以下几个方面进行扩充理解：第一，电子商务平台对制造业企业出口绩效的显著影响体现了电子商务平台在买方和卖方形成的双边市场中承担着核心角色，电子商务平台可凭借其拥有的资源、技术、信息影响平台参与者。第二，电子商务平台对制造业企业出口绩效的正向影响体现了平台的赋能作用，电子商务平台凭借其强大的科技水平和资源整合能力，通过技术赋能，帮助平台企业获得资源、学习知识，创造新的流程来适应环境，从而正向影响制造业企业的出口绩效。第三，电子商务平台对制造业企业出口绩效的显著正向影响说明了电子商务平台在一定程度上能够帮助企业制订共同计划、共同解决问题、提高企业的动态能力，促进企业根据多变的市场环境做出灵活的动态调整，抓住潜在的市场机遇，从而提升制造业企业的出口绩效。

4.4.3.5 安慰剂效应检验

从上述分析中还不能完全得出电子商务平台促进我国制造业企业出口绩效的结论。本节将进一步采用安慰剂效应检验来对实证结果进行稳健性检验。

安慰剂效应最初被应用于医学治疗中，是指病人虽然获得了无效治疗，但自身却相信治疗有效，从而让患病症状得到缓解的现象，也称为非特定效应。

为了证明电子商务平台提升了我国制造业企业出口绩效的有效性，本书采用随机抽样法，从全样本9938家制造业企业中，按照上节相同的构成结构，随机抽取3039家制造业企业作为实验组，其余6899家企业作为控制组，构造虚假的分组虚拟变量——"加入电子商务平台"，在此过程中，研究的观测总变量依然维持在了9938家。如果新设置的实验组与对照组没有表现出显著的正向影响，则证明电子商务平台对我国制造业企业出口绩效的提升作用具有稳健性。

本书对总样本进行500次随机抽样，得到的回归系数t值频率分布如图4-10所示。

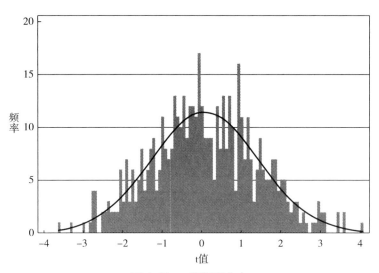

图4-10 t值频率分布

图4-10中，横轴为回归系数t值，纵轴为t值的频率分布。对图4-10分析后发现，绝大部分t值的绝对值分布在2以内，说明在虚假的"加入电子商务平台"分组虚拟变量的情况下，我国制造业企业出口绩效并没有受到加入电子商务平台效应的提升。安慰剂结果符合预期，进一步证实了我国制造业企业出口绩效水平的提升确实是由加入电子商务平台引起的。

我国是电子商务大国和出口大国，电子商务平台的应用对我国制造业企业出口的影响不容小觑，本书按照理论分析、机制推导、实证检验三个步骤层层推进，从微观实证方面研究电子商务平台对制造业企业出口绩效的影响，得出以下结论：电子商务平台对企业出口绩效的回归分析显示，电子商务平台对制造业企业出口绩效有着显著的正向影响，规模效应会更加有利于企业出口绩效的提高。控制变量方面，企业规模的扩大有助于促进企业的出口绩效，这在一定程度上说明企业扩张规模会带来一定的规模效应，并提升企业的竞争力和出口绩效。企业的财务状况对于企业的出口绩效影响并不显著。人均资本存量对企业的出口绩效显著为负，这在一定程度上说明高水平人均资本存量会降低企业通过电子商务平台的出口绩效。产权性质方面，国有性质会降低企业通过电商平台的出口绩效。

4.5 数字经济发展的潜在风险研究："脱实向虚"视角

数字经济指以使用数字化的知识和信息作为关键生产要素、以现代信息网络作为重要载体、以信息通信技术的有效使用作为效率提升和经济结构优化的重要推动力的一系列经济活动。近年来，数字经济蓬勃发展，成为经济发展的新引擎（许宪春和张美慧，2020）。抓住数字经济发展的机遇，借助数字红利，推动互联网、大数据、人工智能等数字技术在实体经济中的应用，是振兴实体经济、构建双循环新发展格局的有效路径。同时，中国经济呈现"脱实向虚"的趋势，容易导致高质量实体经济供给不充分，对实体经济发展造成阻碍，是中国实体经济发展的潜在威胁（汤铎铎等，2020）。那么，作为对实体经济发展具有重要意义的两个因素，数字经济的发展与经济"脱实向虚"是否有关联？数字经济的发展是否可以缓解经济"脱实向虚"？回答上述问题有利于廓清数字经济发展在实体经济中产生的具体效果，同时也可以进一步认识经济"脱实向虚"的原因。

经济"脱实向虚"多表现为资本流向金融领域，经济活动中心逐渐转移到金融活动中，呈现出经济金融化现象。经济金融化一定程度上可以提高资本转换效率，从而促进实体经济发展（吴少将，2020），但不可否认，经济过度金融化容易滋生投机行为，导致资本越来越多地配置到金融部门，从而挤出对工业部门的长期投资，对实体经济的稳健发展产生不利影响，甚至最终导致金融危机爆发（Tori 和 Onaran，2018；Zheng 等，2019；刘诗白，2010）。

为了从"脱实向虚"走向"脱虚向实"，中国政府多次提出金融的本质是服务于实体经济，要引导金融资源向实体经济倾斜。2018 年，习近平同志进一步强调"从大国到强国，实体经济发展至关重要，任何时候都不能脱实向虚"。然而从宏观数据判断，改善"脱实向虚"仍需持续发力。依据金融业增加值占 GDP 比重数据，我们可以发现中国国民经济对金融部门的直接依赖程度持续上升。图 4-11 展示了中国金融业增加值占 GDP 比重随时间变化的趋势，可以看出，2005 年后比重呈现持续增加的趋势，2016～2019 年呈现下降趋势，2020 年又出现反弹。而作为实体经济的主要组成部分，工业的增加值占 GDP 比重呈现持续下降趋势（见图 4-12）。2005 年以来，人工智能、区块链、云计算、大数

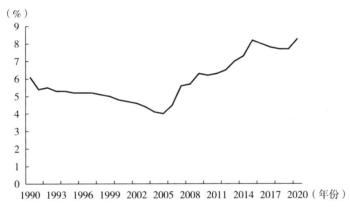

图 4-11　中国金融业增加值占 GDP 比重

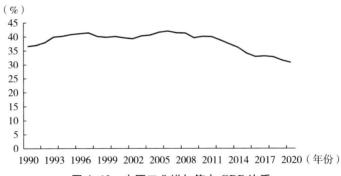

图 4-12　中国工业增加值占 GDP 比重

据等数字技术持续完善，互联网用户数连续增长，智能手机不断普及，新业态接连涌现，正是数字经济高速发展的时期。从规模数据看，中国数字经济规模由2005年的2.6万亿元增长到2020年的39.2万亿元，年均增长率达到21%。从图4-13也可以直观地看到近年来数字经济的高速发展。

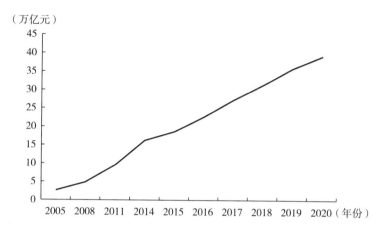

（万亿元）

图4-13　中国数字经济规模趋势

从上述宏观数据中我们可以看出，数字经济的发展与经济"脱实向虚"呈现出了一种同步性的趋势。我们不禁思考：数字经济的高速发展是否对经济"脱实向虚"产生了影响？Lagoarde-Segot（2017）将金融化阐述为经济减少调节、信息技术、股东范式三者在不同层面上作用的结果。Currie（2017）指出，金融化和技术变革反映了一枚硬币的两面，但在现有金融化研究中金融化和信息技术之间的关系往往被忽略。Drummer等（2017）构建了信息通信技术影响金融化的分析框架，指出，信息通信技术从根本上推动了银行的"去中介化"，影响了市场微观结构和投资活动，促成了交易量增大、新型金融衍生品产生、市场分割产生变化的市场表现，从而对金融化产生影响。Ma和McGroaty（2017）运用案例分析阐述了高频交易、移动智能设备等金融"社交机器"对金融系统的影响。陈波（2018）指出，美国信息技术范式的形成过程与经济金融化过程在时间点上具有一致性，他分析认为，信息技术进步是经济金融化的技术推力，信息技术的发展为经济金融化提供了技术基础和物质条件。那么，基于现代信息技术的数字经济对经济金融化具有何种影响呢？在数字经济发展热潮下，考察数字经济对经济"脱实向虚"的影响对识别数字经济潜在问题及防范经济过度金融化具有重要的现实意义。

　　作为经济"脱实向虚"的微观表现，个体企业的"脱实向虚"表现出企业在经营过程中的投资偏向。在实体企业利润下滑及金融和房地产行业利润丰厚的背景下，受到资本套利或资金储备等动机驱使，实体企业越来越偏离主营业务收入，将实业资本投资到金融业及房地产业中，出现实体企业金融化现象（王红建等，2017）。作为经济金融化的微观层面，企业过度金融化对实体经济具有不利影响（胡海峰等，2020）。为了有效防范实体企业过度金融化，现有文献从企业的外部经营环境和内部治理环境两个方面对企业金融化的影响因素进行了丰富的研究。

外部因素主要包括经济政策不确定性、产业政策、政府补助、税收政策、社会信任、民间金融发展等。如 Huang 等（2019）以沪深上市公司为样本，利用实证分析研究表明，经济政策不确定性对企业金融化具有显著的抑制作用，但刘贯春等（2020）得到相反结论，认为经济政策不确定性显著促进了企业金融化。于连超等（2021）研究发现，产业政策通过缓解融资约束进而加剧了企业金融化，步晓宁等（2020）也得到一致的结论。Qi 等（2021）的研究结果表明，不同类型的政府补助对企业金融化产生的影响不同。Davis（2018）研究表明，企业税负的下降对企业金融化程度具有抑制作用。翟淑萍等（2021）研究发现，社会信任水平的提高对企业金融化程度具有显著的促进作用。谭德凯和田利辉（2021）研究表明，民间金融发展通过提供投资渠道促进了企业金融化。

内部因素主要包括企业业绩、企业社会责任、高管背景、高管激励等。比如，黄贤环等（2019）通过实证检验发现业绩上升的企业金融化水平更高。顾雷雷等（2020）研究表明，企业社会责任通过缓解融资约束进而促进了企业金融化，而刘姝雯等（2019）研究发现，企业社会责任对企业金融化具有抑制作用。王瑶和黄贤环（2020）研究发现，内部控制对企业金融化具有治理效应，内部控制程度越高，企业金融化程度越低。杜勇等（2019）研究表明，CEO 金融背景显著促进了企业金融化，非银行金融背景产生的促进作用更强。在高管激励方面，安磊等（2018）研究发现薪酬激励显著促进了企业金融化，而股权激励显著抑制了企业金融化。同时也有学者指出，实体企业金融化存在"同群效应"（杜勇和刘婷婷，2021；李秋梅和梁权熙，2020；王营和曹廷求，2020）。以上研究为企业金融化影响因素分析提供了广泛的证据。

数字经济的发展给经济发展模式带来巨大的变化，其中最为明显的是，数据成为新的生产要素（谢康等，2020）。伴随着以大数据、人工智能、移动互联网、云计算、区块链等为代表的数字技术的发展，数据被收集、挖掘并应用在经济活动中，在数字产业化和产业数字化过程中发挥着关键作用。众多学者就数字经济带来的宏观影响进行了广泛的研究，涉及消费（Busalim 等，2021；Kathan 等，2016）、就业（Autor，2015；戚聿东等，2020；赵涛等，2020）、企业分工（施

炳展和李建桐，2020）、创新（Curran 和 Dean，2018；谢康等，2020）、贸易
（Abeliansky 和 Hilbert，2016；沈国兵和袁征宇，2020）、经济高质量发展（荆文
君和孙宝文，2019；杨慧梅和江璐，2021）等各个方面。也有部分学者关注到数
字经济给微观企业层面带来的影响。比如，易靖韬和王悦昊（2021）研究表明，
企业数字化转型对企业扩大出口具有正向影响。李小忠（2021）基于生命周期理
论研究发现，数字经济发展对于处于成熟期企业的价值具有显著的促进作用，对
于初创期和成熟期企业的价值提升不具有影响作用。祁怀锦等（2020）指出，企
业数字化程度越高，治理水平越高。上述研究从多个方面考察了数字经济发展给
当今经济发展带来的影响，但就微观企业层面的考察仍具有拓展之处。

阅读所及，尚无文献就数字经济对实体企业金融化的影响进行直接考察，少
数学者考察了数字经济对实体经济的影响。汪亚楠等（2020）使用 280 个地级市
数据考察了数字金融发展对实体经济的影响，研究发现，数字金融能够显著提振
中国实体经济发展。姜松和孙玉鑫（2020）基于中国 290 个城市的截面数据实证
考察了数字经济对实体经济的影响后发现，数字经济对实体经济存在"挤出效
应"。上述研究丰富了我们对数字经济与实体经济之间关系的认识，但在研究视
角及研究数据方面仍具有改进之处。姜松和孙玉鑫（2020）也指出，数字经济带
来的变革具有"优先序"，金融等第三产业最先改变，对实体经济的影响仍处在
过渡阶段。那么，在此过渡阶段，实体企业是借助数字经济发展契机实现转型升
级，还是在数字经济快速发展背景下进行投资获益？为此，本书在机制分析基础
上，选取沪深 A 股实体上市公司为样本，基于测算的城市级别数字经济发展水
平，考察数字经济对企业金融化的影响。

4.5.1 数字经济对企业金融化影响的机制分析

数字经济的发展可以缓解企业融资约束。第一，数字经济拓宽了企业的融资
来源。一方面，数字经济给传统金融业带来了发展机遇。传统金融服务在数字经
济环境下不断转型升级，使用大数据和人工智能等数字技术开发创新型金融产
品，提高金融服务效率（王达，2018）。另一方面，数字经济的发展催生出企业
发票融资、供应链融资、贸易融资等数字金融这一新型融资模式（黄锐等，
2021）。数字金融能够以较低成本提供更便捷的融资渠道，有效扩大金融服务范
围并提高企业融资可获性（Temelkov 和 Gogova，2018；Tsai 和 Jung，2017）。现
有研究也表明数字金融能够显著缓解企业融资约束（黄锐等，2021）。第二，数
字经济可以降低银企之间信息不对称性进而缓解融资约束（Goldfarb 和 Cather-
ine，2019）。企业借助信息技术能够向银行便捷地提供企业经营的相关数据信
息，同时银行能够借助大数据技术依据企业经营产生的大数据分析企业的经营状

况并做出判断，此外，银行还可以借助互联网实时、全面地了解企业发展情况，从而大大降低银企之间的信息不对称性。第三，数字经济降低了融资成本。无论是传统金融业借助数字技术实现金融服务的变革，还是数字经济催生的数字金融，都能够提高金融服务效率，降低企业的融资成本。Demertzis（2018）也指出，智能算法、云计算等数字技术可以赋能新的商业模式，有助于降低金融服务成本。

企业金融化的动机主要分为"蓄水池"和"投资替代"（Demir，2009；胡奕明等，2017）。其中，"蓄水池"动机指企业金融化的目的是预防未来企业主业投资短缺的情况（杜勇等，2017）。在此动机下，企业使用闲置资金进行金融资本投资，获得经济收益为企业主业经营活动提供资金支持，是一种"预防性储蓄"的行为。"蓄水池"动机驱动的企业金融化以缓解企业融资约束为目的，是一种服务实体的企业金融化。"投资替代"动机指企业金融化的目的是为了资本套利。在金融投资收益高于实体经济投资收益时企业将资金投资于金融项目中以追求利润最大化，从而减少了主业实体经营活动的投资。"投资替代"动机驱动的企业金融化是企业的逐利行为，将损害企业主业发展。基于"蓄水池"动机分析，企业融资约束较低时，企业将投资到企业主体生产活动中而不会进行金融项目投资。从"投资替代"动机分析，企业融资约束较低时，企业会将资金用于金融资产投资以获得较高的收益率。张成思和张步昙（2016）研究表明，预防性储蓄动机并非中国实体企业金融化的主要原因。杜勇等（2019）、黄贤等（2019）的研究也表明，企业融资约束较低时，企业将拥有更加充裕的资金满足企业金融化所需，从而使企业金融化程度更高。因此，数字经济的发展对融资约束的缓解作用为企业金融化提供了资金，从而促进了企业金融化。由此，数字经济发展可以缓解企业融资约束，进而促进企业金融化。

企业的金融投资决策过程不仅取决于自身情况，也会受到同群企业决策行为的影响，即企业金融化行为存在同群企业之间的传染效应。究其原因，第一，依据信息理论，处于信息不对称环境中的企业模仿其他企业的决策行为更容易做出最优选择（Marvin 和 Lieberman，2006）。因此，焦点企业会倾向于模仿它们认为具有信息优势的企业的金融化行为以期望获得较高收益，即使它们观察到的信息优势并非事实。第二，依据竞争理论，企业模仿其他企业的行为可以和其他企业保持相对平等的竞争地位以缓解与其他企业的竞争或降低竞争风险。当其他企业进行了金融投资行为时，为了保持相对竞争均势，焦点企业也会做出相同或相似的金融投资决策。第三，依据委托理论，企业管理者为了避免做出错误决策会倾向于模仿其他企业管理者的行为。金融项目投资往往具有较高的专业性和不确定性，容易造成投资失败的后果，从而将给企业管理者的声誉带来损失。相比于自已独立做出决策，模仿其他企业管理者的金融投资决策能够大大降低决策成本且提高决策效率，因此焦点企业的管理者将模仿同群企业管理者的金融投资决策。现有研究也证明了企业金融化传染效应的存在，包括同地区企业金融化传染效应和同行业企业金融化传染效应（杜勇和刘婷婷，2021；李秋梅和梁权熙，2020；王营和曹廷求，2020）。

数字经济发展发挥信息效应，将会加剧企业金融化的传染效应。根据前文分析发现，企业金融化的传染效应依赖于信息不对称性的存在以及信息的传递。数字经济的发展产生了大量的信息，同时使信息传播速度和传播效率得到提高，也很大程度上降低了信息的获取成本，使企业间沟通更加畅通。一方面，数字经济发展增强了企业间金融化"模仿"的动机。数字经济时代信息繁杂，尽管企业投资渠道增多，但同时也存在信息辨识困难的现象。加之金融投资具有较强的不确定性，一旦投资失败将给企业带来较大损失。在此情况下模仿其他企业的决策能够有效降低决策成本及风险。另一方面，数字经济发展促进了企业间金融化"模仿"的可能性。数字经济的发展使企业之间信息交流更加快捷，焦点企业能够更为迅速地感知同群企业的金融投资信息，并根据同群企业的金融投资行为迅速做出反应。由此，数字经济发展加剧了同群企业之间金融化的传染效应，进而促进企业金融化。基于此，数字经济发展加剧了企业金融化的"传染效应"。

作为数字经济发展中的重要一环，企业数字化转型是数字经济在单个市场主体中的运行情况，具体表现为企业基于互联网和信息技术向企业管理智能化、数字化转变，实现企业经营、生产、创新等模式的革新。简而言之，企业数字化转型是新型数字技术在实体企业中的具体应用。尽管数字经济与实体经济的融合仍处于过渡时期，但不可否认，在制造业4.0背景下，实体经济进行数字化转型已然成为趋势，企业进行数字技术投资和使用的需求和必要性逐渐上涨（何帆和刘红霞，2019）。一方面，企业加大对数字技术相关资产的投资，或将对企业的金融投资发挥"挤出效应"，从而抑制企业金融化。企业数字化转型要先进行技术和资源等硬件条件的投资，包括智能财务软件、智能管理系统、云存储技术等。企业购买数字技术并使用需要投入相关购买及使用费用，在企业资金一定的情况下，企业将有限的资金投入到数字技术中，将挤占企业进行金融投资的资金，从而对企业金融化产生"挤出效应"。另一方面，新兴数字技术的使用可以促进企业主营业务发展，进而抑制企业金融化。企业数字化转型有利于降低成本，提高运营效率，实现企业创新升级（何帆和刘红霞，2019）。何帆和刘红霞（2019）以中国沪深A股上市公司为样本考察实体企业数字化变革对业绩提升效应后发现，企业进行数字化转型能够显著提升企业的业绩水平。易靖韬和王悦昊

（2021）研究表明，企业数字化转型对企业出口具有显著的促进作用。祁怀锦等（2020）从公司治理水平视角考察发现，企业数字化转型能够通过降低信息不对称程度和管理者决策行为的非理性程度进而对公司智力水平产生正向促进作用。上述企业数字化转型给企业主营业务带来的利好影响，能够提高企业生产效率，提升企业主营业务的收益率。企业出于追求利润最大化的目的进行金融项目的投资，当企业主营业务收益率提升时，企业金融化动机将大大削弱，这能够引导企业发展主营业务，从而减弱企业金融化程度。基于以上分析，数字经济发展推动了企业数字化转型，抑制了企业金融化。

除了以上机制，数字经济的发展还可以通过拓宽投资渠道、提升政府监管效率等影响企业金融化。数字经济的发展催生了新的发展业态（余东华和李云汉，2021），平台经济、共享经济等新型商业模式频繁涌现（张艳萍等，2021）。据国家信息中心统计，2020年共享经济领域直接融资规模约为1185亿元，同比大幅增长66%。金融、教育等服务型产业与数字技术深度融合，衍生出互联网金融、互联网教育等新兴数字经济形态（辜胜阻等，2016）。此外，近年来数字金融科技推动金融创新活动蓬勃发展，委托贷款、理财产品、参股金融机构等业务逐渐成为许多上市公司新的金融投资渠道（张任之，2018）。可见，数字经济发展拓宽了企业的投资渠道，对企业金融化具有一定的促进作用。同时，数字经济发展提高了政府的监管效率，增加了透明度。当前政府持续推进治理数字化转型，新型数字技术在政务公开、公共服务、政府监督等政府工作中发挥了重要作用。政府监管部门借助新型数字技术等先进资源和手段，能够实时、高效地监控各个市场主体的运行。政府监管效率的提升能够抑制企业偏离主营业务经营进行金融项目投资，从而对企业金融化产生一定的抑制作用。

通过以上分析我们发现，数字经济的发展对企业金融化的影响具有不确定性，从逐利视角分析，数字经济发展对企业金融化具有促进作用，从数字化转型视角分析，数字经济对企业金融化具有抑制作用。

4.5.2 模型与数据处理

4.5.2.1 样本选择与数据来源

本书选取了中国2011~2018年的全部A股上市公司作为研究样本，按照以下步骤进行数据清洗：剔除了属于金融行业和房地产行业的上市公司；剔除了处于ST状态的上市公司；剔除了数据缺失的上市公司。为减轻极端值的影响，本书对企业层面所有连续变量进行了缩尾处理。本书所使用的上市公司微观数据来源于CSMAR数据库，所使用的地区及行业宏观数据来源于CNRDS数据库，数字普惠金融指数来源于北京大学数字金融研究中心（郭峰等，2020）。

4.5.2.2 变量定义

（1）数字经济。目前有关数字经济的测度主要集中于省级层面（刘军等，2020；叶胥等，2021），有关城市级别数字经济的测度较少。本书考察宏观数字经济发展对企业金融化的影响，相较于企业所在省的数字经济发展水平，使用企业所在城市的数字经济发展水平进行分析更为准确。借鉴赵涛等（2020）的做法，本书从互联网普及率、互联网相关从业人员情况、互联网发展相关产出情况、移动电话普及率和数字金融普惠五个方面对城市级别数字经济发展水平进行测度，具体地，使用百人中互联网宽带接入用户数、计算机服务和软件业从业人员占城镇单位从业人员比重、人均电信业务总量、百人中移动电话用户数和数字普惠金融指数五个指标。本书运用熵权法将以上五个指标进行降维处理得到城市级别数字经济发展水平指标（DIG）。有关互联网发展、从业人数、电信业务、移动电话指标原始数据来源于《中国城市统计年鉴》，数字普惠金融指数来源于北京大学数字金融研究中心。

（2）企业金融化。当前衡量上市公司金融化的方法主要包括资产衡量法和收益衡量法。本书重点揭示数字经济对企业投资行为的影响，金融收益具有不确定性，使用资产衡量法计算的企业金融化更能直接反映出企业对金融资产的投资情况。参考戴赜等（2018）的做法，本书使用上市公司金融资产占总资产的比重衡量企业金融化（Fin）。金融资产具体包括货币资金、交易性金融资产、可供出售的金融资产、持有至到期投资、长期股权投资、应收股利、应收利息和投资性房地产。

4.5.2.3 模型设定

为验证数字经济对企业金融化的影响，本书构建如下待检验模型：

$$\text{Fin}_{it} = \alpha_0 + \alpha_1 \text{DIG}_{it} + \alpha \text{Contrals}_{it} + \sum \text{Firmfe} + \sum \text{Yearfe} + \varepsilon_{it} \qquad (4-2)$$

其中，Fin 表示各个上市公司的金融化程度，以金融资产占总资产的比例表示。DIG 表示上市公司经营所在城市的数字经济发展水平。Contrals 为控制变量，企业级别的控制变量包括企业规模（Size）、资产负债率（Lev）、资产利润率（ROA）、销售利润率（ROS）、成长能力（Growth）、托宾 Q（Tq）、流动资产状况（Liq）、董事会规模（Board）、两职合一（Dual）、第一大股东占比（Top1），地区级别的控制变量包括经济发展水平（Eco）、教育水平（Edu）、房地产发展（RE），具体变量计算方式详见表 4-7。同时，本书还控制了企业个体固定效应（Firmfe）和年份固定效应（Yearfe）。如果 α_1 显著大于 0，则表明数字经济对企业金融化具有促进作用，如果 α_1 显著小于 0，则表明数字经济对企业金融化具有抑制作用。

表 4-7　变量定义

变量	含义	测算方式
Fin	企业金融化	金融资产/总资产
DIG	数字经济	数字普惠金融指数、百人中互联网宽带接入用户数、计算机服务和软件业从业人员占城镇单位从业人员比重、人均电信业务总量和百人中移动电话用户数通过熵权法计算得到
Size	企业规模	企业总资产的自然对数
Lev	资产负债率	负债/资产总计
ROA	资产利润率	净利润/总资产
ROS	销售利润率	营业利润除以营业总收入
Growth	成长能力	营业收入增长率
Tq	托宾 Q	市值/资产总计
Liq	流动资产状况	流动资产占总资产比率
Board	董事会规模	董事会人数取自然对数
Dual	两职合一	董事长与总经理是同一个人为 1，否则为 0
Top1	第一大股东占比	第一大股东持股比率
Eco	经济发展水平	人均 GDP 的对数
Edu	教育水平	普通高等学校在校学生数占比
RE	房地产发展	房地产开发投资完成额占地区生产总值比重

4.5.3　实证分析

4.5.3.1　描述性统计

表 4-8 展示了主要变量的描述性统计。变量的描述性统计结果显示，数字经济（DIG）的平均值为 0.413，最小值为 0.289，最大值为 0.538。企业金融化（Fin）的平均值为 0.253，最小值为 0.00114，最大值达 0.773，标准差为 0.16，表明企业间金融化程度存在较大的差异。

表 4-8　描述性统计

变量	(1)	(2)	(3)	(4)	(5)
	数量	平均值	标准差	最小值	最大值
DIG	20305	0.413	0.0554	0.289	0.538
Fin	20305	0.253	0.160	0.00114	0.773
Size	20305	22.03	1.264	14.94	26.04
Lev	20305	0.410	0.208	0.00708	0.906

续表

变量	（1）	（2）	（3）	（4）	（5）
	数量	平均值	标准差	最小值	最大值
ROA	20305	0.0354	0.0967	−4.946	0.186
ROS	20304	0.0580	0.631	−54.39	0.568
Growth	19090	0.187	0.448	−0.985	3.066
Tq	19725	2.065	1.318	0.153	8.783
Liq	20305	0.567	0.203	0	0.962
Board	20296	2.133	0.199	1.099	2.708
Dual	20100	0.285	0.451	0	1
Top1	20305	0.00347	0.00148	2.90e−05	0.00750
Eco	20305	11.38	0.519	9.091	13.06
Edu	20305	0.338	0.285	0.00115	1.100
RE	20305	0.146	0.0677	0.0128	1.071

4.5.3.2　基准回归结果

表4-9报告了模型（1）的检验结果。从表4-9的第（1）列可以看出，数字经济（DIG）的回归系数为0.2530，且通过1%水平的显著性检验，说明数字经济发展水平越高，企业的金融化程度越高，即数字经济促进了企业金融化。为了使检验更加准确，本书控制了一系列变量，结果如第（2）列所示，DIG的估计系数依然在1%的水平下显著为正，说明数字经济对企业金融化的促进作用是较为稳健的，即数字经济发展对企业金融化具有促进作用。

表4-9　基准回归结果

变量	（1）	（2）
	Fin	Fin
DIG	0.2530***	0.2098***
	（5.440）	（4.466）
Size		−0.0056***
		（−2.671）
Lev		−0.2301***
		（−30.130）
ROA		−0.0383***
		（−4.097）

变量	（1）	（2）
	Fin	Fin
ROS		0.0057 ***
		（4.910）
Growth		−0.0079 ***
		（−4.835）
Tq		−0.0038 ***
		（−4.319）
Liq		0.3433 ***
		（45.411）
Board		0.0088
		（1.267）
Dual		0.0053 **
		（2.141）
Top1		2.6817 **
		（2.101）
Eco		0.0040
		（0.940）
Edu		0.0200 *
		（1.712）
RE		−0.0706 ***
		（−3.066）
Constant	0.1481 ***	0.1291 **
	（7.715）	（1.972）
R-squared	0.692	0.768
Firmfe	YES	YES
Yearfe	YES	YES

注：*表示在10%水平上显著；**表示在5%水平上显著；***表示在1%水平上显著。

4.5.3.3　稳健性检验

（1）改变企业金融化的计算方式。货币资金因多被用于企业日常生产经营而被认为是特殊的金融资产，部分学者在研究中将其从金融资产中剔除（杜勇等，2019）。本书将货币资金从金融资产中剔除，重新对企业金融化进行稳健性检验。在改变被解释变量计算方式后重新回归，具体回归结果如表4-10的列（1）和列（2）所示。可以看出，数字经济（DIG）的回归系数显著为正，结果与基准回归结果一致，说明前文研究结论稳健。

（2）以制造业企业为研究样本。制造业是实体经济的核心部分，本书使用制造业上市公司作为样本进行稳健性检验，回归结果如表4-10列（3）和列（4）所示。可以看出，数字经济对企业金融化呈现出显著的正向影响，与前文结论一致。

（3）去掉直辖市样本。考虑到直辖市与省级行政区在行政级别上相同，相较于其他地级市往往具有特殊性，本书剔除了北京、天津、上海和重庆四个直辖市样本重新估计基准模型进行稳健性检验，实证结果如表4-10的列（5）和列（6）所示。可以看出，数字经济的回归系数方向和显著性与基准回归一致，表明本书研究结论稳健。

表 4-10　稳健性检验

变量	（1）	（2）	（3）	（4）	（5）	（6）
	Fin	Fin	Fin	Fin	Fin	Fin
DIG	0.0772*** (6.505)	0.0574** (2.342)	0.2195*** (3.705)	0.1660*** (2.818)	0.2547*** (4.099)	0.2969*** (4.956)
Size		−0.0111*** (−10.227)		0.0152*** (5.583)		−0.0005 (−0.211)
Lev		−0.0135*** (−3.389)		−0.2231*** (−23.353)		−0.2212*** (−25.691)
ROA		−0.0158*** (−3.249)		−0.0759*** (−4.997)		−0.0376*** (−3.760)
ROS		0.0001 (0.129)		0.0070*** (5.118)		0.0048*** (3.445)
Growth		−0.0051*** (−5.984)		−0.0088*** (−4.236)		−0.0061*** (−3.286)
Tq		0.0014*** (3.063)		−0.0035*** (−3.318)		−0.0046*** (−4.693)
Liq		−0.1517*** (−38.444)		0.3948*** (41.269)		0.3488*** (40.508)
Board		0.0034 (0.923)		−0.0059 (−0.697)		−0.0030 (−0.388)
Dual		−0.0002 (−0.136)		0.0047 (1.587)		0.0062** (2.232)

变量	(1) Fin	(2) Fin	(3) Fin	(4) Fin	(5) Fin	(6) Fin
Top1		-0.9473 (-1.422)		1.0249 (0.669)		6.2948*** (4.452)
Eco		-0.0024 (-1.064)		-0.0037 (-0.733)		0.0026 (0.587)
Edu		0.0225*** (3.700)		0.0025 (0.170)		-0.0022 (-0.157)
RE		0.0132 (1.101)		-0.0900*** (-3.202)		-0.1027*** (-4.299)
Constant	0.0277*** (5.612)	0.3874*** (11.341)	0.1463*** (6.089)	-0.2358*** (-2.904)	0.1383*** (5.533)	0.0091 (0.125)
R-squared	0.098	0.824	0.645	0.734	0.683	0.760
Firmfe	YES	YES	YES	YES	YES	YES
Yearfe	YES	YES	YES	YES	YES	YES

注：**表示在5%水平上显著；***表示在1%水平上显著。

4.5.3.4 内生性问题处理

企业金融化作为一个微观变量，很难影响到数字经济这一宏观变量，所以存在反向因果关系的可能性较小，但仍可能存在数字经济测算误差和遗漏变量等导致内生性问题的可能。为此，本书借鉴吴雨等（2020）、张勋等（2019）的做法，使用企业所在城市距离省会城市的距离作为工具变量，采用两阶段最小二乘法估计模型（1），解决内生性问题。与现有学者使用所考察地区与省会城市的球面距离不同，本书使用的是企业所在城市到省会城市的交通距离。该数据源于高德地图城市间驾车路径规划。与球面距离相比，交通距离更能反映出企业所在城市到省会城市的真实距离。2SLS 的回归结果如表 4-11 所示。

表 4-11 工具变量法回归

变量	(1) 阶段一 DIG	(2) 阶段二 Fin
Distance	-0.1002*** (0.003)	
DIG		1.0203*** (0.113)

变量	（1）	（2）
	阶段一	阶段二
	DIG	Fin
Size	0.0020***	0.0050***
	（0.000）	（0.001）
Lev	-0.0035**	-0.2339***
	（0.002）	（0.006）
ROA	0.0009	0.0088
	（0.003）	（0.013）
ROS	0.0005	0.0087***
	（0.000）	（0.002）
Growth	0.0027***	-0.0207***
	（0.001）	（0.002）
Tq	0.0014***	0.0081***
	（0.000）	（0.001）
Liq	0.0161***	0.1394***
	（0.001）	（0.006）
Board	-0.0027**	0.0250***
	（0.001）	（0.006）
Dual	0.0036***	-0.0071***
	（0.001）	（0.002）
Top1	0.8393***	-0.8859
	（0.181）	（0.740）
Eco	0.0711***	-0.0661***
	（0.001）	（0.009）
Edu	-0.0120***	0.0488***
	（0.001）	（0.005）
RE	-0.0083*	-0.0493***
	（0.004）	（0.017）
Constant	-0.4345***	0.4172***
	（0.009）	（0.067）
R-squared	0.597	0.172

注：*表示在10%水平上显著；**表示在5%水平上显著；***表示在1%水平上显著。

可以看出，第一阶段企业所在地区距离省会城市的距离与数字经济发展水平显著负相关，第二阶段 DIG 的系数在 1%水平下显著为正，表明在解决内生性问题后，数字经济发展对企业金融化的促进作用依旧显著，与前文结果一致。

本书利用 2011~2018 年沪深 A 股非金融上市公司为研究样本研究了数字经济发展对企业金融化的影响。基准回归结果表明，数字经济对企业金融化具有显著的正向影响，即数字经济发展能够促进企业金融化。使用企业所在城市距离省会城市的距离作为工具变量控制内生性后重新回归，结果与基准回归一致。使用更换变量、剔除部分样本等方法进行稳健性检验，结论依然成立。

4.6　本章小结

本章首先总结了数字经济的发展阶段，之后从网民规模、政策支持、新基建、疫情等方面分析了数字经济发展面临的机遇，从技术缺失、人才缺乏、产业融合、数值鸿沟及数字安全等方面分析了数字经济中的挑战，进而从电子商务平台视角分析数字经济对中国制造业企业出口绩效的影响。研究发现，电子商务平台对制造业企业出口绩效有着显著的正向影响，规模效应会更加有利于企业出口绩效的提高。本章还从经济"脱实向虚"视角考察了数字经济对企业金融化的影响。研究发现，数字经济加剧了企业金融化，这对数字经济与实体经济融合发展造成了不利影响。

5 基于大数据的预测方法研究

预测在大数据分析中占有很大比重，以大数据为基础，借助大数据方法进行宏观经济预测能够弥补现有传统统计方法的不足，更好地判断经济形势。本章首先介绍大数据方法在社会科学研究中的应用，其次针对性地介绍预测研究中常用的大数据方法。

5.1 大数据方法在社会科学研究中的应用

传统经济中土地、劳动、资本等是重要的生产要素，上述生产要素具有规模报酬递减的特点。数字经济时代，数据成为新的生产要素。一切信息都能够通过数字化的形式进行表达、传播和存储。作为新的生产要素和生产资源，数据成为竞争力的一种衡量标准。从微观企业来看，拥有数据即掌握了市场，企业通过对数据的分析和挖掘，可以了解市场动向，分析消费者的偏好，更加针对性地进行创新和新产品开发。换言之，拥有数据，企业便有更强的竞争力。从宏观视角分析，数据关乎国家安全、社会安定，数据资源是陆权、海权、空权之外的另一种国家核心资产。在数字经济背景下，数据具有以下特点：

（1）数据规模大。伴随着信息技术的高度发展，数据呈现爆发式增长趋势。社交平台、各类智能工具、应用软件都成为数据来源。以手机容量为例，最早手机的存储容量为 M 级别，之后随着信息存储需要的增长，手机容量逐渐增长到 16G、32G、64G、128G，当前智能手机容量多为 256G、512G 甚至达到 T 级别。人们的日常生活无时无刻不产生着信息，这些信息转换为数据，逐渐累积，形成了规模庞大的数据。规模大是大数据的首要特点。当然，大规模的数据对于数据的存储、处理、传播也是极大的挑战。

（2）数据多样性。数字经济时代，数据来源呈现多样性，由此数据呈现出多样性的特点。以购物平台用户为例，用户的个人特质具有差异，包括性别、年龄、学历、爱好，呈现出多样性特点。正因为多样的信息，才能够为数据分析提供支持，根据用户喜好，平台可以进行针对性推荐。数据多样性还呈现为数据类型的多样性，数据可以分为结构化数据、半结构化数据和非结构化数据。其中，非结构化数据指没有具体格式的数据，包括大量的文本数据、图像数据、音频数据，这些数据需要通过数字技术进行识别、标注并进一步分析。数据多样性为数据分析提供了基础，但不可否认，因为数据多样，所以数据的辨识具有较大的困难，辨别数据的真假、确定数据的价值并据此做出判断面临较大挑战。

（3）数据处理速度快。数据处理包括数据产生、分析、传播等整个过程。首先，数据的产生速度快。人们的生活离不开互联网和智能手机的应用，人们工作、购物、交流甚至睡眠都产生着数据，每天每个人都提供着大量的数据。其次，数据分析速度快。以中国铁路订票网站为例，当在购买系统中输入订购信息后，几秒内便可以筛选出班次信息。数据分析速度快，一方面来源于大数据基础，另一方面来源于数据分析技术的提升。最后，数据传播速度快。当人们使用通信软件交流时，消息一旦编辑并发送，对方便可以收到，可见当前信息传播速度之快。数据处理速度快是数据成为生产要素的重要前提条件，大量的数据产生，如果不能迅速被分析且传播将丧失其优势，因为信息具有时效性，一旦数据处理速度达不到，将使数据价值大大下降。

（4）数据蕴含价值丰富。通过对大数据进行分析，可以从看似毫无关系的各类数据之中挖掘出社会经济现象并对未来趋势进行预测。商业方面，企业可以根据消费者大数据判断市场动向，从而使大数据具有商业价值；医学方面，医生可以根据大量病例分析并预测疾病发生；经济方面，可以根据大数据预测经济走势。以上都是大数据的价值。但是，大数据的价值呈现价值密度低的特点。如何从海量数据中挖掘可用信息，实现大数据的价值，是当前社会研究中亟须攻破的难点。新的、快速的数据挖掘方法是解决问题的方向。其中，云计算是一种开放式、分布式的大数据分析新技术，促进了大数据分析的快速发展。

大数据影响到社会的各个方面，科学研究尤其是社会科学研究方面也受到深刻影响。无论是数据基础还是研究方法和技术，大数据的出现推动了社会科学研究的变革。本书按照数据产生、收集、分析的流程对大数据方法在社会科学研究中的应用进行总结归纳。

（1）数据产生。数据是大数据方法的基础，"巧妇难为无米之炊"，充足可用的大数据是分析的前提条件。数字经济时代是信息时代，社交平台、电子商务大大拓展了互联网的应用，也带来了越来越多的数据，为社会科学研究提供了数据基础。目前而言，被广泛应用于社会科学研究的大数据可以分为以下几类：

一是网站信息数据。最具代表性的是以新闻为代表的舆论数据。程盈莹等（2021）使用谷歌 GDELT 提供的媒体报道数据，分舆论关注度和舆论褒贬度两个边际，实证检验了国际舆论对中国引进外资的影响。李萌等（2021）利用 GDELT 数据库挖掘了 2013~2019 年北极圈内 8 个国家和地区社会发展关键要素，考察了北极地区国家之间地缘关系的演变格局。此外，还有不少学者借助新闻文本进行经济政策不确定性的衡量，具有代表性的是 Baker 等（2016）使用文本分析法从报纸新闻信息和专家预测报告中提取、加工和形成政策不确定性指数，Davis 等（2019）、Huang 和 Luk（2020）使用中国报纸文本构建了中国经济政策不确定性指数。

二是网络搜索数据。最具代表性的是谷歌指数和百度指数。以百度指数为例，此数据通过用户在百度搜索引擎进行搜索的实时数据得到。通过网络搜索数据，可以准确捕捉用户的关注内容和关注趋势，更有利于数据分析和处理，被广泛用于社会科学研究中。比如，Yang 等（2015）利用网络搜索查询量对中国某热门旅游目的地的游客数量进行预测，同时比较了谷歌和百度两种不同搜索引擎搜索数据的预测能力。研究发现，与相应的自回归移动平均（ARMA）模型相比，两种类型的搜索引擎数据都有助于显著降低预测误差，但百度数据表现较好，因为它在中国的市场份额更大。张同辉等（2020）使用百度网络搜索数据构建投资者关注指标，研究了不同的投资者关注水平与市场波动率之间的领先滞后关系，发现投资者关注可以提高现有波动率预测模型的样本内拟合能力。

三是社交平台数据。人们在社交平台发表评论，或者就某个话题发表自己的观点，从而产生大量数据。此类社交平台包括雅虎问答、微博、论坛、Twitter等。江轩宇（2021）以东方财富网股吧中企业论坛帖子数量衡量网络舆论关注度，并探讨网络舆论关注对企业创新的影响，东方财富网股吧是中国股票市场上用户访问量最大、最具有影响力的股票网络论坛。朱孟楠等（2020）基于东方财富股吧论坛中发帖的用户信息构建中小投资者的信息交互网络，并据此计算网络中心度等指标，研究发现，位于网络中心位置的上市公司，股价崩盘风险较低。Jung 等（2018）借助公司在 Twitter 上发布季度收益公告的数据探究企业使用社交媒体传播财务信息的策略性。

四是电子商务平台交易数据。数字经济的发展促进了电子商务平台的搭建，一方面降低了消费者的搜索成本，提高了消费者获得个性化产品的准确性；另一方面扩展了销售渠道，通过电子商务平台，供求双方沟通更加高效，产品提供者可以为消费者提供差异化、个性化的产品。阿里巴巴网站是中国最大的电子商务平台，B 类注册用户超过 1.2 亿，岳云嵩和李兵（2018）以阿里巴巴中国站黄页网站中会员数据为基础，通过收集、整理，获得近 70 万家付费会员企业信息数据，据此针对电子商务平台对企业出口绩效的影响进行了探究。

五是企业年报、政策等文本大数据。企业年报蕴含着大量信息，其中年报文本预期、管理层讨论数据、澄清公告等数据被应用到企业研究中（李姝等，2021；杨兵和杨杨，2020；Huang 等，2018；底璐璐等，2020；孟庆斌等，2020）。张宝建等（2019）运用文本挖掘技术，通过关键词提取、关系矩阵构建对中国科技创新政策的文本数据、演变过程及有效性进行了分析。

（2）数据收集。随着技术的进步，大数据收集渠道得以拓宽。网络爬虫技术是大数据收集的主流方法，是指运用网络爬虫技术抓取互联网数据的收集方式。该方法基于某种规则自动提取网页或文档的相关内容，被广泛用于收集互联网数据、社交媒体数据和外部平台相关数据等（刘凤军等，2020；张建伟等，2020；孙易冰等，2014）。文本挖掘是大数据收集的另一种常用方法。当我们获得大量非结构性数据时，在实际数据分析中往往受限，因此需要借助文本挖掘技术，将非结构性数据转换为可用于分析的结构性的定量数据。例如，部慧等（2018）基于互联网平台大数据，借助文本挖掘的方法，通过关键词确定、文本分析、数据提取等过程，获取股评情绪数据和投资者关注数据，并进一步将股评情绪和投资者关注融合为新的投资者情绪指标。刘忠璐（2016）运用文本挖掘法，通过支付结算、资源配置、风险管理和网络渠道维度的关键词选取、筛选，并进一步运用因子分析方法合成指标衡量互联网金融发展水平。

（3）数据分析。获得大数据蕴含的深层次信息不仅需要收集大数据，而且需要从大量数据中挖掘潜在的知识，即进行数据挖掘分析。大数据分析方法涉及统计学、可视化分析、机器学习等。机器学习是从大数据中获取深层次信息的一种重要方法，其理论基础是统计学。数据挖掘经常采用机器学习的方法。比如，贺平等（2021）基于2010年1月到2019年10月上市公司财务及股票交易数据，运用机器学习驱动的 LASSO-logistic 算法研究了上市公司特征变量对股票收益率的预测性，发现该方法能够有效识别特征变量与预期收益之间的关系。孙亚男和费锦华（2021）基于机器学习构建了决策树递归分析方法，量化了雾霾治理的分区因素和治理因素，识别出了雾霾治理的区域划分和治理因素。胡楠等（2021）运用文本分析和机器学习的方法对中国 A 股上市公司年报中管理者讨论与分析部分的内容进行分析以构建管理者短时指标，考察了管理者短时注意对企业长期投资的影响。

大数据分析的重要应用体现在利用大数据背后的规律和信息，对社会现象，尤其是经济和金融领域的未来趋势做出判断和预测。考虑到大数据的特点，传统计量方法往往不适用。一方面，大数据往往是高频数据，在预测研究中需要突破高频数据与低频数据结合的难点。另一方面，大数据种类多样，由此预测变量较多，传统方法或将过度拟合，造成预测效度较低的后果。基于此，采用大数据方法进行预测研究是必要的。其中，混频数据抽样模型、随机森林方法和贝叶斯结构时间序列模型被广泛使用。混频数据抽样模型能够有效解决解释变量和被解释变量不同频的问题，对于多种不同预测目标的预测有较高的有效性。随机森林方法以统计学为基础，通过重抽样的方法在原始训练集中抽取多样本，并根据每个选取样本建立决策树模型，最终结合多棵决策树的预测结果做出最后判断。贝叶斯结构时间序列模型结合三种贝叶斯方法——卡尔曼滤波法、Spike-and-Slab回归、模型平均，在预测变量多于观测变量和时间序列较短时有较高的有效性。本书对上述三种大数据预测分析方法进行介绍，为后续应用奠定基础。

5.2　混频数据抽样（MIDAS）

Ghysels等（2004）提出的混频数据抽样回归（Mixed Frequency Data Sampling Regression，MIDAS）源于分布滞后模型的思想，能很好地解决解释变量和被解释变量不同频的问题（Ghysels等，2005；Forsberg和Ghysels，2007）。目前，该方法在预报当前宏观经济状态、分析和预测未来宏观经济走势方面也有广泛的应用（Clements和Galvo，2008；Clements和Galvo，2009；Kuzin等，2010；刘汉和刘金全，2011）。

5.2.1　传统预测模型

传统分布滞后模型 $ADL(p_Y^Q, q_X^Q)$ 的表达式如下：

$$Y_{t+1}^Q = \mu + \sum_{k=0}^{p_Y^q-1} \rho_k Y_{t-k}^Q + \sum_{k=0}^{q_X^Q-1} \beta_k X_{t-k}^Q + u_{t+1} \tag{5-1}$$

传统预测模型的构建和分析假设模型中的数据是同一频率。传统分布滞后模型 $ADL(p_Y^Q, q_X^Q)$ 中的公式（5-1）涉及时间聚合序列。为使解释变量和被解释变量的频率相同，将高频数据加权平均，即：

$$X_t^Q = (X_{1,t}^D + X_{2,t}^D + \cdots + X_{m,t}^D)/m \tag{5-2}$$

其中，m表示一个月中所包含的天数。那么在传统分布滞后模型 $ADL(p_Y^Q, q_X^Q)$ 中，对 X_t^D 采用加权的方法 β_1/m。

5.2.2　单变量MIDAS模型构建

Ghysels等（2005）提出的基础 $MIDAS(m, k)$ 能直接将低频数据 y_t 和高频

数据 $x_t^{(m)}$ 通过参数化的多项式权重 $B(L^{1/m}; \theta)$ 整合成如下的单变量混频模型的回归模型：

$$y_t = \beta_0 + \beta_1(L^{1/m}; \theta)x_t^{(m)} + \varepsilon_t \tag{5-3}$$

其中，y_t 是第 t 期的低频被解释变量，x_t^m 表示高频解释变量，m 表示混频数据的频率差异倍数，$m=30$。$B(L^{1/m}; \theta) = \sum_{k=1}^{k} \omega(k; \theta)L^{(k-1)/m}$，$L^{1/m}x_t^{(m)} = x_{t-i/m}^{(m)}$，$i = 1, 2, 3\cdots$，它是参数化权重函数的高频数据滞后阶数表达式。不同的 $B(L^{1/m}; \theta)$ 代表不同的权重函数。

由于真实数据的获得一般都具有一定的时间滞后性，因此，为了进行预测，解释变量就必须要有一定的滞后性。h 步向前预测的 MIDAS 模型为：

$$y_t = \beta_0 + \beta_1 B(L^{1/m}; \theta)x_{t-h/m}^{(m)} + \varepsilon_t \tag{5-4}$$

5.2.3 一阶自回归的 AR(1)-MIDAS 模型

在宏观经济系统中，很多时间序列数据往往有一定的惯性，从而存在自相关关系，因此，包含合理的自回归项是非常有必要的。一阶自回归的 AR(1)-MIDAS 模型可以表示为：

$$y_t = \beta_0 + \lambda y_{t-1} + \beta_1 B(L^{\frac{1}{m}}; \theta)x_{t-\frac{h}{m}}^{(m)} + \varepsilon_t \tag{5-5}$$

其中，λ 为一阶自回归系数。该模型目前更适合进行向前一期的短期预报。

5.2.4 模型权重函数构建

MIDAS 模型的加权方式有很多种形式，大致分为 β 函数、Exp-almon 指数函数、Stepfun 函数、PDL 多项式函数等。

（1）Beta-权重函数，其表达式为：

$$\omega_i(\theta_1, \theta_2) = \frac{x_i^{\theta_1-1}(1-x_i)^{\theta_2-1}}{\sum_{i=1}^{N} x_i^{\theta_1-1}(1-x_i)^{\theta_2-1}} \tag{5-6}$$

（2）Beta Non-Zero-权重函数，其表达式为：

$$\omega_i(\theta_1, \theta_2, \theta_3) = \frac{(1-x_i)^{\theta_2-1}}{\sum_{i=1}^{N}(1-x_i)^{\theta_2-1}} + \theta_3 \tag{5-7}$$

（3）Stepfun 函数。Stepfun 函数是结构最为简单的一种权重函数，其分布滞后模型是用离散步骤估计的，其权重函数表达式为：

$$\beta\omega_i(\theta_0, \cdots, \theta_p) = \theta_1 I_{i \in [b_0, b_1]} + \sum_{p=2}^{p} \theta_p I_{i \in [b_{p-1}, b_p]} \tag{5-8}$$

其中，$b_0 = 1 < b_1 < \cdots < b_p = N$。N 表示权重函数的最大滞后阶数。$I_{i \in [b_{p-1}, b_p]}$ 为示性函数，当 $i \in [b_{p-1}, b_p]$ 时取 1，当 $i \notin [b_{p-1}, b_p]$ 时取 0。

（4）Almon 多项式函数。Almon 多项式函数也称 PDL 多项式函数，广泛应用于自回归模型中的赋权，其基本形式为：

$$\beta\omega_i(\theta_0, \cdots, \theta_p) = \sum_{p=0}^{P} \theta_p i^p \tag{5-9}$$

指数 Almon 多项式函数是目前使用最多的多项式函数形式，可用于构造各种不同的权重函数，能够保证权重数为正数，且能使方程获得零逼近误差的良好性质，具体形式为：

$$\omega_i(\theta_1, \cdots, \theta_p) = \frac{e^{\theta_1 i + \theta_2 i^2 + \cdots + \theta_p i^p}}{\sum_{i=1}^{N} e^{\theta_1 i + \theta_2 i^2 + \cdots + \theta_p i^p}} \tag{5-10}$$

本书使用常用的两参数指数阿尔蒙多项式权重函数：

$$\omega_i(\theta_1, \theta_2) = \frac{e^{\theta_1 i + \theta_2 i^2}}{\sum_{i=1}^{N} e^{\theta_1 i + \theta_2 i^2}} \tag{5-11}$$

（5）非限制性混频数据模型。加入自回归项的 U-MIDAS 记为 U-AR-MIDAS，可以表示为：

$$y_t = \beta_0 + \lambda y_{t-1} + B(L^{\frac{1}{m}}; \beta) x_{t-\frac{h}{m}}^{(m)} + \varepsilon_t \tag{5-12}$$

5.2.5　组合预测

参考 Andreou 等（2013）的研究，组合预测是将不同的单一模型加以组合，如式（5-13）所示，其中的关键之处在于使用何种加权形式进行组合。

$$f_{CM, t+h|t} = \sum_{i=1}^{n} \omega_{i, t}^h \hat{y}_{i, t+h|t}^L \tag{5-13}$$

根据他们构建的联合预测方法，组合预测的权重共有四种形式。本书主要关注的是 MSFE 预测组合方法，它在许多应用中显示出相对于其他方法的最高预测精度。

（1）等权重形式：

$$\omega_{i,t} = \frac{1}{n} \tag{5-14}$$

（2）使用 AIC 标准作为权重函数：

$$\omega_{i, t} = \frac{\exp(-AIC_i)}{\sum_{i=1}^{n} \exp(-AIC_i)} \tag{5-15}$$

（3）使用 BIC 标准作为权重函数：

$$\omega_{i, t} = \frac{\exp(-BIC_i)}{\sum_{i=1}^{n} \exp(-BIC_i)} \tag{5-16}$$

（4）基于预测指标 MSFE 相关联的平均：

$$\omega_{i, t} = \frac{m_{i, t}^{-1}}{\sum_{i=1}^{n} m_{i, t}^{-1}}, \quad m_{i, t} = \sum_{i=T_0}^{t} \delta^{t-i} (y_{s+h}^{h} - \hat{y}_{i, s+h|s}^{h})^2 \tag{5-17}$$

其中，T_0 是第一个样本外观测值，$\hat{y}_{i, s+h|s}^{h}$ 是样本外预测值，δ 是指数平均参数。

参考周建和唐成千（2018）的研究，本书首先利用各高频解释变量，通过以上 6 种加权形式的 AR(1)-MIDAS 模型对 CPI 进行向前 h 步预测，从而在当月的解释变量数据公布后去预测下一个月的 CPI，最后使用组合预测尝试进一步提升模型的预测效果。

5.3 随机森林（RF）

随机森林（Random Forest，RF）最早由 Breiman（2001）提出，它的基本思想在于用 Bootstrap 从原始样本中抽取多个子样本，对每个子样本进行决策树建模，再利用投票法或者平均法组合多棵决策树的预测结果来决定最终预测结果，如图 5-1 所示。

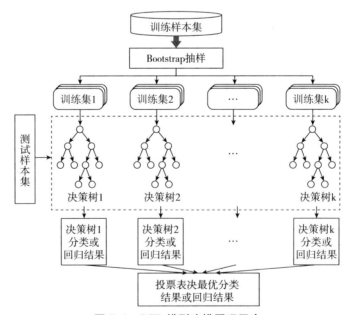

图 5-1 RFR 模型建模原理层次

随机森林有回归和分类两种方法，即不仅可以对离散因变量建模，也可以对连续因变量建模。相对于神经网络、支持向量机、决策树、Adaboost 等方法，RF 具有更好的噪声容忍度以及更高的预测准确率，且不容易出现过拟合问题（Larivière 和 Van den Poel，2005）。而与普通最小二乘回归相比，随机森林回归（Random Forest for Regression，RFR）可以得到更高的校正 R^2（Liu 等，2017），这是因为随机决策林很容易适应数据的非线性，因此倾向于线性回归预测。同时，像随机森林这样的集成学习算法非常适合中大型数据集。当独立变量的数量大于观测的数量时，线性回归和逻辑回归算法将无法使用，而随机森林不是同时使用所有预测变量，因此可以有效运行（Schonlau 和 Zou，2020）。

借鉴方匡南和吴见彬（2014）的研究，假定图 5-1 中的训练集 1，2，…，k 是从训练样本集（用随机向量 Y 和 X 表示）中独立随机抽取出来的，RFR 模型可以用与随机向量有关的多棵子决策树来生成。因此，RFR 的预测结果是 k 棵子决策树预测结果的平均值，即：

$$H(x) = \frac{1}{k} \sum_{i=1}^{k} h_i(x) \tag{5-18}$$

其中，$H(x)$ 表示组合回归模型结果，$h_i(x)$ 是单个决策树回归模型结果。

此外，每次抽样会有部分数据（约37%）未被选中，利用这些剩余的袋外数据（Out-of-Bag，OOB）可进行内部误差估计，即每棵分类树可以得到一个 OOB 误差估计，取其平均值为模型的泛化误差。在训练过程中，当树的数量达到一定程度时，随机森林的误差近似于袋外误差（Cawley 和 Talbot，2010）。

随机森林也可以对特征的重要性进行排序，为特征变量的优选提供必要参考（Kuhn，2008）。为了度量特征的重要性，首先使用训练集训练一个随机森林模型，在训练的过程中记录下每个数据点的 OOB 误差，然后在整个森林上进行平均。其次，打乱需要被度量的第 j 个特征的值，并重新计算打乱后数据的 OOB 误差，则打乱前后 OOB 误差的平均值即为第 j 个特征的重要性分数。在使用 STA-TA 时，所有的重要性分数均被除以最高分以达到标准化，这样，最重要变量的重要性总是 100%（Schonlau 和 Zou，2020）。

5.4　贝叶斯结构时间序列（BSTS）

贝叶斯结构时间序列模型（Bayesian Structural Time Series，BSTS）由 SCOTT 和 VARIAN（2013）提出，适用于预测变量较多的时间序列，也可以减少过度拟合。

5.4.1 状态空间时间序列与卡尔曼滤波法

状态空间结构模型将时间序列分解成四个组成部分：水平项、常规趋势、季节效应和误差项。$y_t = \mu + bt + \beta x_t + e_t$ 是经典常数趋势回归模型的随机推广，其中水平（μ）和趋势参数（b）是常数，x_t 是同期回归子的向量，β 是回归系数的向量，e_t 是误差项。

$$y_t = Z_t^T \alpha_t + \varepsilon_t, \quad \varepsilon_t \sim N(0, H_t) \tag{5-19}$$

$$\alpha_{t+1} = T_t \alpha_t + R_t \eta_t, \quad \eta_t \sim N(0, Q_t) \tag{5-20}$$

其中，y_t 是要建模的时间序列，向量 α_t 是指示模型状态的潜在变量，它包含建模者认为必要的任何趋势、季节或其他组成部分。Z_t 是应用于状态变量的系数，ε_t 是均值为零的正态分布误差项，H_t 是其方差。T_t 为各状态分量贡献块对角线过渡矩阵，R_t 为矩形块对角线残差矩阵。误差项 η_t 具有协方差矩阵 Q_t。

5.4.2 Spike-and-Slab 回归

Spike-and-Slab 回归估计之前的变量稀疏问题，这个系统从庞大的模型集中寻找有贡献的模型，可以用来展开即期预测，是由 Madigan 和 Raftery（1994）以及 George 和 Mcculloch（1997）提出的。

Spike-and-Slab 先验的"Spike"部分指的是零的点质量，对于这个点，我们假设每个 i 的 Bernoulli 分布，所以先验是 Bernoullis 的乘积，如式（5-21）所示，MCMC 方法对先验的特定选择具有稳健性：

$$\gamma \sim \sum_i \pi_i^{\gamma_i} (1 - \pi_i)^{1-\gamma_i} \tag{5-21}$$

"slab"分量是非零系数的值的先验，条件是知道哪些系数是非零的。设 b 为回归系数的先验猜测向量，设 Ω^{-1} 为先验精度矩阵，设 Ω_r^{-1} 表示当 $\gamma_i = 1$ 时 Ω^{-1} 的行和列。传统的假设是 b=0（截距项可能例外）和 $\Omega 1 \propto X^T X$，在这种情况下，方程（5-22）被称为 Zellner 的 gg 先验（Chipman 等，2001）。

$$\beta_\gamma \mid \gamma, \sigma^2 \sim N(b_\gamma, \sigma^2 (\Omega_\gamma^{-1})^{-1})$$

$$\frac{1}{\sigma^2} \sim \Gamma\left(\frac{df}{2}, \frac{ss}{2}\right) \tag{5-22}$$

5.4.3 贝叶斯模型平均

受 Madigan 和 Raftery（1994）证明的启发，Scott 和 Varian（2013）提出与 Spike-and-Slab 回归相结合的贝叶斯推理，这是在时间序列回归模型中实现贝叶斯模型平均的有效方法。作为贝叶斯数据分析中的典型特征，从贝叶斯模型中得到的预测是基于后验预测分布的（Scott 和 Varian，2014）。用 $\tilde{y}$ 表示要预测的值。$\tilde{y}$ 的后验预测分布为：

$$p(\tilde{y}|y)=\int p(\tilde{y}|\phi)p(\phi|y)d\phi \tag{5-23}$$

如果 $\phi^{(1)}$，$\phi^{(2)}$，…是一组来自 $p(\phi|y)$ 的随机抽取，然后通过从 $p(\tilde{y}^{(g)}|\phi^{(g)})$ 采样抽取一个来自 $p(\tilde{y}|y)$ 的样本，这是通过从 $a_n^{(g)}$ 以及参数 $\theta^{(g)}$、$\beta^{(g)}$ 和 $\sigma_\epsilon^{2(g)}$ 向前迭代方程（5-19）和方程（5-20）来实现的。由于在不同的蒙特卡洛绘图中，β 的不同元素将为零，从后验预测分布的提取自动解释稀疏性和模型的不确定性，从而从贝叶斯模型平均中获益。

5.5　本章小结

本章首先从大数据的特点和大数据的处理过程方面对大数据方法在社会科学研究中的应用进行了介绍，其次聚焦到基于大数据的预测方法，对常用的混频数据抽样模型、随机森林方法和贝叶斯结构时间序列模型进行介绍，为后续章节的研究提供可行、有效的研究方法。

6 基于金融市场数据的经济预警研究

经济全球化的不断深化，导致各国的金融市场也在不断对外开放，全球经济发展也更容易受到来自金融市场的影响。随着数字经济的发展，在金融市场上，数字经济"边际收益递增"的特质，让相关产业和企业成为资本的宠儿（詹晓宁和欧阳永福，2018），数字经济产业在金融市场的表现与受到的关注为分析数字经济对宏观经济运行的影响提供了一个新的视角。由此，本章从国际金融市场和国内金融市场两个方面，分析国际金融市场对中国宏观经济发展的传导机制和数字经济发展通过金融市场影响宏观经济的机理，并据此展开对经济预警的研究。

6.1 基于国际金融市场运行数据的经济运行预警研究

从 2008 年起，在经历了次贷危机、欧洲主权债务危机等国际金融冲击后，国际经济及金融的发展出现乏力，增长缓慢，另外还有其他随机性因素，导致全球整体的经济仍未恢复元气。金融市场势必会随着经济危机的爆发而发生动荡，这样会产生具有向外扩散性的金融波动。由于世界经济金融的联系日益紧密，各国自然会受到相互之间的冲击。正因如此，各经济体一直在竭尽全力寻找应对措施，宏观审慎监管近年来正不断吸引大众的目光，这表明学者们更加关注金融系统的安全，因此金融市场的波动对国内经济的传导效应越发需要得到重视。

从中国内部看，自 20 世纪 90 年代东南亚金融危机以来，政府在金融安全方面一直在积极地采取措施。中国与各国一样，在 2008 年全球金融危机后，经济基本上处在放缓状态。1978~2018 年中国 GDP 增长率如图 6-1 所示。虽然中国四万亿计划具有一定的促进改善效果，但也存在着一定程度的消极影响。2012年 5 月，国务院会议强调在经济下行压力大的情况下稳增长的重要性，通过鼓励民间投资、优化信贷结构等政策措施来抑制我国经济下行的趋势，继续发挥金融为经济服务的作用。与此同时，党的十八大也对加强宏观调控和深化金融机构改革提出了更高的要求，通过健全现代金融体系支持实体经济发展。《中华人民共和国国民经济和社会发展第十三个五年规划纲要》首次提出提高金融服务实体经济效率，明确要求加快金融体制改革，助力实体经济发展。另外，不可忽视的是，供给侧结构性改革在近些年人民币贬值的背景下面临着新一轮的困境，如何在保持经济稳定增长的过程中维持汇率稳定是需要着重关注的问题。不断的外部冲击使金融发展面临着更大的挑战。在经济发展中，金融是关键的内生变量，在促进实体经济发展过程中发挥着越来越重要的作用，相互之间的联系日益紧密。

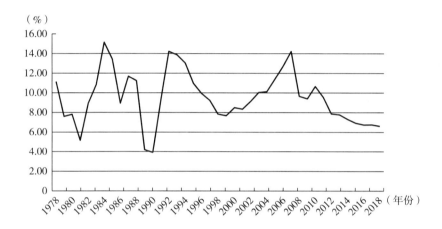

图6-1　1978~2018年中国GDP增长率

在有关外部金融市场冲击的研究中，国际大宗商品市场一直以来都是学者们的重点研究方向。大宗商品市场具有悠久的历史，在当代经济生活中仍扮演着重要的角色。大宗商品集金融属性与商品属性于一身，自身是用于工业生产的基础原材料，同时其价格也可以作为预测全球经济发展趋势的评估工具。伴随着近年来大宗商品的金融属性越来越强，人们把大宗商品期货也当成了投机投资的一种金融工具，特别是在后金融危机时代，在主要经济体经济未完全复苏、欧债危机恶化导致全球股票市场表现不佳的情况下，大量资金在股票市场与大宗商品期货市场中快速进出，对其他金融市场、世界经济发展产生深刻而广泛的影响。

自加入WTO以来，我国在经济全球化进程中的作用越来越突出，作为世界经济发展大国，我国与世界经济的发展联系日益紧密，国内外基础设施建设投资不断加快，较高的经济增长率使我国对大宗商品的进口依赖度居高不下，然而我国资源匮乏，庞大的需求导致了我国高额的大宗商品进口量。我国几类主要大宗商品的消费量全球占比总体均呈上升趋势，如根据艾瑞咨询发布的《2020年中国大宗商品产业链智慧升级研究报告》，2017 年我国煤炭及钢铁的消费量分别占世界总消费量的 65.2% 和 46.7%，是世界排名第一的煤炭及钢铁消费国，而石油储量占比为 1.5%，呈现出较为明显的供不应求关系。因此，深入研究商品市场与经济增长的关系，具有重要的指导作用。

6.1.1 国际商品期货市场对中国经济运行的传导机制分析

6.1.1.1 商品期货相关概念界定

在定义上需要明确的是，本书所指的"商品"是大宗商品，是可以大批量、集中交易的标准化产品，比如工业基础原料、农副产品、能源商品等，而不是在零售渠道交易的产品，典型产品有食糖、橡胶、大豆、钢铁、玉米、矿产品、石油、有色金属等。作为不可或缺的生产原材料，大宗商品影响到国家的发展建设，其流通方式、贸易流程和价格波动一直受到广泛的重视。

顾名思义，商品属性是大宗商品最基础的属性，体现了它的供求关系。后来由于大宗商品可以作为金融市场上投资的标的，其金融属性逐渐受到关注。大宗商品的金融属性主要体现为，它可以用来投机交易获取资金、进行融资及投资。大宗商品的两重属性让它既受到专家学者的重视，也对投资者产生吸引。

大宗商品交易市场包括商品现货市场及商品期货市场。商品期货是指标的物为实物商品的期货合约。商品期货具有古老的起源，门类丰富，总体可分为能源产品、金属产品、农副产品等。其标准化协议规定，买方和卖方在未来某个约定日期签订合同时，以约定的价格买卖一定数量的实物。商品期货交易是在期货交易所买卖特定商品的标准化合同的交易方法。在金融的不断发展下，商品原本的供需决定现货的定价机制逐渐转换为有金融资本参与的期货定价，商品期货市场也呈现出金融化的特征。商品现货市场的交易量远不如期货市场的交易量，商品期货市场的价格在投机者、套利者、套期保值者的共同作用下发生着波动，这种波动又通过两个市场的高度相关性传导到现货市场。

1957 年美国的路透商品研究局指数（CRB）是世界上第一个大宗商品期货指数，最早包含的商品与现在的有所区别，20 世纪 80 年代中期 CRB 指数开始交易于纽约商品交易所，纽约商品交易所已被纽约期货交易所合并，路透社对 CRB指数享有所有权。交易者借助研究 CRB 指数能够掌握商品的综合变化动态，也能通过交易 CRB 指数来谋取利益。CRB 指数的计算方式也发生了变化，在计算该指数值时，采用了合约延期以及几何平均方法，这有效降低了指数价格波动的幅度，从而创造了相对平滑的波动走势。

CRB 指数以 19 种商品价格为组成成分，实际上，因为 CRB 指数在金融研究中的关键地位，一直以来发生过多次修缮，涵盖的商品品种数也需要结合期货市场不断地改变。2005 年，路透集团与 Jefferies 集团共同协作，对 CRB 指数进行再一次的修缮，并将其名称更改成路透/Jefferies 商品研究局指数（简称 RJ/CRB）。任何商品的权重在之前的指数中都是相同的，但新的商品指数把所有的商品分成了多个权重等级，例如最高的原油权重为 23%，最低的小麦、橘子汁、镍权重仅有 1%。另外，RJ/CRB 指数每个月都发生调整，选择的商品价格会依据期货合约的近期月份，而不是传统上的 6 个合约月份的平均价格。在经过了多次修缮后，CRB 指数包括的商品种类、分组、来源及权重都发生了巨大的变化。CRB 指数中的商品种类如表 6-1 所示。

表 6-1　RJ/CRB 指数品种分类

商品大类	具体商品品种
能源类	原油、取暖油、汽油、天然气
金属类	黄金、白银、铜、铝、镍
农产品类	大豆、小麦、玉米、棉花、糖、冰冻浓缩橙汁、可可、咖啡、活牛、瘦肉猪

RJ/CRB 指数是当前期货市场中最具有代表性的商品指数，它不仅能对国际大宗商品的总体走势做出直观的体现，还能用来当作宏观经济景气变化的先导指标，因此 RJ/CRB 指数得到了众多国内外学者的重视与研究。

基于 RJ/CRB 指数中包含的是各经济体工业增长中不可或缺的大宗物资商品，具有原材料性质，并且 RJ/CRB 指数涵盖的是每日更新的期货数据，反映的价格领先于其他生产阶段的物价水平，故本书选取 RJ/CRB 指数作为衡量国际大宗商品价格波动的指标。

6.1.1.2　国际商品期货市场总体情况

6.1.1.2.1　国际商品期货市场历史波动

从一个经济体的经济发展上看，外部冲击对其所造成的影响值得被重点关注，其中国际大宗商品价格的波动在期货市场中最具代表性。国际大宗商品价格波动经由多条传导途径后，会影响到一国的工业增长及物价水平，最终冲击到整体经济的运行。因此，国际大宗商品价格的波动不容忽视。

图 6-2 为 RJ/CRB 指数从 2010 年 1 月至 2019 年 10 月的价格走势，显而易见，自 2010 年起，国际大宗商品价格经历了多番波动。

2008 年，金融危机的爆发导致国际大宗商品市场出现低迷，RJ/CRB 指数出现了断崖式的下跌，由峰值 460 跌落至 200 左右，形成了迄今最大的跌幅。2009 年，全球经济衰退趋势逐渐减弱，大宗商品价格慢慢进入上涨时期，2011 年 3 月出现了近年最高峰值。然而，金融危机的衰退期并未完全退去，世界各国普遍降低了风险偏好，产生资金回流，因此造成大宗商品价格难以再次出现较大的增长。

图 6-2　RJ/CRB 指数走势

2013 年，全球经济保持复苏乏力状态，发达国家仍受主权债务危机的困扰，同时新兴市场国家难以恢复至危机前的高速增长状态，贸易情况开始恶化，由此导致大宗商品的价格反复波动，难以出现大幅的上涨。

2014 年 7 月到 2016 年初，RJ/CRB 指数出现了新一轮的大幅下跌，从图 6-2 中可以看到，这段时间发生的跌幅并不弱于 2008 年金融危机时的程度。究其原因，可能是源于全球商品市场的供求关系不再均衡，另外还可能是因为欧美主导的发达经济体对国际大宗商品握有定价权，但大部分大宗商品的主要生产国是新兴国家，在参与价格形成时没有话语权，因此发达经济体在衍生品市场通过大型基金来赚取收益，造成国际商品期货市场的动荡。正因如此，不少新兴市场经济体开始试图争夺国际大宗商品的定价权。

2016 年第一季度开始，国际大宗商品市场开始回暖，RJ/CRB 指数逐渐上涨，从那年至今，RJ/CRB 指数基本都在 150~200 这一区间发生变化，2017 年 2 月涨至小波峰后国际油价对大宗商品造成冲击，导致市场下行，下跌幅度到 2017 年上半年末累计已超过 10%。在这之后，国际商品市场逐渐开始升温，走势平滑。总体来说，RJ/CRB 指数变动比较频繁，价格变动情况仍要被全球形势左右，所以在往后相当长一段时期内仍然会保持这样的波动。从当今这样一个国际背景来看，国际大宗商品价格对全球经济发展发挥的作用不容小觑。

6.1.1.2.2　国际商品期货市场价格波动的影响因素

国际商品期货市场价格波动较为频繁，下面对其价格波动的影响因素进行探究。从大宗商品具有的商品属性来看，主要的影响因素包括供需状况、市场联动和国际贸易等，同时从大宗商品的金融属性来看，金融因素也是导致国际商品期货市场价格波动的重要原因。

第一，供需不平衡是造成国际大宗商品价格变化的根本原因。从供给角度出发，考虑到生产者需要控制生产成本和存在寡头垄断等情况，全球对大宗商品高速提升的需求大大超出其产出增加的速度，因此供给方在价格上占据优势。此外，"二战"以来全球或明或暗的政治摩擦与环境气候因素对国际大宗商品的供给也产生了一定程度的影响，比如动荡的中东地区、全球气候变暖及自然灾害等，因此无法满足商品需求的供给量提高了国际商品期货市场的价格。从需求角度出发，世界各国综合实力的增强产生的庞大需求也不断地促使着国际大宗商品价格的提高。2008年金融危机的蔓延导致市场行情低迷，全球整体对于大宗商品的需求大幅减弱。2010年后各国经济逐渐开始摆脱衰退期，各国日益扩张的需求再次带动了大宗商品价格的上涨。简而言之，供给与需求之间的失衡是造成国际商品期货市场价格波动的根本因素。

第二，商品子市场、国内外期货市场之间存在的互相联动效应是造成国际大宗商品价格波动的重要原因。农产品、能源与金属各种类间存在价格联动机制，具体来说，原油价格的变化能够引领其他能源类商品价格的变化，原油价格上涨会带动其他种类的能源商品价格上涨，当传导到非能源商品市场时，原油价格上涨会驱使农产品以及金属板块价格的上涨。

第三，国际贸易摩擦是造成国际大宗商品价格波动的另一个重要原因。纵然全球经济一体化得到了学者们的推动，但若是在涉及利益的前提下，各国无疑会将自身利益摆在首位。当前，各国在进行贸易时依然存在着贸易保护主义，甚至会采取一些报复性的贸易手段，因此，在这种情况下，国际商品在交易中完全按照市场供求进行定价是无法实现的。当下全球整体上的国际经济与贸易依旧处在增长乏力的阶段，因而对外贸易过程中爆发的贸易摩擦会变得越来越频繁激烈。其中包含的这些贸易博弈，极大程度地影响了国际商品期货市场的价格波动。另外，现在以欧美为代表的主要经济体依然在加固自己的技术性贸易壁垒及其他非关税壁垒，倾销与反倾销仍旧阻碍全球自由贸易的进程，日益加剧的贸易冲突势必带来商品价格的来回震荡。更微观地来看，进出口企业在实施国际贸易的战略上为了提高海外销量，会故意采取压低价格的措施。以上的情形都将造成国际商品期货市场中的价格发生波动。

第四，金融市场间的联动效应也会对国际商品期货市场产生冲击。金融因素包括金融市场交易、市场流动性和美元贬值等情况。从金融市场交易来看，交易者逐渐地把目光放到大宗商品上，导致资金的流动性因高频的交易而提升，自然而然地带来大宗商品价格的波动。从市场流动性来看，各国政府为促进本国经济发展，制定出符合各自国情的货币政策和财政政策，市场的流动性产生的变化会带动大宗商品价格的波动。从美元来看，在当代的国际结算方式中，美元作为核心的结算手段，在国际贸易中占据了关键地位，它的汇率变化对于期货市场会产生不可避免的影响。美元是国际大宗商品价格指数的标价货币，因此大宗商品的价格会因美元的贬值而上涨。

6.1.1.3　国际商品期货市场与我国经济发展走势比较分析

图 6-3 呈现的是 RJ/CRB 指数、PMI、PPI、CPI 的走势，下面再具体分析 RJ/CRB 指数与国内其他指数的相关性。

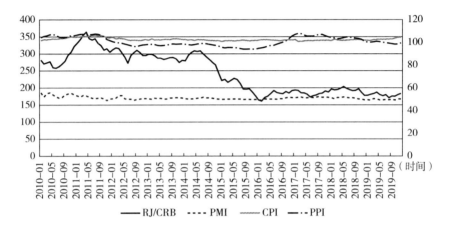

图 6-3　RJ/CRB 指数、PMI、PPI、CPI 走势

首先，从图 6-4 可以看出，2012 年 2 月开始到 2016 年 5 月 RJ/CRB 指数与 PPI 的走势大体上趋势相同。RJ/CRB 指数的波动方向基本与 PPI 的波动方向保持一致，从时间交替上来看，RJ/CRB 指数在一些重要的时间拐点上会先于 PPI

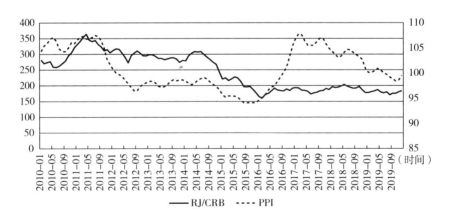

图 6-4　RJ/CRB 指数、PPI 走势

上涨或下跌，由此可见，国际大宗商品价格的波动传导到一国经济的基本面存在着时间上的滞后。这也体现出国内产业链上游价格水平会对国际大宗商品价格的波动做出响应，然而价格的最终传导需要经过一系列复杂的渠道，因此 PPI 无法与 RJ/CRB 指数随时保持同步变化。2017 年 3 月往后它们的相关性没有那么显著，但总体走势仍存在着一定的相似性。

其次，从图 6-5 可以看出，在相当一部分时间段内我国 CPI 与 RJ/CRB 指数的走势联系并不十分紧密。在 2015 年 9 月之前，两者走势还呈现出较为明显的相关性，但是往后的时间段内，两个指数之间的走势联系开始弱化。这体现出国内产业链下游的价格水平也会受到国际大宗商品价格波动的冲击，但是传导对 CPI 的影响程度并不如 PPI 所受的影响。另外，CPI 与 PPI 的走势具有一定的关联性。这表明国际大宗商品价格对国内经济的传导可能是经由 PPI 而对 CPI 产生间接冲击，所以其中存在的传导的不完全性造成了 CPI 对于国际商品期货市场价格波动的响应并不十分剧烈。

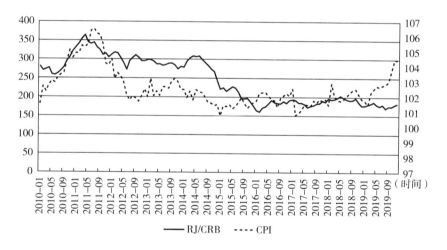

图 6-5 RJ/CRB 指数、CPI 走势

最后，相对于 PPI 与 CPI，PMI 的相关波动幅度并不大，导致体现在走势图中的相关性趋势并不十分显著（见图 6-6），然而在一些时间段内，当 RJ/CRB 指数出现较大的波动幅度时，PMI 也会做出相同趋势的变化，例如 2016 年 1 月以前，RJ/CRB 指数与 PMI 的走势较为相似，存在同向变化。同样地，PMI 的变动受传导机制的影响也存在着一定的滞后性，这也印证了在相应的传导时间后国际大宗商品价格变动会对一国经济造成冲击。

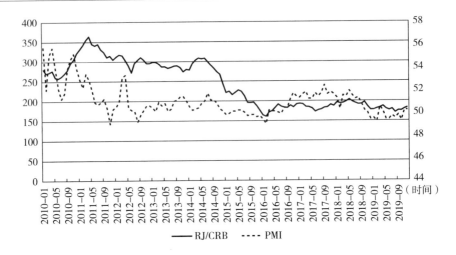

图 6-6　RJ/CRB 指数、PMI 走势

6.1.1.4　国际商品期货市场对国内经济运行影响的传导路径

通过上文的研究可以知道，国际大宗商品具有商品属性和金融属性，影响国际商品期货市场价格的因素具体有供求关系、金融市场联动因素和其他相关因素。本书从实体经济、金融市场和汇率三个角度分析国际商品期货市场对我国经济运行影响的传导路径。其中，实体经济路径是指国际商品期货市场通过影响国内产业链不同部门来进行传导，金融市场路径主要是通过国内外商品期货市场联动作用来影响国内经济运行，而汇率传导则是通过人民币与美元之间汇率的变化来影响贸易价格进而影响到我国实体经济。

对于传导的具体渠道已有多位学者进行过研究。从现货与期货的角度看，邵华南（2014）研究得出，国际大宗商品期货价格会通过现货传导渠道、货币传导渠道和期货传导渠道来影响国内居民消费物价水平。从影响时滞的角度看，传导机制可以分为短期机制和长期机制（俞茜，2013）。其中，一般的短期机制有期货市场联动机制，而长期机制可以分为贸易机制、产品替代机制、货币机制。另外，赵俊强（2017）认为，国际大宗商品价格波动会通过进口、金融、预期来直接或间接对国内相关产业进行资源配置，最终对一国经济造成冲击。曹剑涛（2018）认为，大宗商品价格与宏观经济之间的关联机制通常可以总结为两种渠道：价格渠道和金融渠道。王擎（2019）通过 DSGE 模型发现，不同类型的外部冲击导致国际大宗商品价格出现波动，并通过贸易渠道和价格渠道传导到国内。通过整理以往学者的研究，本书重新对传导路径进行了梳理。

6.1.1.4.1　实体经济路径

实体经济路径是指国际商品期货通过国际贸易直接对国内消费者物价产生影

响，或者是先对国内生产者物价产生影响，并最终传导到国内消费者物价。因此，国内生产部门起到的是中介作用。

由于中国大量进口大宗商品，国内大宗商品的价格会直接受到国际市场价格的影响，对国际商品期货价格的波动极其敏感。游资、热钱进入大宗商品市场会产生一连串影响，具体来说，当某种商品的价格上涨后，那么它的互补品或替代品的价格随之上涨，在这种大宗商品价格变化后再被进口到国内时，国内产业链上中下游工业品的价格也会上涨。

（1）消费。消费领域是传导路径的最终环节。贸易合作使各国紧密连接，也极大地促进了世界经济的发展。大宗商品在国际贸易的作用下进入国内，对于一国经济中的工业部门和消费部门发挥着十分关键的作用。农产品以及食品这类的大宗商品在进口后能够成为直接消费品。这类直接消费品在消费部门中，价格在流通领域的传导能够直接影响到物价水平。同时，从生产商的角度来看，国际大宗商品价格上涨，能使国内大宗商品生产商哄抬价格，产业链上游价格的变化进而会影响到国内整体物价水平。

（2）生产。生产是产业链的上游环节。在对外贸易结构上，初级产品和工业制成品在我国进口的大宗商品中占的比重较大。国际大宗商品价格的上涨会恶化国内的贸易条件，进口价格的上涨会提高国内相关企业的生产成本，而这些企业则会通过提高产品的售价来保证企业的盈利。同时，同类大宗商品的生产者为了谋取利益，也会提高国内大宗商品的价格。最后国内的消费者承受了价格变化所带来的影响。国际大宗商品价格的变化从产业链上游传导到下游，会导致输入型通货膨胀。

（3）预期。预期在不同的经济领域中都发挥着不可忽视的关键作用。外部形势变化会通过影响经济主体的预期进而影响经济主体的投资消费行为，最终对市场价格产生影响作用。外部形势变化使人们对国际大宗商品价格预期看涨时，会呈现国内商品现期供应下降，进而减少工业产出。另外，现期购买的增加会减少居民储蓄，使利率上涨。

6.1.1.4.2　金融市场路径

金融市场传导路径是指国际大宗商品期货价格在影响国内经济发展水平过程中，通过全球资本市场的联动效应，会受到国内大宗商品期货市场的影响。因此，国内商品期货市场会对这个传导路径产生一种调节作用。

金融市场的联动效应一直以来备受关注，随着大宗商品金融化程度越来越深，大宗商品越来越多地出现在各种金融市场交易中。国际商品期货交易市场日渐成熟，相较于国际商品期货交易市场，我国期货市场起步较晚，但经过多年发展，我国期货市场也成为国际商品期货市场的重要组成部分。受到地域差异的影响，国内商品交易市场上的品种存在一定差异，但绝大多数呈现出相同性和相似性。

随着全球金融的发展与深化，金融市场之间并不是割裂的，国际商品期货市场与我国商品期货市场之间会有金融市场联动效应，这种产生联动效应的路径反应快速，国际商品期货市场的价格变动会迅速传递到国内商品期货市场。上述价格的传递过程是较为短期的。值得一提的是，我国金融市场存在交易和资本管制，因此，这条路径的实际传导可能会比理论较滞后和不显著。另外，期货发挥着价格发现的作用，在国际商品期货市场价格发生波动时，国内商品期货市场随之发生变动，进而通过企业制定售价等渠道传导到实体经济中，进而影响到国内消费部门，这一阶段涉及物价水平等宏观因素，因此影响是较为长期和间接的。

6.1.1.4.3 汇率路径

汇率传导路径是指国际商品期货价格在影响国内生产和消费各个领域时，会在一定途径上受到该国货币汇率的影响。第一，大宗商品进口需要外汇支出，因此与汇率息息相关。当一国大宗商品进口比较大时，国际大宗商品交易市场价格波动通过汇率对该国大宗商品交易市场价格波动产生明显影响。反之，如果一国大宗商品进口比重较小，则其大宗商品市场受影响较小。第二，经济体的体量影响了汇率的传导作用。体量较小的开放经济体对国际市场价格反作用力较弱，受国际商品期货价格影响更大，体量较大的经济体往往具有大宗商品定价权，因此，国际大宗商品市场对国内市场价格影响较弱。第三，汇率制度会影响汇率传导的有效性。当国际商品市场价格波动时，如果一国实行浮动汇率制度，可以借助汇率的浮动在一定程度上抵消一部分国际市场价格波动的影响，减小冲击。而固定汇率制度下，国内市场更容易受到国际商品市场价格波动的影响。

当前，我国大宗商品进口比重较大，对进口有很强的依赖性，因此国际大宗商品市场价格波动通过汇率传递到国内市场的效应更为明显。此外，虽然我国经济体量大，已成为世界经济大国、贸易大国，然而由于我国大宗商品定价权较弱，因此受国际大宗商品市场影响依然较强。我国现行的汇率制度是有管理的浮动汇率制，在汇率确定的过程中，会参考一篮子货币进行调节。这一制度虽然是以市场供求为基础，但是政府仍会对汇率进行一定的干预以维持汇率的稳定。这样的政策性干预一方面能够避免汇率的大幅度波动，另一方面也削弱了汇率机制本身的调节效应。

综上所述，当国际商品期货市场价格发生波动时，在中国商品期货市场与汇率两者的调节作用下，其影响一方面会直接传导到国内的消费部门，另一方面会经由国内生产部门这一中介变量，再传导到国内消费部门，如图6-7所示。

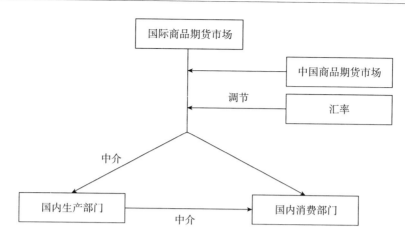

图 6-7　国际商品期货市场对国内经济传导

6.1.2　变量选择与数据处理

实证分析部分涉及的变量有国际大宗商品期货价格指数、南华期货商品指数、六大电厂日均耗煤量、汇率、居民消费价格指数，本书选择 2010 年 1 月至 2020 年 1 月相关变量的日频、月频数据作为研究对象。

6.1.2.1　国际商品期货市场

国际商品期货市场指标有许多，现在最具代表性的是 CRB 系列价格指数，它对期货交易者和经济研究者都有非常重要的参考价值。CRB 系列价格指数有现货价格指数和期货价格指数两种。当前，国际大宗商品期货交易量大且波动明显，为考察国际大宗商品市场价格波动对国内市场的影响，本书选取 RJ/CRB 期货价格综合指数衡量国际大宗商品综合价格。

6.1.2.2　中国商品期货市场

本书选择南华期货商品指数来代表国内商品期货综合指数。作为投资性指数，南华期货商品指数是通过换月中采用分布移仓和提出换月前后合约价格不同的价差得到的指数，该指数包含了南华投资指数、工业品指数、农产品指数、金融指数、能源化工指数，可以反映投资者在实际商品期货投资中的真实收益情况。

6.1.2.3　国内生产部门

本书选择"六大发电集团日均耗煤量"代表国内生产部门。发电量与工业生产具有非常直接的联系，"六大发电集团日均耗煤量"常被用于跟踪工业生产情况。六大发电集团耗煤量是位于东南沿海地区的六大电厂——浙电、粤电、国电、上电、大唐、华能，每日发电所消耗煤炭量的总和。六大发电集团耗煤量的同比值主要反映了东南沿海地区火力发电量的变化，在一定程度上可以预测全国总发电量变化，进而反映宏观工业经济指标（如工业增加值、PMI）的同比变化。

6.1.2.4 汇率

考虑到数据可得性与操作难度，本书采用美元兑人民币中间价的日间数据作为汇率指标，以探究国际大宗商品市场价格波动对国内市场价格的影响。

6.1.2.5 国内消费部门

居民消费价格指数反映了国内消费的价格水平，本书选择居民消费价格指数代表国内消费部门。居民消费价格指数统计范围覆盖面广，具有较好的稳定性，能够反映居民家庭一般购买消费品和服务项目价格变动水平。根据数据频率和数据可得性，本书在进行模型估计时选择的样本窗口为 2010 年 1 月到 2020 年 1 月，高频日度数据每组共 2367 个观测值，低频月度数据共 121 个观测值。基于本书混频的数据特征及实证的可操作性，在进行样本内预测时选择 2010 年 1 月到 2018 年 12 月的数据，在进行样本外预测时选择 2019 年 1 月到 2020 年 1 月的数据。考虑到 CPI 是月度数据，所以对原始数据做剔除季节效应处理。以上数据来自 Wind、中经网数据库。变量的描述性统计如表 6-2 所示。

表 6-2　变量描述性统计

变量	观测数	平均值	标准差	方差	偏度	峰度
RJ/CRB	2367	243.0219	58.4176	3412.6130	0.2252	1.5331
Coal	2367	61.6899	8.9519	80.1360	-0.1326	3.4125
NH	2367	1279.1540	195.1195	38071.6200	-0.6325	2.4603
Exchange	2367	6.5057	0.2862	0.0819	0.2087	1.7396
CPI	121	102.6245	1.2755	1.6269	1.2849	3.9461

就偏度而言，Coal 和 NH 呈现左偏状态，其余各变量均存在一定程度的右偏，其中，居民价格消费指数右偏程度最大。从峰度来看，居民消费价格指数的峰度最高，为 3.9461。各变量的偏度绝对值均小于 2，峰度绝对值均小于 5，参见 Jones（1969）的标准，各变量的分布符合正态分布。

6.1.3　实证分析

本部分分别使用六种不同权重函数[①]的回归模型来研究国际商品期货指数、

---

① 具体包含 Beta-MIDAS、Beta-Non-Zero-MIDAS、Exp-Almon-MIDAS、U-MIDAS、Stepfun-MIDAS、Almon-MIDAS。

南华期货商品指数等高频解释变量对月度居民消费指数的预测效果。高频变量的滞后阶数由 1 阶开始变动，直至选出最优阶数，在进行参数估计时，根据指标均方根误差（Root Mean Square Error，RMSE）、预测均方误差（Mean Squared Error of Forecast，MSFE）、折现预测均方误差（Discounted Mean Squared Error of Forecast，DMSFE）及拟合优度 R^2 确定最优权重函数。具体规则是，各类误差数值越小，拟合优度数值越大，表明权重函数效果越好。在最优阶数选择上，将滞后阶数由 1 阶开始逐渐变动，直至选出最优阶数。

在进行样本内预测时，使用各模型的 RMSE、MSFE 和 DMSFE 数值考察预测精度，并根据模型的输出结果及预测精度来选择最优权重函数及最优滞后阶数。在实证分析中比较加入自回归项与不加入自回归项模型的拟合结果及预测精度，结果发现，加入自回归项后，模型的拟合结果和预测精度表现更好。

6.1.3.1 单变量 MIDAS 模型的预测研究

当选择的解释变量为 RJ/CRB 国际商品期货指数时，通过选择不同的滞后阶数，模型拟合结果及样本内外预测结果如表 6-3 所示[1]。

表 6-3　RJ/CRB 国际商品期货指数：不同滞后阶数混频模型拟合优度及预测精度

模型	指标	滞后阶数					
		13	20	25	30	35	40
Beta-MIDAS	R^2	0.8629	0.8629	0.8629	0.8630	0.8675	0.8680
	RMSE	0.6430	0.6407	0.6430	0.6445	0.6300	0.6359
	MSFE	0.4134	0.4105	0.4134	0.4154	0.3969	0.4044
	DMSFE	0.1044	0.1041	0.1044	0.1046	0.1026	0.1044
Beta Non-Zero-MIDAS	R^2	0.8628	0.8631	0.8633	0.8633	0.8677	0.8675
	RMSE	0.6382	0.6408	0.6421	0.6458	0.6331	0.6327
	MSFE	0.4073	0.4107	0.4123	0.4171	0.4009	0.4003
	DMSFE	0.1032	0.1042	0.1047	0.1053	0.1034	0.1031
Exp Almon-MIDAS	R^2	0.8629	0.8629	0.8629	0.8629	0.8675	0.8675
	RMSE	0.6429	0.6429	0.6429	0.6429	0.6324	0.6324
	MSFE	0.4133	0.4133	0.4133	0.4133	0.4000	0.4000
	DMSFE	0.1044	0.1044	0.1044	0.1044	0.1031	0.1031

---

[1]　由于权重函数每一滞后阶数均得到六种模型的拟合结果，且每个模型的参数形式和个数不同，因此只放入了部分权重滞后阶数及最终选择的混频模型。

模型	指标	滞后阶数					
		13	20	25	30	35	40
U-MIDAS	R^2	0.8908	0.8937	0.9011	0.9038	0.9120	0.9201
	RMSE	0.7368	0.7863	0.8514	0.8703	0.8488	0.8936
	MSFE	0.5429	0.6183	0.7249	0.7575	0.7204	0.7986
	DMSFE	0.1336	0.1412	0.1661	0.1773	0.1826	0.1799
Stepfun-MIDAS	R^2	0.8796	0.8803	0.8858	0.8852	0.8897	0.8916
	RMSE	0.7100	0.7160	0.7483	0.7358	0.7004	0.7181
	MSFE	0.5041	0.5127	0.5600	0.5414	0.4906	0.5156
	DMSFE	0.1370	0.1348	0.1463	0.1459	0.1470	0.1487
Almon-MIDAS	R^2	0.8716	0.8682	0.8717	0.8695	0.8751	0.8750
	RMSE	0.5046	0.5868	0.7108	0.6905	0.6276	0.5997
	MSFE	0.2546	0.3443	0.5052	0.4768	0.3939	0.3597
	DMSFE	0.0868	0.0942	0.1342	0.1319	0.1216	0.1068

六个模型的拟合优度和 RMSE、MFSE、DMSFE 的值随着高频变量 RJ/CRB 指数的滞后阶数的变动而变化。整体来看，Beta-AR（1）-MIDAS、Beta Non-Zero-AR（1）-MIDAS 及 Exp Almon-AR（1）-MIDAS 三种权重模型的 RMSE 值表现更为稳定。当滞后阶数变动到 13 阶时，Almon-AR（1）-MIDAS 模型的 RMSE、MSFE、DMSFE 值分别为 0.5046、0.2546、0.0868，其预测精度更优于其他模型，但高频变量滞后阶数增加后，各模型的拟合优度和预测精度值也不断变化，但均高于 13 阶时的各项指标值，所以 Almon-AR（1）-MIDAS（13）模型对低频变量 CPI 样本内预测精度最高，预测效果最佳。

由图 6-8 可知，Almon-AR（1）-MIDAS（13）模型估计的 13 个系数波动范

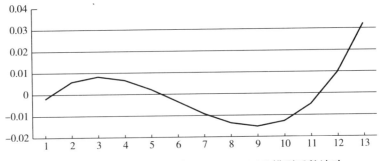

图 6-8 滞后阶数为 13 阶时 Almon-MIDAS 模型系数波动

围为（-0.02，0.04），即 RJ/CRB 国际商品期货指数对月度 CPI 存在正负两种影响效应，延迟 1 阶效应为-0.0019，即上个交易日的 RJ/CRB 国际商品期货指数会促使这个月 CPI 下降，变化的幅度为 0.0019 个单位，RJ/CRB 国际商品期货指数对本月 CPI 的影响会持续 13 个交易日。

当解释变量为六大电厂日均耗煤量时，模型拟合结果及样本内外预测结果如表 6-4 所示。

表 6-4　六大电厂日均耗煤量：不同滞后阶数混频模型拟合优度及预测精度

模型	指标	滞后阶数					
		15	22	25	30	35	40
Beta-MIDAS	R^2	0.8727	0.8728	0.8728	0.8685	0.8709	0.8709
	RMSE	0.5778	0.5829	0.5831	0.5444	0.5451	0.5451
	MSFE	0.3339	0.3398	0.3400	0.2964	0.2972	0.2972
	DMSFE	0.0947	0.0946	0.0946	0.0834	0.0840	0.0840
Beta Non-Zero-MIDAS	R^2	0.8619	0.8599	0.8598	0.8598	0.8655	0.8652
	RMSE	0.5691	0.5496	0.5439	0.5396	0.5373	0.5412
	MSFE	0.3239	0.3021	0.2959	0.2912	0.2887	0.2929
	DMSFE	0.0972	0.0888	0.0865	0.0852	0.0858	0.0867
Exp Almon-MIDAS	R^2	0.8728	0.8728	0.8728	0.8728	0.8740	0.8740
	RMSE	0.5824	0.5824	0.5824	0.5824	0.5745	0.5745
	MSFE	0.3392	0.3392	0.3392	0.3392	0.3301	0.3301
	DMSFE	0.0945	0.0945	0.0945	0.0945	0.0924	0.0924
U-MIDAS	R^2	0.9034	0.9066	0.9093	0.9177	0.9302	0.9325
	RMSE	0.6375	0.5952	0.6266	0.5850	0.5734	0.5657
	MSFE	0.4064	0.3543	0.3927	0.3422	0.3288	0.3200
	DMSFE	0.1001	0.0936	0.1000	0.0506	0.0564	0.0700
Stepfun-MIDAS	R^2	0.8879	0.8896	0.8899	0.8898	0.9065	0.9059
	RMSE	0.5181	0.5055	0.5217	0.5231	0.5237	0.5171
	MSFE	0.2684	0.2555	0.2722	0.2736	0.2743	0.2674
	DMSFE	0.0806	0.0793	0.0858	0.0828	0.0790	0.0758
Almon-MIDAS	R^2	0.8862	0.8874	0.8873	0.8873	0.8987	0.8972
	RMSE	0.5168	0.5187	0.5202	0.5234	0.5184	0.5295
	MSFE	0.2671	0.2690	0.2706	0.2740	0.2688	0.2804
	DMSFE	0.0756	0.0791	0.0810	0.0758	0.0606	0.0772

结果表明，各混频模型的拟合优度和样本内预测精度指标值随着滞后阶数的变化而变化，当滞后阶数增加到 20 阶乃至更高阶时，六种模型中 Stepfun-AR (1)-MIDAS 的拟合优度的值最高，说明随着高频解释变量六大电厂日均耗煤量滞后阶数的增加，Stepfun-AR(1)-MIDAS 的拟合效果逐渐凸显出来，且当滞后阶数达到 22 阶时，Stepfun-MIDAS 预测精度指标 RMSE、MSFE、DMSFE 的值分别为 0.5055、0.2555、0.0793，在所有混频模型及滞后阶数中达到最低，所以由表 6-4 呈现的指标值可知，高频解释变量六大电厂日均耗煤量滞后阶数为 22 阶时，Stepfun-AR(1)-MIDAS（22）达到拟合结果和预测精度最优。这说明，六大电厂日均耗煤量对我国月度 CPI 的影响效应具有长期性和持久性，且时长约为一个月。

由图 6-9 可知，Stepfun-AR(1)-MIDAS（22）模型估计的 22 个系数在 -0.006 和 0.01 之间做上下起伏的随机波动。六大电厂日均耗煤量对月度 CPI 的滞后影响呈现出正向和负向两种效应。起初六大电厂日均耗煤量对月度 CPI 的延迟乘数效应为正向，即六大电厂日均耗煤量的增加会使本月 CPI 增加，但越接近月末时，乘数效应反而逐渐转为负向影响，六大电厂日均耗煤量对 CPI 的影响会延伸至 22 个交易日。

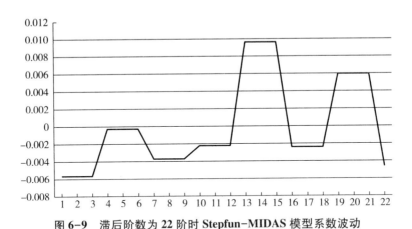

图 6-9　滞后阶数为 22 阶时 Stepfun-MIDAS 模型系数波动

当解释变量为南华期货商品指数时，模型拟合结果及样本内外预测结果如表 6-5 所示。六个模型的预测效果优劣的判别指标随着高频变量南华期货商品指数的滞后阶数的变动而变化，当高频变量的滞后阶数增加至 15 阶时，Almon-AR(1)-MIDAS 模型的预测效果比其他模型表现更好。当滞后阶数进一步增加，各个模型的拟合优度也呈现不断增长的态势，RMSE 总体上也与拟合优度同向变化。在预测精度上，Exp Almon-AR(1)-MIDAS 模型预测精度一直维持在相对稳定的水平，RMSE 值稳定在 0.49~0.51，预测效果相对于其他模型更为稳定。当滞后阶数变动至 23 阶时，六种模型中 Almon-AR（1）-MIDAS 模型的指标 RMSE、MSFE、DMSFE 值分别为 0.4715、0.2223、0.0876，与其他模型相较更低，滞后阶数再增加，Almon-AR（1）-MIDAS 模型预测精度却开始降低，经过不同模型之间的比较及不同滞后阶数之间的比较，最后得出当高频变量南华期货商品指数的滞后阶数变化至 23 阶时，Almon-AR（1）-MIDAS（23）模型的拟合效果和预测精度相对而言表现更优。

表 6-5 南华期货商品指数：不同滞后阶数混频模型拟合优度及预测精度

模型	指标	滞后阶数					
		15	20	23	25	30	35
Beta-MIDAS	R^2	0.8653	0.8652	0.8651	0.8650	0.8649	0.8691
	RMSE	0.4999	0.5002	0.5003	0.5004	0.5006	0.5059
	MSFE	0.2499	0.2502	0.2503	0.2504	0.2506	0.2560
	DMSFE	0.0775	0.0775	0.0774	0.0774	0.0773	0.0779
Beta Non-Zero-MIDAS	R^2	0.8644	0.8641	0.8641	0.8640	0.8641	0.8685
	RMSE	0.5020	0.5024	0.5025	0.5026	0.5019	0.5079
	MSFE	0.2520	0.2524	0.2525	0.2526	0.2519	0.2579
	DMSFE	0.0771	0.0767	0.0765	0.0763	0.0759	0.0766
Exp Almon-MIDAS	R^2	0.8657	0.8657	0.8657	0.8657	0.8657	0.8699
	RMSE	0.4986	0.4986	0.4986	0.4986	0.4986	0.5038
	MSFE	0.2486	0.2486	0.2486	0.2486	0.2486	0.2538
	DMSFE	0.0777	0.0777	0.0777	0.0777	0.0777	0.0782
U-MIDAS	R^2	0.8872	0.8941	0.8944	0.8955	0.9009	0.9086
	RMSE	0.5172	0.5581	0.5680	0.5851	0.6180	0.6347
	MSFE	0.2675	0.3115	0.3227	0.3424	0.3820	0.4029
	DMSFE	0.0878	0.0912	0.0959	0.1047	0.1184	0.1344
Stepfun-MIDAS	R^2	0.8709	0.8758	0.8761	0.8762	0.8816	0.8902
	RMSE	0.5130	0.5491	0.5395	0.5486	0.5625	0.5866
	MSFE	0.2631	0.3015	0.2911	0.3009	0.3165	0.3441
	DMSFE	0.0866	0.0948	0.0909	0.0961	0.0925	0.1073
Almon-MIDAS	R^2	0.8694	0.8683	0.8685	0.8688	0.8696	0.8723
	RMSE	0.4785	0.4736	0.4715	0.4775	0.5803	0.4907
	MSFE	0.2290	0.2243	0.2223	0.2280	0.3368	0.2408
	DMSFE	0.0835	0.0895	0.0876	0.0835	0.0919	0.0808

由图 6-10 可知，Almon-AR（1）-MIDAS 模型估计的 23 个系数在-0.001 和 0.002 之间做正负的随机波动。南华期货商品指数对月度 CPI 的滞后影响也具有正向和负向两种情况，但合在一起延迟总效应的作用方式是正向的。南华期货商品指数对月度 CPI 的延迟 1 阶效应为 0.0016，即南华期货商品指数的增长会使月度 CPI 增加，南华期货商品指数对月度 CPI 的影响效应会延展至 23 个交易日，即恰好本月 CPI 受到本月南华期货商品指数的波动影响。

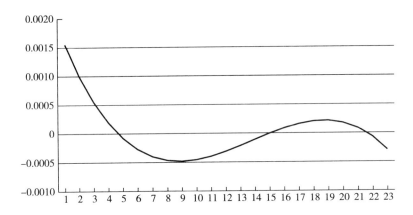

图 6-10　滞后阶数为 23 阶时 Almon-MIDAS 模型系数波动

当解释变量为汇率时，模型拟合结果及样本内外预测结果如表 6-6 所示。

表 6-6　汇率：不同滞后阶数混频模型拟合优度及预测精度

模型	指标	滞后阶数					
		15	20	25	30	35	40
Beta-MIDAS	R^2	0.8617	0.8621	0.8619	0.8619	0.8664	0.8668
	RMSE	0.4903	0.4863	0.4873	0.4877	0.5004	0.4938
	MSFE	0.2404	0.2364	0.2375	0.2378	0.2504	0.2439
	DMSFE	0.0770	0.0778	0.0779	0.0777	0.0797	0.0793
Beta Non-Zero-MIDAS	R^2	0.8616	0.8617	0.8617	0.8617	0.8663	0.8664
	RMSE	0.4938	0.4916	0.4907	0.4896	0.5018	0.5007
	MSFE	0.2438	0.2417	0.2408	0.2397	0.2518	0.2507
	DMSFE	0.0781	0.0780	0.0779	0.0778	0.0798	0.0798

模型	指标	滞后阶数					
		15	20	25	30	35	40
Exp Almon-MIDAS	R^2	0.8618	0.8620	0.8619	0.8620	0.8666	0.8668
	RMSE	0.4887	0.4875	0.4871	0.4837	0.4972	0.4929
	MSFE	0.2388	0.2377	0.2373	0.2340	0.2472	0.2430
	DMSFE	0.0770	0.0782	0.0780	0.0778	0.0803	0.0793
U-MIDAS	R^2	0.8810	0.8843	0.8918	0.9054	0.9230	0.9302
	RMSE	0.5246	0.4669	0.5415	0.7292	0.7439	0.8527
	MSFE	0.2752	0.2180	0.2932	0.5318	0.5534	0.7271
	DMSFE	0.1430	0.1210	0.1751	0.3701	0.3777	0.4827
Stepfun-MIDAS	R^2	0.8627	0.8641	0.8661	0.8700	0.8813	0.8829
	RMSE	0.4763	0.4839	0.4977	0.5728	0.6078	0.6080
	MSFE	0.2268	0.2342	0.2477	0.3281	0.3694	0.3696
	DMSFE	0.0736	0.0996	0.0990	0.1826	0.1980	0.1986
Almon-MIDAS	R^2	0.6872	0.6935	0.6976	0.7051	0.7103	0.7221
	RMSE	0.4906	0.4909	0.5023	0.5012	0.4973	0.4986
	MSFE	0.2407	0.2410	0.2523	0.2512	0.2473	0.2486
	DMSFE	0.0780	0.0780	0.0796	0.0794	0.0810	0.0796

　　结果表明，随着滞后阶数的增加，各混频模型的拟合优度和样本内预测精度指标值随着滞后阶数的变化而变化。整体来看，Beta-AR（1）-MIDAS、Beta-Non-Zero-AR（1）-MIDAS 和 Exp Almon-AR（1）-MIDAS 模型的拟合优度及预测精度在各阶数下较为接近，没有明显差异。U-MIDAS 模型的拟合优度略优于其他模型，但预测精度指标的表现在高阶数时却劣于其他模型。当滞后阶数达到 20 阶时，U-AR（1）-MIDAS 预测精度指标 RMSE、MSFE、DMSFE 的值分别为 0.4669、0.2180、0.1210，在所有混频模型及滞后阶数中达到最低，所以由表 6-6 呈现的指标值可知，高频解释变量美元兑人民币汇率滞后阶数为 20阶时，U-AR（1）-MIDAS（20）模型的预测表现最优，能够最大限度提取高频数据的潜在信息。

　　由图 6-11 可知，U-AR（1）-MIDAS（20）模型估计的 20 个系数在-20 和 15之间做正负向的随机波动。延迟 1 阶效应为 1.26，即上个交易日的美元兑人民币汇率升水会拉动这个月 CPI 上升，增加的幅度为 1.26 个单位，美元兑人民币汇率对本月 CPI 的影响会持续 20 个交易日，大约也为一个月度。

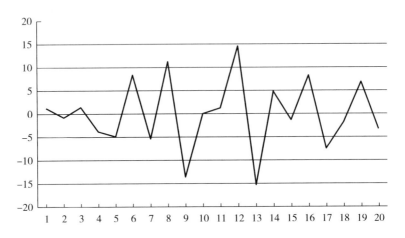

图 6-11　滞后阶数为 20 阶时 U-MIDAS 模型系数波动

6.1.3.2　多变量 MIDAS 模型的组合预测研究

不同的预测模型所得到的预测结果会存在差异，但不同模型是相辅相成的，并不是各自孤立的。在本书对于传导路径的分析中，每条传导路径存在多个环节，因此无法用一个单变量预测模型就能够对月度 CPI 进行准确预测，而综合使用多个模型就能从不同的视角提取各自所包含的信息。因此，在本书中由于最终选择的权重函数及滞后阶数各异，需要将各个单变量模型进行组合，减少预测误差。即使组合预测模型无法涵盖所有的实际影响因素，但它会尽可能地获取已有变量有价值的信息，通过将不同变量所包含的信息结合，可以优化模型的预测精度。

根据温忠麟（2006）提出的调节变量和中介变量相关概念，本书将调节变量和中介变量引入模型中。根据上文对传导路径的机理分析，可将六大电厂日均耗煤量视为中介变量，将南华期货商品指数、汇率视为调节变量，并引入 RJ/CRB 国际商品期货指数与南华期货商品指数、汇率的交乘项来体现调节效应，引入六大电厂日均耗煤量与南华期货商品指数、汇率的交乘项来体现中介效应。

各方差分析表中显著性值显示为 0.000，拒绝模型整体不显著的假设，证明模型整体是显著的，建立的线性关系回归模型具有极显著的统计学意义，如表 6-7、表 6-8、表 6-9 所示。

表6-7 RJ/CRB 与 Coal 方差分析

模型		平方和	自由度	均方	F	显著性
1	回归	3351.934	1	3351.934	42.563	0.000
	残差	186249.780	2365	78.753		
	总计	189601.714	2366			

a. 因变量：Coal

b. 预测变量：（常量），RJ/CRB

表6-8 RJ/CRB 与 NH 方差分析

模型		平方和	自由度	均方	F	显著性
1	回归	5526356.081	1	5526356.081	154.579	0.000
	残差	84551091.431	2365	35750.990		
	总计	90077447.512	2366			

a. 因变量：NH

b. 预测变量：（常量），RJ/CRB

表6-9 RJ/CRB 与 Exchange 方差分析

模型		平方和	自由度	均方	F	显著性
1	回归	47.698	1	47.698	772.369	0.000
	残差	146.052	2365	0.062		
	总计	193.750	2366			

a. 因变量：Exchange

b. 预测变量：（常量），RJ/CRB

如表6-10、表6-11、表6-12所示，回归系数通过检验，t检验原假设是回归系数没有意义，最后一列回归系数显著性值＝0.000＜0.05，表明回归系数存在，有统计学意义，而且极显著。上述结果表明，国际商品期货市场价格变化对国内生产部门具有显著的影响，对于传导的最终环节消费部门来说，国际商品期货市场波动对国内消费部门的传导至少有部分是通过影响国内生产部门来实现的。同时，国际大宗商品价格指数对于国内期货市场价格指数、汇率的影响也较为显著，所以当国际商品期货市场价格波动对国内经济进行传导时，也会受到国内商品期货市场和汇率的影响。

表 6-10　RJ/CRB 与 Coal 回归系数

模型		未标准化系数		标准化系数	t	显著性
		B	标准错误	Beta		
1	（常量）	66.641	0.781		85.374	0.000
	RJ/CRB	−0.020	0.003	−0.133	−6.524	0.000

a. 因变量：Coal

表 6-11　RJ/CRB 与 NH 回归系数

模型		未标准化系数		标准化系数	t	显著性
		B	标准错误	Beta		
1	（常量）	1078.100	16.632		64.823	0.000
	RJ/CRB	0.827	0.067	0.248	12.433	0.000

a. 因变量：NH

表 6-12　RJ/CRB 与 Exchange 回归系数

模型		未标准化系数		标准化系数	t	显著性
		B	标准错误	Beta		
1	（常量）	7.096	0.022		324.645	0.000
	RJ/CRB	−0.002	0.000	−0.496	−27.792	0.000

a. 因变量：Exchange

　　根据上文选择的各个高频解释变量的最优权重函数及最优滞后阶数（见表 6-13），参照组合预测方法，构建组合预测模型，对 2019 年 1 月至 2020 年 1 月的月度 CPI 进行样本外预测。使用组合预测模型时采用与单变量 MIDAS 模型相同的样本数据。

表 6-13　各交乘项的最优滞后阶数混频模型拟合优度及预测精度

模型	指标	CRB×Coal	NH×Coal	Exchange×Coal	CRB×NH	CRB×Exchange
		Lag = 36	Lag = 24	Lag = 22	Lag = 37	Lag = 24
Beta-MIDAS	R^2	0.8652	0.8602	0.8696	0.8740	0.8657
	RMSE	0.5542	0.5567	0.6349	0.6626	0.6733
	MSFE	0.3072	0.3100	0.4031	0.4390	0.4534
	DMSFE	0.0882	0.0901	0.1044	0.1017	0.1099

续表

模型	指标	CRB×Coal	NH×Coal	Exchange×Coal	CRB×NH	CRB×Exchange
		Lag = 36	Lag = 24	Lag = 22	Lag = 37	Lag = 24
Beta Non-Zero-MIDAS	R^2	0.8668	0.8582	0.8598	0.8735	0.8665
	RMSE	0.5792	0.5502	0.5404	0.6665	0.6772
	MSFE	0.3355	0.3028	0.2921	0.4442	0.4586
	DMSFE	0.0947	0.0893	0.0853	0.1018	0.1116
Exp Almon-MIDAS	R^2	0.8659	0.8615	0.8706	0.8742	0.8659
	RMSE	0.5222	0.5662	0.6259	0.6646	0.6794
	MSFE	0.2727	0.3206	0.3917	0.4417	0.4616
	DMSFE	0.0837	0.0920	0.1034	0.1024	0.1111
U-MIDAS	R^2	0.9316	0.9095	0.9070	0.9220	0.9020
	RMSE	0.5205	0.5288	0.5906	0.8027	0.8192
	MSFE	0.2710	0.2796	0.3488	0.6443	0.6711
	DMSFE	0.0626	0.0769	0.0981	0.1264	0.1475
Stepfun-MIDAS	R^2	0.9096	0.8919	0.8907	0.8940	0.8868
	RMSE	0.5118	0.4745	0.4944	0.7087	0.7423
	MSFE	0.2619	0.2252	0.2444	0.5022	0.5509
	DMSFE	0.0742	0.0722	0.0798	0.1295	0.1378
Almon-MIDAS	R^2	0.9043	0.8870	0.8885	0.8778	0.8731
	RMSE	0.4911	0.4863	0.5091	0.6344	0.5910
	MSFE	0.2412	0.2365	0.2592	0.4024	0.3493
	DMSFE	0.0613	0.0679	0.0809	0.1054	0.0933

6.1.3.2.1 国际商品期货市场与国内生产部门的组合预测

根据上文单变量模型下的结果，以 MSFE 为权重的 AR（1）-MIDAS（13）组合模型在拟合效果和预测精度上更优于其他组合模型，所以该组合模型较适合此条实体经济传导路径下我国月度 CPI 样本外的预测，如表 6-14 所示。

表 6-14　加入中介效应后 RJ/CRB 与 Coal 的组合预测混频模型拟合优度及预测精度

权重函数形式		拟合优度及预测精度		
		Lag = 13	Lag = 22	Lag = 36
MSFE	R^2	0.8389	0.8303	0.8320
	RMSE	0.5346	0.5644	0.5552
	MSFE	0.2858	0.3186	0.3083

权重函数形式		拟合优度及预测精度		
		Lag = 13	Lag = 22	Lag = 36
DMSFE	R^2	0.8373	0.8315	0.8273
	RMSE	0.5359	0.5691	0.5539
	MSFE	0.2872	0.3238	0.3068
AIC	R^2	0.7736	0.7681	0.8225
	RMSE	0.5821	0.5585	0.5346
	MSFE	0.3388	0.3120	0.2858
BIC	R^2	0.7736	0.7977	0.8225
	RMSE	0.5821	0.5472	0.5346
	MSFE	0.3388	0.2995	0.2858
等权重	R^2	0.8380	0.8338	0.8387
	RMSE	0.5353	0.5757	0.5597
	MSFE	0.2865	0.3314	0.3133

6.1.3.2.2 国际商品期货市场、中国商品期货市场与国内生产部门的组合预测

根据表6-15可知,以 AIC 为权重的 AR(1)-MIDAS(22)组合模型在拟合效果和预测精度上更优于其他组合模型,所以该组合模型较适合此条金融市场传导路径下我国月度 CPI 样本外的预测。

表 6-15　加入中介效应和调节效应后 RJ/CRB、NH、Coal 的组合预测
混频模型拟合优度及预测精度

权重函数形式		拟合优度及预测精度				
		Lag = 13	Lag = 22	Lag = 23	Lag = 24	Lag = 37
MSFE	R^2	0.8328	0.8253	0.8206	0.8215	0.8333
	RMSE	0.5428	0.5270	0.5403	0.5611	0.5543
	MSFE	0.2946	0.2777	0.2920	0.3148	0.3073
DMSFE	R^2	0.8318	0.8256	0.8221	0.8248	0.8312
	RMSE	0.5472	0.5439	0.5548	0.5695	0.5549
	MSFE	0.2994	0.2958	0.3078	0.3244	0.3079
AIC	R^2	0.7791	0.7807	0.7695	0.7685	0.7398
	RMSE	0.5716	0.5184	0.5310	0.5297	0.5658
	MSFE	0.3267	0.2687	0.2820	0.2805	0.3202

权重函数形式		拟合优度及预测精度				
		Lag = 13	Lag = 22	Lag = 23	Lag = 24	Lag = 37
BIC	R^2	0.7791	0.8463	0.8462	0.8464	0.7398
	RMSE	0.5716	0.6954	0.6979	0.6941	0.5658
	MSFE	0.3267	0.4836	0.4870	0.4818	0.3202
等权重	R^2	0.8339	0.8308	0.8261	0.8278	0.8383
	RMSE	0.5534	0.5514	0.5632	0.5799	0.5617
	MSFE	0.3062	0.3040	0.3172	0.3363	0.3155

6.1.3.2.3 国际商品期货市场、汇率与国内生产部门的组合预测

从表6-16来看，以 MSFE 为权重的 AR（1）-MIDAS（22）组合模型在拟合效果和预测精度上更优于其他组合模型，所以该组合模型较适合此条汇率传导路径下我国月度 CPI 样本外的预测。

表6-16　加入中介效应和调节效应后 RJ/CRB、Exchange、Coal 的组合预测混频模型拟合优度及预测精度

权重函数形式		拟合优度及预测精度			
		Lag = 13	Lag = 20	Lag = 22	Lag = 24
MSFE	R^2	0.8408	0.8260	0.8240	0.8254
	RMSE	0.5455	0.5385	0.5322	0.5594
	MSFE	0.2975	0.2900	0.2833	0.3130
DMSFE	R^2	0.8374	0.8231	0.8231	0.8280
	RMSE	0.5535	0.5589	0.5537	0.5645
	MSFE	0.3063	0.3124	0.3066	0.3187
AIC	R^2	0.7673	0.7530	0.7578	0.7516
	RMSE	0.5824	0.5617	0.5523	0.5631
	MSFE	0.3391	0.3155	0.3050	0.3171
BIC	R^2	0.7673	0.7579	0.7583	0.7996
	RMSE	0.5824	0.5636	0.5524	0.5669
	MSFE	0.3391	0.3177	0.3052	0.3214
等权重	R^2	0.8402	0.8291	0.8298	0.8289
	RMSE	0.5582	0.5568	0.5483	0.5696
	MSFE	0.3116	0.3100	0.3007	0.3244

6.1.3.2.4　预测值与实际值的比较

将上文三条传导路径下的预测结果进行加权平均，得出对月度 CPI 的综合预测结果，如表 6-17 所示。

表 6-17　三条路径下的组合预测模型拟合优度及预测精度

拟合优度及预测精度	路径 1	路径 2	路径 3	加权综合
R^2	0.8389	0.7807	0.8240	0.8214
RMSE	0.5346	0.5184	0.5322	0.5208
MSFE	0.2858	0.2687	0.2833	0.2713

从图 6-12 可以看出，2019 年 2 月、3 月、10 月、11 月以及 2020 年 1 月的预测值与实际值的偏差较大。2019 年 2 月 CPI 同比上涨 1.5%，环比上涨 1%，符合季节性规律。食品项是 CPI 环比上涨的主要驱动因素：春节期间消费增加、冬季蔬菜和水果供给减少叠加冬季水产品捕捞成本上涨推动蔬菜、水果和水产品价格环比上涨，此外肉类价格也有小幅上涨。非食品项环比涨幅小幅扩大：春节假期出游增加叠加春运高峰推动旅游项上涨；国内汽油价格上调导致交通项上涨；春节假期娱乐消费增加导致教育文化娱乐项上涨；春节邮寄需求增加叠加务工人员减少导致邮递服务项小幅上涨。

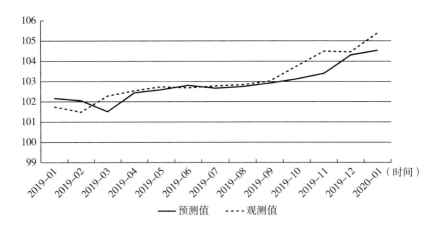

图 6-12　预测值与观测值比较

3 月 CPI 持续上涨，根据国家统计局的解释，食品价格上涨 4.1%，影响 CPI 上涨约 0.82 个百分点；非食品价格上涨 1.8%，影响 CPI 上涨约 1.46 个百分点。在食品中，春季是蔬菜上市的淡季，而且多地出现低温阴雨天气，鲜菜价格上涨较快，同比上涨 16.2%，影响 CPI 上涨约 0.42 个百分点；猪肉价格上涨 5.1%，为同比连降 25 个月后首次转涨，影响 CPI 上涨约 0.12 个百分点。在非食品中，医疗保健、教育文化和娱乐、居住价格分别上涨 2.7%、2.4% 和 2.1%，合计影响 CPI 上涨约 0.94 个百分点。

10 月 CPI 同比涨幅进一步扩大至 3.8%，主要原因为猪肉价格上涨 101.3%，影响 CPI 上涨约 2.43 个百分点，占 CPI 同比总涨幅的近 2/3。11 月 CPI 食品项超出季节性较多，具体来看，畜肉类价格上涨 74.5%，影响 CPI 上涨约 3.27 个百分点，其中猪肉价格上涨 110.2%，影响 CPI 上涨约 2.64 个百分点，鲜菜、猪肉显著超季节性导致 CPI 上升。一方面，受非洲猪瘟影响继续，猪肉影响持续超出季节性。尽管中央紧急释放中央储备肉，且能繁母猪及生猪存栏同比下滑势头逐渐停止，10 月能繁母猪及生猪存栏环比开始上升，但短期内仍达不到预期效果。年内猪肉项将继续推升 CPI。另一方面，季节性因素导致鲜菜供应减少，价格上升，超出季节性较多。

2020 年 1 月 CPI 的涨幅远超此前市场预期，原因主要有两个：一是春节错位引起的季节性扰动。2020 年的春节在 1 月底，而 2019 年的春节在 2 月初。由于春节假期对供需尤其是需求端会带来一些冲击，在统计中，这些冲击归属的月份不同，就会令当月数据的同比变化产生比较大的波动。2020 年春节在 1 月下旬，居民大多会在 1 月中旬开始置办年货，需求量较大，而 2019 年春节则在 2 月上旬，需求端的错位导致了同比增速计算基数较低；历史数据也表明，在春节发生错位的年份，春节当月 CPI 均会出现较大幅度的上涨。从消费品来看，涨价因素仍然存在。食品价格仍然是影响 CPI 的主要因素，在春节因素的影响下，猪肉价格重拾升势，蔬菜价格涨幅也较高。虽然生猪供需矛盾正在缓解，但恢复正常至少要到 2020 年第一季度以后，短期内会影响食品价格走高。二是新冠疫情导致的供给冲击。疫情的发生可能给消费品价格增加变数。一方面，疫情时期医疗保健 CPI 同比会大幅攀升。疫情暴发以来，医用口罩、医用酒精等医疗防护用品需求量大涨，加之春节假期工人放假回家，生产能力受限也进一步加剧了供不应求的现象。另一方面，居民旅游出行减少，使旅游价格、交通工具维修价格的表现弱于季节性。

通过 MIDAS 模型，分别使用四种高频日度数据研究三条传导路径，对我国月度 CPI 进行预测。RJ/CRB 商品价格指数、六大电厂日均耗煤量、南华商品期货指数、汇率对我国月度 CPI 具有不同的影响效应，且各高频变量对中国月度 CPI 的预测具有不同的影响路径。从单变量的拟合及预测效果来看，RJ/CRB 商品价格指数的最优滞后阶数为 13 阶，而其他三个代表国内情况的高频日度变量的最优滞后阶数分别为 22、23、20 阶，考虑到所选取的数据样本都是国内交易日的数据，在剔除节假日等因素的影响后，可以默认一个月有 23 个交易日，因此国内的三个高频日度变量恰好能以当月数据较为完善地预测出当月的 CPI 水平。

在实体经济路径中，RJ/CRB 商品价格指数对月度 CPI 的直接影响路径正负交替，但总体影响效应为正，这说明 RJ/CRB 商品价格指数的上涨会带动我国当月 CPI 上涨，但最优滞后阶数显著小于其他高频解释变量，这表明国际商品期货市场对于我国月度 CPI 的影响以短期作用为主。在加入中介变量六大电厂日均耗煤量后，中介变量所表现出的最优滞后阶数有明显增大，说明国际商品期货价格对我国工业产出的冲击传导需要一个较长的时间，因此它对我国月度 CPI 的影响也会存在时滞效应，RJ/CRB 商品价格指数在工业的传导下，对月度 CPI 存在长期作用。

在金融市场路径中，将南华商品期货指数作为调节变量加入模型后，调节效应与中介效应的传导影响皆是正负交替，其中，南华商品期货指数与六大电厂日均耗煤量所体现出的中介效应对于月度 CPI 的影响存在不稳定性。另外，RJ/CRB 商品价格指数与南华商品期货指数所体现出的调节效应的最优滞后阶数更大，对月度 CPI 的影响时间更久。

在汇率途径中，加入美元兑人民币汇率作为调节变量，调节变量与中介变量的最优滞后阶数基本相同，对月度 CPI 的影响作用在一个月左右（交易日 22、23 天）表现出来，说明汇率路径对于国内 CPI 的传导更为迅速，原因可能在于汇率的变化能够更直接地影响到国内的购买力，实时效应更为明显。相比而言，国内外金融市场的联动效应存在一个短期时滞，进而传导到国内生产及消费上所需要的时间更久。

根据单变量混频模型拟合及预测结果，进一步构建了混频回归联合预测模型，并考察了混频回归联合预测模型的预测精度及效果。结果表明，实体经济传导路径下以 MSFE 为权重构建的混频联合预测模型在对我国月度 CPI 未来预测中表现最优，预测精度相对最高。金融市场路径下以 AIC 为权重构建的混频联合预测模型在对我国月度 CPI 的未来预测中效果更优。汇率路径下以 MSFE 为权重构建的混频联合预测模型在对我国月度 CPI 未来预测中更具优势。最后，将三条路径进行综合，能够较为有效地预测出正常月份的 CPI 数据。

6.2 基于国内金融市场运行数据的经济运行预警研究

金融市场也是数字经济对宏观经济的传导渠道之一。数字经济产业由于提升了劳动生产率，具有边际收益递增的特点，因此吸引了大量投资（乔晓楠和郗艳萍，2019）。数字技术驱动下的商业模式创新一方面可以降低企业的交易成本，增加价值增长点，另一方面也会加剧信息不对称，从而影响投资者情绪以及股票价格（史亚雅和杨德明，2020）。金融资产价格变动会通过财富效应导致股票持有人财富和收入的变化，进而作用于国民消费和总需求（王虎等，2008）。CPI是反映与居民生活有关的消费品及服务价格水平的变动情况的重要经济指标，也是宏观经济分析及国民经济核算的核心指标。本章创新性地将数字经济、金融市场和市场情绪以及物价水平联结起来，梳理了数字经济产业通过金融市场和市场情绪影响物价水平的逻辑传导路径（见图6-13），并利用混频数据抽样（MI-DAS）对CPI展开预测。

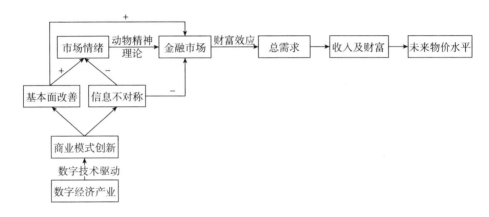

图6-13　数字经济产业通过金融市场和市场情绪影响物价水平的逻辑传导路径

6.2.1　国内金融市场对中国经济运行的传导机制分析

目前，对于宏观经济运行的分析和预测，大部分研究机构和个体研究者依然多采用传统宏观统计指标，如失业率、货币供给、同业拆借利率、各类景气指数等（崔百胜，2012；卢二坡和沈坤荣，2015；周建和唐成千，2018），以及期限利差、标准普尔500股市指数、国债回报率、国际原油现货价格等金融数据（Clements 和 Galvão，2009；Mikosch 和 Neuwirth，2015；Chai 和 Cao，2018）。已有部分研究者关注到数字经济对宏观经济的影响，尝试采用诸如百度指数、谷歌指数等数字经济指标对宏观经济运行展开预测研究（Scott 和 Varian，2013）。

数字经济带来技术和经济模式的变革，在新的形势下，数字及新兴技术成为国际投资流动关键的区位决定因素，数字经济产业也成为直接投资和间接投资流入的重要方向（詹晓宁和欧阳永福，2018）。数字技术驱动下的商业模式创新一方面可以降低企业的交易成本，增加价值增长点（Amit 和 Zott，2001），同时实现规模经济，有助于提升配置效率（丁志帆，2020），改善企业基本面进而助推股价（贾文，2011）；另一方面也会加剧信息不对称，从而影响投资者情绪以及企业在资本市场的表现，甚至可能加大股价崩盘的风险（史亚雅和杨德明，2020）。

动物精神理论认为，资产价格涨跌既能反映经济基本面变化，也会被市场情绪所驱动（刘洋等，2018）。市场情绪作用于金融市场的股票波动和资产定价，短期冲击的效果尤为明显（Chiu 等，2018）。金融资产价格变动会通过财富效应导致股票持有人财富和收入的变化，进而影响边际消费倾向和国民消费，对未来的总需求产生影响效应，从而会影响未来的价格水平（王虎等，2008）。

电子商务产业作为数字经济最活跃的表现形式之一，是数字技术驱动下商业模式创新的典型代表，备受投资者关注。股市的财富效应（Wealth Effect）是指由股价上涨或下跌导致股票持有人财富的增长或减少，进而产生增加或减少消费的行为（钱亚婷和黄少卿，2016）。因此，财富效应的大小与股价、回报率、交易量密切相关（Stock 和 Watson，2003）。网络媒体可以不断地通过反馈机制来塑造公众舆论，对资本市场运行发挥着信息功能和情绪功能（尹海员和吴兴颖，2019），可以用股票有关的帖子量、关注度来衡量。图 6-14 描述了电子商务企业通过金融市场对物价水平的传导路径。

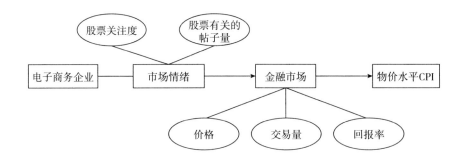

图 6-14　电子商务企业通过金融市场对物价水平的传导路径

6.2.2　变量选择与数据处理

关于日频数据，根据上述数字经济通过金融市场和市场情绪影响物价水平的逻辑传导路径，本书选取的具体变量如表 6-18 所示，描述性统计结果如表 6-19 所示。其中，中性帖子量与评论数是互联网企业活跃度、市场评价与搜索热度的一种反馈。而股票作为重要的金融资产，它的价格变化和波动都有可能会捕捉到市场对未来 CPI 走势的预期（龚玉婷等，2014）。日个股总市值主要通过买卖双方的竞争买卖形成，因此很大程度上反映出市场波动中的供求关系及人们预期的价格指标，也对股票收益有一定的预测功能（张涵等，2018）。不考虑现金红利的日个股回报率是股票收益的反映，同时也会影响到投资者未来的行为决策（吴晶和王燕鸣，2015）。不考虑现金红利的收盘价的可比价格去除了由于时间间隔和股本变动原因引起变化的以上市首日为基准的经过调整后的收盘价。而收盘价是一天交易活动结束前最后一笔交易的成交价格，是对一天交易量的反馈之一，对一天的交易行为有较强的解释能力，对市场的流动性、波动性和市场效率有重要参考价值（王春峰等，2007）。综上所述，五个指标的选取有其内在合理性。

表 6-18　变量说明

变量类型	变量名	变量解释
低频变量	CPI	消费者物价指数
高频变量	neupostnum	中性帖子量
	commentnum	评论数
	dsmvtll	日个股总市值
	dretnd	不考虑现金红利的日个股回报率
	adjprcnd	不考虑现金红利的收盘价的可比价格

表 6-19　描述性统计

变量	样本数量	平均值	标准差	最小值	最大值
neupostnum	81845	22.4084	53.7195	0.0000	4597.0000
commentnum	81845	98.3366	284.9819	0.0000	18971.0000
dsmvtll	81845	10600000	17800000	490958.4	385000000
dretnd	81845	0.0013	0.0383	-0.2016	3.5903
adjprcnd	81845	76.9042	85.7853	3.3232	1441.2950
CPI	134	102.3149	1.5903	98.2000	106.5000

本书利用国泰安数据库和 CNRDS 平台的股吧文章统计数据库搜集了所有境内上市的 64 家电子商务类企业的相关数据①，样本跨度从 2009 年 1 月至 2020 年

---

①　通过国泰安数据库的行业代码筛选出 66 家互联网企业，根据这些企业的主营业务进一步划分企业所属的数字经济产业类别，其中 64 家属于电子商务产业。

2月。本书从样本外预测的角度，将 2019 年 4~9 月作为短期预测区间，2019 年 1 月至 2020 年 2 月作为中期预测区间，2018 年 2 月至 2020 年 2 月作为长期预测区间，预测区间之前的数据用作模型拟合。

6.2.3 实证分析

6.2.3.1 指数编制

考虑到 MIDAS 一般用于时间序列，因此本书首先利用电子商务类企业的相关数据进行指数编制，再进行回归。具体来说，本书针对每家企业，将其中性帖子量、评论数、日个股总市值、不考虑现金红利的日个股回报率及不考虑现金红利的收盘价的可比价格，分别以报告期样本企业的个股市值与报告期样本企业的总市值之比为权重，乘以 100 后进行求和，得到对应的预警指数，并且对非交易日的数据采用插值法补全处理。

6.2.3.2 MIDAS 类模型模拟结果

接下来的实证过程中使用 Matlab 软件，首先对单个指数变量分别基于 6 种不同的加权形式进行回归分析，以均方根误差（RMSE）和预测误差均方（MSFE）最小初步确定每个高频变量的最优模型和滞后阶数（龚玉婷等，2014），随后在最优模型和滞后阶数下将这些高频变量依据 MSFE 指标组合加权进行伪样本外预测，依据预测精度的优劣决定最优 MIDAS 模型及最优滞后阶数并进行稳健性检验。

6.2.3.2.1 一元 MIDAS 实证结果

表 6-20 至表 6-24 分别描述了拟合区间为 2009 年 1 月至 2019 年 3 月、预测区间为 2019 年 4~9 月时，中性帖子量、评论数、日个股总市值、日个股回报率和收盘价预警指数作为高频解释变量时六种模型的伪样本外预测精度。表 6-25 列出了利用每种高频解释变量预测时六种不同加权方式的最优滞后阶数和最小 RMSE。表 6-20 至表 6-25 的数据显示：①基于不同的数据编制的预警指数，在预测低频变量 CPI 时，最高预测精度出现在不同的模型当中。即当高频变量为中性帖子量指数、评论数指数时，最优模型是 U-AR（1）-MIDAS 模型；当高频变量为日个股总市值指数、收盘价指数时，最优模型是 Stepfun-AR（1）-MIDAS 模型；当高频变量为日个股回报率指数时，最优模型是 Almon-AR（1）-MIDAS 模型。②对于不同的预警指数，预测精度达到最高时的高频指数滞后阶数各不相同。即当高频变量分别为中性帖子量指数、评论数指数、日个股总市值指数、日个股回报率指数及收盘价指数，预测精度达到最高时，高频变量滞后阶数分别为 6 阶、36 阶、30 阶、36 阶和 36 阶。③整体来说，Beta-AR（1）-MIDAS、Beta Non-Zero-MIDAS 及 Exp Almon-MIDAS 的预测精度变化幅度较小，而 U-AR（1）-

MIDAS、Stepfun-AR(1)-MIDAS 及 Almon-AR(1)-MIDAS 变化幅度较大，其中，
U-AR(1)-MIDAS 变化幅度最大。

表6-20 中性帖子量预警指数作为高频变量时六种模型伪样本外预测精度

模型	指标	滞后阶数						
		6	12	18	24	30	36	42
Beta-AR (1)-MIDAS	RMSE	0.1580	0.1605	0.1597	0.1591	0.1592	0.1497	0.1505
	MSFE	0.0250	0.0258	0.0255	0.0253	0.0253	0.0224	0.0226
	DMSFE	0.0170	0.0176	0.0175	0.0174	0.0174	0.0156	0.0159
Beta Non-Zero-MIDAS	RMSE	0.1587	0.1570	0.1622	0.1651	0.1651	0.1528	0.1503
	MSFE	0.0252	0.0246	0.0263	0.0272	0.0272	0.0234	0.0226
	DMSFE	0.0172	0.0169	0.0186	0.0195	0.0194	0.0168	0.0161
Exp Almon-MIDAS	RMSE	0.1540	0.1540	0.1540	0.1540	0.1540	0.1396	0.1396
	MSFE	0.0237	0.0237	0.0237	0.0237	0.0237	0.0195	0.0195
	DMSFE	0.0162	0.0162	0.0162	0.0162	0.0162	0.0132	0.0132
U-AR(1)-MIDAS	RMSE	0.1336	0.1444	0.2031	0.1987	0.2344	0.3222	0.3338
	MSFE	0.0178	0.0209	0.0413	0.0395	0.0549	0.1038	0.1114
	DMSFE	0.0134	0.0141	0.0296	0.0270	0.0388	0.0769	0.0779
Stepfun-AR (1)-MIDAS	RMSE	0.1562	0.1654	0.2161	0.2126	0.2262	0.2331	0.2306
	MSFE	0.0244	0.0273	0.0467	0.0452	0.0512	0.0543	0.0532
	DMSFE	0.0156	0.0193	0.0358	0.0304	0.0359	0.0425	0.0424
Almon-AR (1)-MIDAS	RMSE	0.1447	0.1643	0.2025	0.1994	0.2374	0.1529	0.174
	MSFE	0.0210	0.0270	0.0410	0.0398	0.0563	0.0234	0.0303
	DMSFE	0.0142	0.0179	0.0312	0.0319	0.0480	0.0169	0.0231

表6-21 评论数预警指数作为高频变量时六种模型伪样本外预测精度

模型	指标	滞后阶数						
		6	12	18	24	30	36	42
Beta-AR (1)-MIDAS	RMSE	0.1236	0.1216	0.1235	0.1263	0.1294	0.1332	0.1328
	MSFE	0.0153	0.0148	0.0152	0.0160	0.0167	0.0177	0.0176
	DMSFE	0.0106	0.0103	0.0106	0.0111	0.0116	0.0119	0.0119
Beta Non-Zero-MIDAS	RMSE	0.1239	0.1368	0.1448	0.1433	0.1375	0.1206	0.1221
	MSFE	0.0153	0.0187	0.0210	0.0205	0.0189	0.0146	0.0149
	DMSFE	0.0107	0.0129	0.0143	0.0141	0.0131	0.0100	0.0102

模型	指标	滞后阶数						
		6	12	18	24	30	36	42
Exp Almon-MIDAS	RMSE	0.1294	0.1287	0.1289	0.1220	0.1221	0.1215	0.1215
	MSFE	0.0168	0.0166	0.0166	0.0149	0.0149	0.0148	0.0148
	DMSFE	0.0116	0.0114	0.0114	0.0105	0.0104	0.0100	0.01
U-AR(1)-MIDAS	RMSE	0.1336	0.1448	0.1516	0.1573	0.1255	0.0850	0.088
	MSFE	0.0178	0.0210	0.0230	0.0247	0.0157	0.0072	0.0077
	DMSFE	0.0122	0.0144	0.0173	0.0187	0.0099	0.0042	0.0054
Stepfun-AR(1)-MIDAS	RMSE	0.1287	0.1359	0.1409	0.1337	0.1211	0.1277	0.1271
	MSFE	0.0166	0.0185	0.0198	0.0179	0.0147	0.0163	0.0162
	DMSFE	0.0114	0.0125	0.0143	0.0127	0.0099	0.0123	0.0123
Almon-AR(1)-MIDAS	RMSE	0.1286	0.1356	0.1388	0.1353	0.1264	0.1244	0.1299
	MSFE	0.0165	0.0184	0.0193	0.0183	0.0160	0.0155	0.0169
	DMSFE	0.0114	0.0126	0.0136	0.0132	0.0112	0.0107	0.0116

表 6-22 日个股总市值预警指数作为高频变量时六种模型伪样本外预测精度

模型	指标	滞后阶数						
		6	12	18	24	30	36	42
Beta-AR(1)-MIDAS	RMSE	0.2057	0.1959	0.1901	0.1866	0.1844	0.1982	0.1967
	MSFE	0.0423	0.0384	0.0361	0.0348	0.0340	0.0393	0.0387
	DMSFE	0.0296	0.0269	0.0253	0.0244	0.0238	0.0278	0.0274
Beta Non-Zero-MIDAS	RMSE	0.2053	0.1955	0.1896	0.1864	0.1845	0.1990	0.1977
	MSFE	0.0422	0.0382	0.0359	0.0347	0.0340	0.0396	0.0391
	DMSFE	0.0295	0.0269	0.0253	0.0246	0.0240	0.0284	0.0279
Exp Almon-MIDAS	RMSE	0.2095	0.2086	0.2091	0.2092	0.2091	0.2177	0.2182
	MSFE	0.0439	0.0435	0.0437	0.0438	0.0437	0.0474	0.0476
	DMSFE	0.0305	0.0303	0.0303	0.0304	0.0303	0.0332	0.0333
U-AR(1)-MIDAS	RMSE	0.3916	0.4323	0.3258	0.3277	0.6088	0.2887	0.3122
	MSFE	0.1533	0.1869	0.1062	0.1074	0.3707	0.0834	0.0975
	DMSFE	0.0804	0.1029	0.0701	0.0790	0.2066	0.0469	0.0517

续表

模型	指标	滞后阶数						
		6	12	18	24	30	36	42
Stepfun-AR (1)-MIDAS	RMSE	0.1896	0.1695	0.1617	0.1292	0.0940	0.1013	0.2714
	MSFE	0.0359	0.0287	0.0261	0.0167	0.0088	0.0103	0.0737
	DMSFE	0.0247	0.0210	0.0189	0.0118	0.0070	0.0091	0.0345
Almon-AR (1)-MIDAS	RMSE	0.4057	0.1565	0.1600	0.1558	0.1872	0.1925	0.2013
	MSFE	0.1646	0.0245	0.0256	0.0243	0.0350	0.0370	0.0405
	DMSFE	0.0866	0.0179	0.0191	0.0160	0.0248	0.0254	0.0278

表 6-23　日个股回报率预警指数作为高频变量时六种模型伪样本外预测精度

模型	指标	滞后阶数						
		6	12	18	24	30	36	42
Beta-AR (1)-MIDAS	RMSE	0.1740	0.1748	0.1760	0.1769	0.1772	0.1539	0.1540
	MSFE	0.0303	0.0305	0.0310	0.0313	0.0314	0.0237	0.0237
	DMSFE	0.0196	0.0212	0.0217	0.0220	0.0221	0.0165	0.0165
Beta Non-Zero-MIDAS	RMSE	0.1598	0.1508	0.1609	0.1636	0.1696	0.1486	0.1388
	MSFE	0.0255	0.0227	0.0259	0.0268	0.0288	0.0221	0.0193
	DMSFE	0.0167	0.0145	0.0159	0.0171	0.0204	0.0154	0.0128
Exp Almon-MIDAS	RMSE	0.1755	0.1741	0.1741	0.1741	0.1499	0.1415	0.1528
	MSFE	0.0308	0.0303	0.0303	0.0303	0.0225	0.0200	0.0234
	DMSFE	0.0193	0.0189	0.0189	0.0189	0.0160	0.0138	0.015
U-AR(1)-MIDAS	RMSE	0.1383	0.1842	0.1576	0.2792	0.3201	0.2894	0.3084
	MSFE	0.0191	0.0339	0.0248	0.0780	0.1025	0.0838	0.0951
	DMSFE	0.0122	0.0240	0.0165	0.0635	0.0795	0.0596	0.0717
Stepfun-AR (1)-MIDAS	RMSE	0.1531	0.1612	0.1704	0.1651	0.1902	0.1972	0.1764
	MSFE	0.0234	0.0260	0.0290	0.0273	0.0362	0.0389	0.0311
	DMSFE	0.0131	0.0149	0.0175	0.0167	0.0211	0.0256	0.0199
Almon-AR (1)-MIDAS	RMSE	0.1795	0.1734	0.1240	0.1407	0.1523	0.1512	0.1451
	MSFE	0.0322	0.0301	0.0154	0.0198	0.0232	0.0229	0.021
	DMSFE	0.0197	0.0190	0.0095	0.0142	0.0184	0.0176	0.0157

表 6-24　收盘价预警指数作为高频变量时六种模型伪样本外预测精度

模型	指标	滞后阶数						
		6	12	18	24	30	36	42
Beta-AR (1)-MIDAS	RMSE	0.1967	0.1484	0.1487	0.1489	0.1491	0.1284	0.1286
	MSFE	0.0387	0.0220	0.0221	0.0222	0.0222	0.0165	0.0165
	DMSFE	0.0274	0.0149	0.0149	0.0150	0.0150	0.0110	0.011
Beta Non-Zero-MIDAS	RMSE	0.1977	0.1474	0.1474	0.1465	0.1520	0.1308	0.1307
	MSFE	0.0391	0.0217	0.0217	0.0215	0.0231	0.0171	0.0171
	DMSFE	0.0279	0.0147	0.0147	0.0145	0.0156	0.0114	0.0114
Exp Almon-MIDAS	RMSE	0.2182	0.1480	0.1480	0.1480	0.1480	0.1272	0.1272
	MSFE	0.0476	0.0219	0.0219	0.0219	0.0219	0.0162	0.0162
	DMSFE	0.0333	0.0148	0.0148	0.0148	0.0148	0.0108	0.0108
U-AR(1)-MIDAS	RMSE	0.3122	0.2023	0.1968	0.2058	0.1865	0.1808	0.1995
	MSFE	0.0975	0.0409	0.0387	0.0424	0.0348	0.0327	0.0398
	DMSFE	0.0517	0.0269	0.0260	0.0257	0.0186	0.0174	0.0198
Stepfun-AR (1)-MIDAS	RMSE	0.2714	0.1655	0.1536	0.1582	0.1532	0.1243	0.1287
	MSFE	0.0737	0.0274	0.0236	0.0250	0.0235	0.0154	0.0166
	DMSFE	0.0345	0.0195	0.0175	0.0181	0.0177	0.0117	0.0125
Almon-AR (1)-MIDAS	RMSE	0.2013	0.1692	0.1576	0.1537	0.1561	0.1326	0.1281
	MSFE	0.0405	0.0286	0.0248	0.0236	0.0244	0.0176	0.0164
	DMSFE	0.0278	0.0204	0.0168	0.0151	0.0160	0.0110	0.0104

表 6-25　利用每种高频解释变量预测时 6 种不同加权方式的最优滞后阶数和最小预测精度

变量	指标	加权方式					
		Beta	Beta NN	Exp Almon	U	Stepfun	Almon
Neupostnum	最优滞后阶数	36	42	36	6	6	6
	最小 RMSE	0.1497	0.1503	0.1396	0.1336	0.1562	0.1447
Commentnum	最优滞后阶数	12	36	36	36	30	36
	最小 RMSE	0.1216	0.1206	0.1215	0.0850	0.1211	0.1244
Dsmvtll	最优滞后阶数	30	30	12	36	30	12
	最小 RMSE	0.1844	0.1845	0.2086	0.2887	0.0940	0.1565
Dretnd	最优滞后阶数	36	42	36	6	6	18
	最小 RMSE	0.1539	0.1388	0.1415	0.1383	0.1531	0.1240

变量	指标	加权方式					
		Beta	Beta NN	Exp Almon	U	Stepfun	Almon
Adjprcnd	最优滞后阶数	36	42	36	36	36	42
	最小 RMSE	0.1284	0.1307	0.1272	0.1808	0.1243	0.1281

6.2.3.2.2 MIDAS 的组合预测

由于单个变量受外界的干扰过大，用来预测 CPI 可能不够稳健。根据 Stock 和 Watson（2003）的研究，变量组合起来预测效果有所改善，因此本书进一步使用 MIDAS 进行多个变量的组合预测。在进行一元 MIDAS 分析时，对于高频变量分别是根据中性帖子量、评论数、日个股总市值、日个股回报率以及收盘价编制的预警指数，预测效果最优的模型分别为 U-AR（1）-MIDAS、U-AR（1）-MI-DAS、Stepfun-AR（1）-MIDAS、Almon-AR（1）-MIDAS 以及 Stepfun-AR（1）-MI-DAS 模型，由此针对不同高频变量选用不同模型对 CPI 进行伪样本外预测。

表 6-26 为根据上述最优模型所构建的 MIDAS 预测组合在不同阶数下的伪样本外预测结果，预测区间为 2019 年 4~9 月。当滞后阶数为 36 阶时，伪样本外预测效果最佳，RMSE＝0.0681。而一元混频分析中最好的模型是评论数预警指数作为高频变量且滞后阶数为 36 阶时的 U-MIDAS 模型，RMSE 为 0.0850，通过对比，滞后阶数为 36 阶时的 MIDAS 组合预测具有比较优势。

表 6-26 不同滞后阶数下 MIDAS 组合预测模型的样本外预测结果

预测时间	真实 CPI	滞后阶数						
		6	12	18	24	30	36	42
2019 年 4 月	102.5	102.2998	102.2878	102.3228	102.4187	102.4873	102.4608	102.3834
2019 年 5 月	102.7	102.5079	102.5092	102.4893	102.4801	102.5356	102.5879	102.5475
2019 年 6 月	102.7	102.6906	102.6903	102.6460	102.6486	102.6707	102.6501	102.7577
2019 年 7 月	102.8	102.7022	102.7225	102.7538	102.7262	102.8066	102.7913	102.7690
2019 年 8 月	102.8	102.7861	102.7866	102.7870	102.8040	102.8349	102.8782	102.8716
2019 年 9 月	103	102.7848	102.7758	102.8227	102.8269	102.8767	102.9290	102.9010
RMSE		0.1490	0.1516	0.1369	0.1245	0.0861	0.0681	0.0967

6.2.3.3 稳健性检验

当拟合和预测的时间区间发生改变时，这些筛选出来的模型能否依然具有较好的伪样本外预测精度是检验模型应用的"泛化"能力的依据（刘宽斌和张涛，2018）。为检验本书构建的滞后阶数为 36 阶 MIDAS 组合模型的预测能力，本书将样本拟合的时间区间改变为 2012 年 1 月至 2019 年 3 月，预测区间不变。

根据表6-27，经过计算，依旧是滞后阶数为 36 阶的 MIDAS 组合模型的预测精度最佳，RMSE 为 0.2033。可见，滞后阶数为 36 阶时 MIDAS 组合模型的预测效果依然较好，且具有很强的"泛化"能力，选择它进行 CPI 的短期预测更为合适，通过稳健性检验。

表 6-27   运用预警指数的 MIDAS 组合预测模型的伪样本外预测结果

预测时间	真实 CPI	滞后阶数						
		6	12	18	24	30	36	42
2019 年 4 月	102.5	102.1934	102.2076	102.2412	102.3302	102.3644	102.3919	102.3560
2019 年 5 月	102.7	102.3538	102.3632	102.3275	102.4475	102.4627	102.4973	102.4900
2019 年 6 月	102.7	102.5094	102.5153	102.4854	102.4976	102.5177	102.5040	102.5462
2019 年 7 月	102.8	102.5012	102.5100	102.5598	102.5399	102.5632	102.5896	102.5917
2019 年 8 月	102.8	102.5832	102.5948	102.6513	102.6802	102.6842	102.6947	102.8364
2019 年 9 月	103	102.5938	102.6000	102.6649	102.6649	102.6786	102.6814	102.6586
RMSE		0.3032	0.2942	0.2720	0.2338	0.2163	0.2033	0.2040

6.2.3.4   进一步讨论

为了进一步提升预测精度，本书在上述最优 MIDAS 组合预测模型中添加传统统计指标，保持拟合区间和预测区间不变展开预测。此外，为了筛选出对于预测 CPI 最有效的模型，本书使用其他预测模型或者变量进行预测，从而对四种模型进行比较。

6.2.3.4.1   同时具有日/月度数据的混频预测模型

借鉴左喜梅和郇志坚（2018）的研究，本书在使用预警指数作为日频变量的 MIDAS 组合预测模型的基础上，添加了预测 CPI 的传统统计指标——银行间同业拆借利率，预测结果如表 6-28 所示。当滞后阶数为 36 阶时，预测效果最佳，RMSE = 0.0721，由此得到该模型和未添加传统月度变量的 MIDAS 模型的短期预测效果较为接近。

表 6-28   同时具有日/月度数据的 MIDAS 模型预测结果

预测时间	真实 CPI	滞后阶数						
		6	12	18	24	30	36	42
2019 年 4 月	102.5	102.3411	102.3194	102.3342	102.4002	102.4729	102.4529	102.3761
2019 年 5 月	102.7	102.5433	102.5328	102.5086	102.4869	102.5298	102.5805	102.5403

续表

预测时间	真实 CPI	滞后阶数						
		6	12	18	24	30	36	42
2019 年 6 月	102.7	102.7094	102.7178	102.6754	102.6586	102.6664	102.6457	102.7478
2019 年 7 月	102.8	102.7370	102.7433	102.7551	102.7227	102.7915	102.7821	102.7588
2019 年 8 月	102.8	102.8257	102.8186	102.8095	102.8046	102.8235	102.8686	102.8583
2019 年 9 月	103	102.8216	102.8093	102.8367	102.8234	102.8619	102.9179	102.8893
RMSE		0.1200	0.1296	0.1248	0.1253	0.0918	0.0721	0.1004

6.2.3.4.2 传统 ADL 模型

根据表 6-29，对比基准模型与添加预警指数作为解释变量的 ADL 模型的预测结果，可以发现预测精度得到一定程度的提高，证明了数字经济指标对 CPI 可以起到预警功能，数字经济与宏观经济波动息息相关。

表 6-29　ADL 模型的预测结果

预测时间	CPI 真实值	基准模型	添加预警指数作为解释变量的 ADL 模型
2019 年 4 月	102.5	102.3067	102.2401
2019 年 5 月	102.7	102.3129	102.3756
2019 年 6 月	102.7	102.3188	102.4267
2019 年 7 月	102.8	102.3243	102.364
2019 年 8 月	102.8	102.3295	102.3894
2019 年 9 月	103	102.3343	102.3541
RMSE		0.4515	0.413

注：基准 ADL 模型为 $Y_{t+1}^{Q} = \mu + Y_{t}^{Q} + \mu_{t+1}$。

6.2.3.4.3 使用其他数字经济指数的混频数据模型

为了证明本书构建的互联网预警指数的优越性，这里选用中证数字经济主题指数的相关指标对 2019 年 4~9 月的 CPI 再次进行预测，并与表 6-27 的预测精度进行对比。对于中证数字经济主题指数的收盘价和成交量来说，分别是 Exp Almon-MIDAS 和 Beta Non-Zero-MIDAS 的预测效果最佳，最优 RMSE 分别为 0.2088 和 0.3423，因此将上述 MIDAS 模型根据 MSFE 指标组合加权后进行伪样本外预测，结果如表 6-30 所示。可以看到，当滞后阶数为 36 阶时，预测效果最佳，RMSE = 0.2356。对比表 6-27 和表 6-30，可以发现使用本书构建的预警指数预测 CPI 的效果更佳。

表 6-30　中证数字经济主题指数相关指标作为高频变量的 MIDAS 模型伪样本外预测结果

预测时间	真实 CPI	滞后阶数						
		6	12	18	24	30	36	42
2019 年 4 月	102.5	102.1802	102.1861	102.2584	102.2607	102.3311	102.396	102.2971
2019 年 5 月	102.7	102.1968	102.2579	102.3111	102.2868	102.3334	102.4323	102.4022
2019 年 6 月	102.7	102.2392	102.2984	102.2873	102.2126	102.2864	102.4376	102.454
2019 年 7 月	102.8	102.2872	102.3572	102.2421	102.205	102.5559	102.6486	102.4154
2019 年 8 月	102.8	102.4405	102.4454	102.4503	102.45	102.4504	102.6033	102.5782
2019 年 9 月	103	102.4832	102.5364	102.5128	102.4748	102.4758	102.6535	102.6029
RMSE		0.4522	0.4066	0.4185	0.4505	0.3630	0.2356	0.3014

6.2.3.4.4　模型比较

图 6-15 至图 6-18 分别为传统 ADL 模型和上述使用不同变量的 MIDAS 组合预测模型在短期预测区间的最优预测值和 CPI 真实值的对比，表 6-31 为四类模型在不同预测区间的最佳预测精度。图表显示：①相比传统 ADL 模型，混频数据模型在预测 CPI 时具有优越性，随着预测区间的拉长，这种优越性表现得更为明显。在长期预测区间内，尽管遇到新冠疫情这只"黑天鹅"，MIDAS 组合模型预测效果依然出色。②本书构建的预警指数相比其他数字经济指数对 CPI 的预测

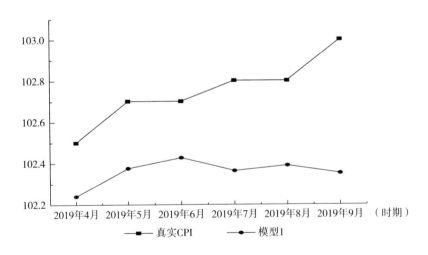

图 6-15　模型 1 的预测结果与 CPI 真实值对比

功能更好，也进一步说明数字经济相关的市场情绪指标对 CPI 有较强的指示作用。③在短期预测时，结合数字经济指标和传统统计指标的 MIDAS 模型（模型4）的预测效果稍逊于仅包含数字经济指标的 MIDAS 模型（模型 2）；当预测区间大于 1 年时，模型 4 的 RMSE 先上升后下降；而进行中长期预测时，模型 4 的预测效果更佳。

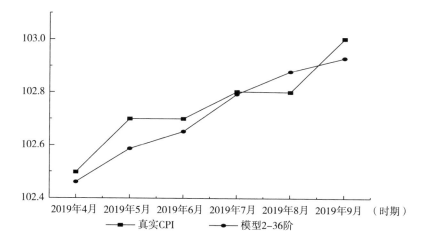

图 6-16 模型 2 的预测结果与 CPI 真实值对比

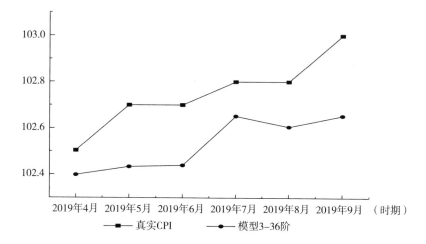

图 6-17 模型 3 的预测结果与 CPI 真实值对比

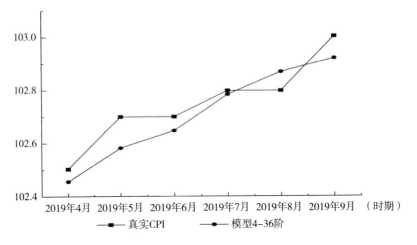

图 6-18 模型 4 的预测结果与 CPI 真实值对比

表 6-31 四类模型的最佳预测精度

估计区间	样本外预测区间	模型 1	模型 2	模型 3	模型 4
2009 年 1 月至 2019 年 3 月	2019 年 4 月至 2019 年 9 月	0.413	0.0681	0.2355	0.0721
2009 年 1 月至 2018 年 12 月	2019 年 1 月至 2020 年 2 月	1.6844	0.4611	0.5166	0.4565
2009 年 1 月至 2018 年 2 月	2018 年 2 月至 2020 年 2 月	3.19	0.3916	0.4437	0.3797

注：模型 1 为解释变量为预警指数的传统 ADL 模型，模型 2 为预警指数作为高频变量的 MIDAS 模型，模型 3 为中证数字经济指数相关指标作为高频变量的 MIDAS 模型，模型 4 是在模型 2 的基础上添加了传统统计指标的 MIDAS 模型。

6.3 本章小结

本章从国际和国内两个视角，基于金融市场数据对经济进行预警。

（1）国际金融市场方面，基于 MIDAS 模型，聚焦于国际商品期货市场波动对中国经济运行影响研究，利用高频日度数据对我国月度 CPI 进行实证研究，并对月度 CPI 进行实时预测。实证分析结果表明：①各日度高频解释变量对低频月度 CPI 的影响程度不同。国内高频变量的最优滞后阶数都在 23 阶左右，恰好为实际一个月的时间，说明它们对于月度 CPI 的影响需要一个月的时间表现出来。②无论是单变量 MIDAS 模型还是多变量 MIDAS 组合预测模型，在模型预测精度上的表现都比较良好。③多变量 MIDAS 组合预测模型对我国正常月份 CPI 的预测结果较为优异，但当出现特殊情况时，预测结果会出现一定偏差，预测精度也会随之降低。

（2）国内金融市场方面，从商业流通和资本流动的角度，考察了数字经济基于金融市场对宏观经济运行的传导机制，构建五类高频解释变量预警指数，运用 MIDAS 模型分别进行了一元混频数据回归和组合预测，对 CPI 进行伪样本外预测，在此基础上添加传统统计指标对模型进行改良，并将其预测结果及精度与 ADL 模型和使用其他数字指数的 MIDAS 模型进行对比，研究表明，相比传统 ADL 模型，利用混频数据抽样的预测方法能提高 CPI 伪样本外预测精度，融合新经济高频变量和传统经济指标的 MIDAS 组合模型具有较好的预测功能，随着预测区间的拉长，这种优越性表现得更加明显。

7 基于数字基建数据的经济预警研究

第三次科技革命以来，信息与通信技术及其产业在增加投资、促进 GDP 增长、降低通货膨胀率及提高就业水平等多方面对美国经济做出了巨大贡献，数字经济也随之蓬勃发展（吴雪明，2002）。从通信交流的角度，信息基建产业对宏观经济波动的影响主要体现在以下方面：宏观层面上，此类基建项目将产生乘数效应，更大程度地刺激投资，扩大内需，直接促进经济增长（姜卫民等，2020）；产业层面上，信息基础设施也会为企业数字化转型提供有力的支持，从而促进产业结构的升级（郭凯明，2020）；企业层面上，企业广泛利用信息通信基础设施，信息的供需对接更加快速便捷，由此降低交易成本（张雪玲和焦月霞，2017）。另外，信息基础设施具有网络外部效应，它作为信息传输的载体，使用者越多，网络外部价值越大（Waverman，1996），这与其他基础设施恰恰相反。本章从通信交流的角度出发，探究数字经济对宏观经济波动的影响，选用随机森林（RF）的研究方法，就数字基建、资本形成、人力资源等因素对中国经济增长的重要性进行测算，并且展开预测研究。

7.1 数字基建对中国经济运行的传导机制分析

信息相关的基础设施是信息通信行业乃至数字经济的基础，"数字经济""新基建"被写入政府工作报告后，融合 5G 网络、数据中心的数字基建再次成为焦点，成为缓解经济下行压力、促进经济社会高质量发展的有力举措。根据已有文献，现有研究已经对信息基础设施对中国经济增长的促进作用展开了广泛讨论。陈亮等（2011）基于宏观总产出方程与信息基础设施微观供需模型相结合的联立方程模型，测度信息基础设施对经济增长的贡献，发现信息基础设施对经济增长的促进作用具有异质性。徐鑫和刘兰娟（2014）利用 CGE 模型，模拟在信息基础设施投资增长 20% 的情况下经济转型因素的变化，指出增加信息基础设施投资对上海的直接经济增长效应不明显，但有利于产业结构升级，对经济转型有一定的正向贡献。姜卫名等（2020）参照凯恩斯的一般均衡分析框架，对投资乘数展开推导，进而实证研究了中国投资乘数和基建投资在中国的重要性。

可以看到，已有研究采用各类生产函数模型来衡量信息基础设施对经济增长的贡献，但是少有学者结合机器学习的研究方法来考察数字经济基础设施的重要性。因此在第 7 章，本书选用机器学习方法探究数字基建对地区生产总值的影响，具体的影响机制如图 7-1 所示。数字基础设施主要包括信息基础设施和对物理基础设施的数字化改造两部分[①]，本书从设施建设本身和设施应用两个角度探究数字基建对经济增长的效应。数字基础设施的建设和应用通过直接效应和间接效应作用于消费、政府购买、投资和进出口，进而拉动宏观经济发展。

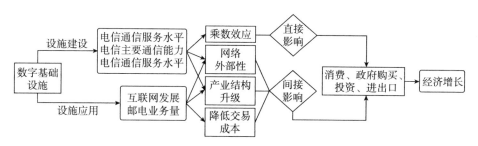

图 7-1　数字基建对宏观经济增长的传导机制

7.2　变量选择与数据处理

本书采用 2009~2019 年中国 31 个省（市、自治区）构成的面板数据，数据来源于《中国统计年鉴》、国家统计局及 Wind 数据库等，缺失值采用移动平均的方法补全。表 7-1 为变量解释，表 7-2 为描述性统计。

表 7-1　变量解释

变量类型	指标类别	简称	变量解释
被解释变量	经济增长	Y	地区生产总值

[①] 《数字基础设施——数字化生产生活新图景》，刊登于中共中央网络安全和信息化委员会办公室官网。

变量类型	指标类别	简称	变量解释
核心解释变量	互联网发展情况	X1	互联网宽带接入端口
		X2	互联网宽带接入用户数
		X3	PC 浏览量占比
	邮电业务量	X4	移动短信业务量
		X5	移动电话通话时长
		X6	移动电话年末用户数
	电信通信服务水平	X7	移动电话普及率
	电信主要通信能力	X8	移动电话交换机容量
		X9	光缆线路长度
	邮电通信服务水平	X10	平均每一营业网点服务人口
其他变量	人力资源	X11	受高等教育的人口数量
	资本形成	X12	资本形成总额
	制度	X13	户籍制度
		X14	对外开放
	创新	X15	规模以上工业企业 R&D 经费
		X16	规模以上工业企业 R&D 人员全时当量
	产业结构	X17	第二产业比重

表 7-2 描述性统计

变量	样本数	均值	标准差	最小值	最大值
经济增长	341	9.5433	1.0297	6.0996	11.5898
互联网发展情况	341	0.0000	1.0000	−1.1507	4.3081
邮电业务量	341	0.0000	1.0000	−1.3327	4.0904
电信通信服务水平	341	0.0000	1.0000	−1.3078	4.0383
电信主要通信能力	341	0.0000	1.0000	−2.0504	3.6223
邮电通信服务水平	341	0.0000	1.0000	−1.4425	3.1160
人力资源	341	0.0000	1.0000	−1.5597	3.4122
资本形成	341	0.0000	1.0000	−1.6732	3.2909
制度	341	0.0000	1.0000	−0.7237	5.1256
创新	341	0.0000	1.0000	−1.3044	4.2559
产业结构	341	0.0000	1.0000	−3.1769	2.4511

数字经济基础设施包括网络基础设施、平台基础设施和传统基础设施的数字化①。借鉴张雪玲和焦月霞（2017）构建的中国数字经济发展评价指标体系，互联网服务器、邮电、电信通信等方面的数据反映了数字经济发展的信息通信基础设施条件。结合数据的可得性，本书选取了 X1~X10 10 个细分指标衡量数字基建水平，并且将其按照国家统计局的分类分为 5 组，其中，X1、X2、X3 是表现互联网发展情况的主要指标，X4、X5、X6 是邮电业务量的细分指标，X7 体现了电信通信服务水平，X8 和 X9 表现电信主要通信能力，而 X10 代表邮电通信服务水平。本书将这些指标标准化后，根据以上分组展开主成分分析，降维后分别合成对应指数。影响一个区域经济增长的因素还涉及人才、资本、创新、制度、产业结构等方面，在参考王文博等（2002）、Barro（2003）、Guan 和 Hong（2012）以及 Pece（2015）等研究成果的基础上，本书对这五个方面分别选择不同的指标加以度量。在制度因素方面，本书主要考虑户籍制度和对外开放制度，分别用城镇化率和（出口额+进口额）/GDP 来衡量（王文博等，2002）。本书将这些指标进行标准化后，根据表 7-1 中的分析框架展开主成分分析，降维后分别合成对应指数。

7.3　实证分析

本书借鉴 Schonlau 和 Zou（2020）的研究，采用 Stata16 来进行实证分析。首先，本书将数据点随机排序，以保证训练数据的随机性；同时设置种子值，以获得可重复的结果，然后将数据集平均分为两个子集：50%作为训练集，50%作为测试集②。

接下来，本书调整超参数以获得最好的测试精度，主要调整的是迭代次数（iterations）和变量数目（numvars）。OOB error 随迭代次数的增加而收敛，所以当迭代次数被设置为足够大时，就可以认定 OOB error 与 validation error 的变化完全由超参数 numvars 的改变引起。本书设置迭代次数从 10 开始，直到 300 为止；简单起见，一开始设置特征数量为 1。在循环结束时，利用测试集的数据得到实际均方根误差（Root Mean Squared Error，RMSE），并将其与 OOB error 绘制在一起。当样本范围分别为全国及东部、中部、西部地区时，袋外误差和验证误差随迭代次数变化的散点图分别如图 7-2、图 7-4、图 7-6、图 7-8 所示。

---

① 《2017 中国数字经济发展报告》。
② 由于中部地区的样本数量较少，为了保证观测值数量，设置 70%作为训练集，30%作为测试集。

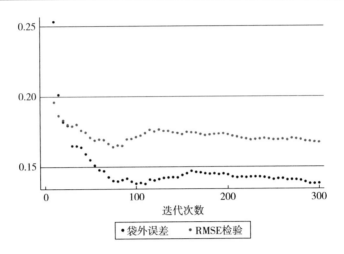

图7-2 预测误差随迭代次数变化（全国）

接着，本书选取合适的迭代次数，使 OOB error 与 validation error 较小并趋向稳定①，在此基础上调整特征数量 numvars，观察 OOB error 与 validation error 的变化情况。袋外误差和验证误差随变量个数变化的散点图如图 7-3、图 7-5、图 7-7、图 7-9 所示，结合 frame 命令可以自动输出最小误差和相应的变量个数。对于全国及东部、中部、西部地区，对应的特征变量个数分别为 2、2、4、3。

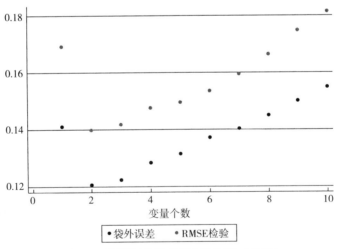

图7-3 预测误差随变量个数变化（全国）

---

① 对于全国及东部、中部、西部地区，本书分别选择迭代次数为 250、100、150、100。

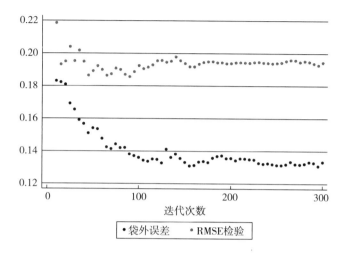

图 7-4 预测误差随迭代次数变化（东部）

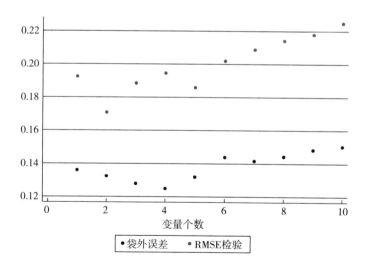

图 7-5 预测误差随变量个数变化（东部）

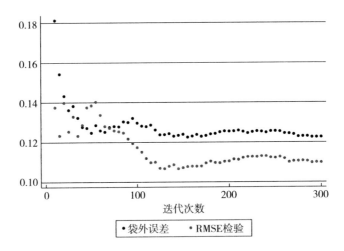

图 7-6 预测误差随迭代次数变化（中部）

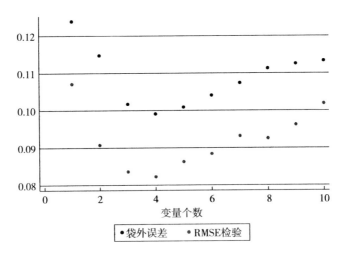

图 7-7 预测误差随变量个数变化（中部）

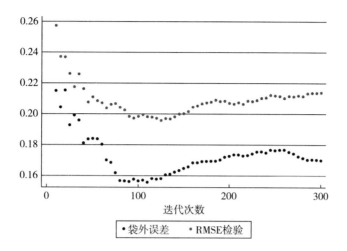

图 7-8 预测误差随迭代次数变化（西部）

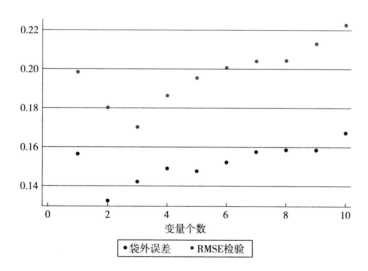

图 7-9 预测误差随变量个数变化（西部）

随机森林是一个黑箱，本书通过重要性分数图了解哪些变量影响预测效果。由于此数据集包含 20 个解释变量，本书设置仅展示重要性分数在 40% 以上的结果，图 7-10 至图 7-13 展示了全国范围及东部、中部、西部地区预测因子的重要性得分。

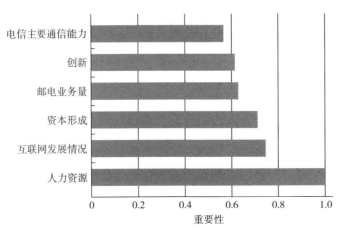

图 7-10 全国范围预测因子的重要性得分

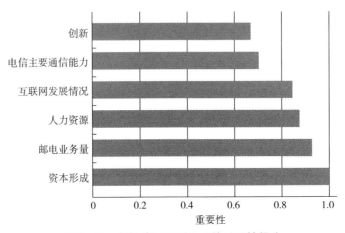

图 7-11 东部地区预测因子的重要性得分

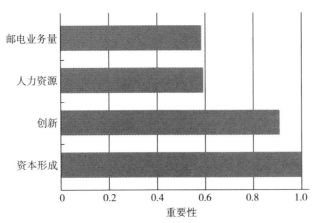

图 7-12 中部地区预测因子的重要性得分

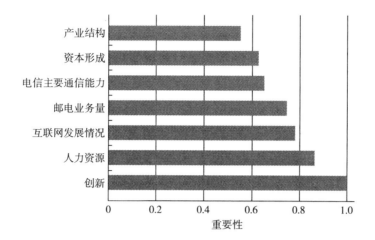

图7-13 西部地区预测因子的重要性得分

首先，就全国范围而言，人力资源、互联网发展情况和资本形成影响较大。可以看到，物质资本和人力资本都是促进经济发展的决定性因素（黄依梵等，2020）。更值得注意的是，重要性得分排名第二的是互联网发展情况，体现了党的十八大以来，我国新型基础设施建设取得了明显成效，在全国范围广泛应用，对经济高质量发展的支撑作用正在逐步显现（田杰棠和闫德利，2020）。其次，对于经济社会发达的东部地区，资本形成和邮电业务量对信息产业以及整体经济发挥极大的拉动作用，并且邮电业务量对经济增长的促进作用呈现东部、西部、中部的区域差异，其中东部的影响最大。这可能是因为城市越发达的地区，人口和产业密集度越高，邮电业务量的提升越能促进生产效率的提升，进而刺激经济增长（王炜和张豪，2018）。再次，对于中部地区，中部地区经济增长的根本驱动力仍来源于国内投资，这印证了刘爱萍（2013）的观点；经济发展的主要影响因素包括创新和人力资源，从一定程度上反映了在国家中部崛起战略政策指导下，中部地区科技资源配置效率持续优化（苗玉宁和杨冬英，2020）。但是数字基建指标中只有邮电业务量的重要性得分超过0.4，说明中部地区应该进一步提高邮政与电信业务水平，使其对拉动经济增长发挥更大的作用。最后，在西部地区，从变量的重要性得分来看，互联网发展情况和邮电业务量的重要性得分分别为0.76和0.79，分别排名第三和第四；而在东部地区，这两项的得分均超过0.8。对比之下可以发现，中西部地区数字基建相关指标对经济发展产生的积极促进作用逊于东部地区，这可能是因为信息基础结构发展特点直接导致东部、中部、西部地区信息网络发展与应用差距的扩大（韩萍和颜桂英，2007）。

根据表7-3，OLS估计结果与随机森林的重要性分数结果基本一致，全国地区人力资源、互联网发展情况、电信主要通信能力、创新、资本形成、邮电业务量、制度、产业结构等变量的 p 值均小于 0.01；而在东部地区，创新、人力资源、产业结构、资本形成和邮电业务量对经济发展产生较为显著的作用；中部地区的人力资源、创新、制度和邮电通信服务水平是影响宏观经济的重要变量；西部地区的创新、邮电业务量、制度对 GDP 增长意义重大。然而 OLS 估计相比随机森林的一个缺陷在于，当两个变量的显著性水平和系数相似时，无法比较这两个变量对于因变量的重要性。

表 7-3　数字基建对宏观经济增长的 OLS 估计结果

	全国	东部	中部	西部
	logGDP	logGDP	logGDP	logGDP
互联网发展情况	-0.606*** (0.153)	-0.0948 (0.168)	-0.181 (0.156)	-0.254 (0.294)
邮电业务量	0.322*** (0.0789)	0.160* (0.0835)	0.127 (0.115)	2.117*** (0.300)
电信主要通信能力	0.607*** (0.120)	0.114 (0.135)	0.156 (0.114)	-0.129 (0.202)
电信通信服务水平	-0.0860 (0.0549)	0.121 (0.0854)	-0.0833 (0.0672)	-0.0859 (0.0796)
邮电通信服务水平	-0.0364 (0.0428)	-0.0205 (0.0614)	-0.167*** (0.0415)	-0.0351 (0.0618)
制度	0.362*** (0.0438)	0.0930 (0.0579)	-0.386*** (0.123)	1.212*** (0.134)
创新	-0.501*** (0.0669)	-0.264*** (0.0878)	0.620*** (0.175)	-1.498*** (0.547)
资本形成	0.415*** (0.0695)	0.243** (0.102)	0.0502 (0.0675)	0.0776 (0.137)
产业结构	0.201*** (0.0343)	0.213*** (0.0431)	0.0353 (0.0315)	-0.0259 (0.0869)
人力资源	0.574*** (0.0702)	0.490*** (0.0772)	0.303*** (0.0899)	0.163 (0.213)
_cons	9.502*** (0.0264)	9.614*** (0.0551)	9.685*** (0.0651)	9.865*** (0.204)
N	170	60	61	66

续表

	全国	东部	中部	西部
	logGDP	logGDP	logGDP	logGDP
R^2	0.910	0.935	0.943	0.941
adj. R^2	0.904	0.922	0.932	0.930

注：*、**、***分别代表10%、5%、1%的显著性水平，括号里数字为相应变量系数的标准差。

本书整理了随机森林模型和OLS模型在预测全国及东部、中部、西部地区的准确度，如表7-4所示。可以看到，无论样本范围是全国还是东部、中部或者西部地区，随机森林回归的预测误差均远小于OLS回归，在一定程度上体现了RFR组合学习算法的优势，印证了方匡南等（2014）的结论。为了进一步说明模型的准确度，本书随机选取了4个省份的真实GDP的对数值和模型的预测值予以展示，随机森林模型和OLS模型的预测结果分别如图7-14和图7-15所示。这两张图直观地展现出，RFR模型的预测结果比OLS模型的预测结果更贴近真实值，尤其对浙江和安徽的预测，RFR相比OLS表现出明显的优越性。

表7-4　RFR和OLS预测模型的准确度比较

样本范围	随机森林回归（RFR）		OLS	
	袋外误差（OOB-error）	测试集误差	训练集误差	测试集误差
全国	0.1207	0.1399	0.3327	0.3808
东部	0.1324	0.1717	0.2338	0.2898
中部	0.0991	0.0823	0.1384	0.1118
西部	0.1422	0.1702	0.2702	0.4782

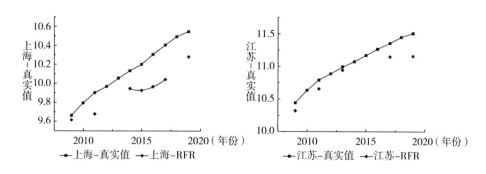

图7-14　真实GDP的对数值与RFR模型预测值对比

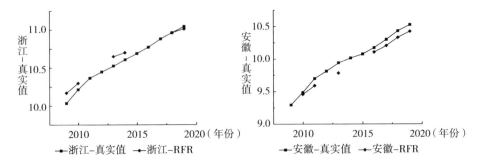

图 7-14 真实 GDP 的对数值与 RFR 模型预测值对比（续图）

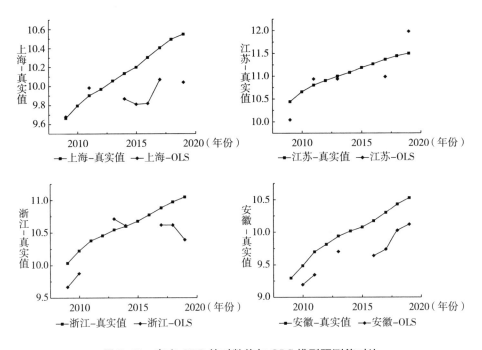

图 7-15 真实 GDP 的对数值与 OLS 模型预测值对比

7.4 本章小结

本章从通信交流的角度，分析了数字经济通过数字基础设施对宏观经济增长的影响，随后采用 2009～2019 年的省域面板数据，运用主成分分析为 31 个省

（市、自治区）构建了五类数字基建预警指数和五类常规预警指数，结合随机森林回归（RFR）对GDP展开预测，并将其预测结果及精度与普通最小二乘法进行对比。由此，本章得出了以下几点结论：

第一，数字经济可以通过数字基础设施的建设和应用对地区生产总值产生影响，数字基建预警指数可以作为GDP的预测因素。就全国范围而言，相比信息基础设施的建设，数字基建应用对拉动经济的作用更加明显，在重要性得分中，互联网发展情况仅次于人力资源。

第二，数字基建预警指数的重要性具有区域异质性，对于经济发达的东部地区影响最大。对于东部地区，资本形成和邮电业务量对信息产业及整体经济发挥极大的拉动作用；中部地区经济增长的根本驱动力仍来源于国内投资，其他主要影响因素包括创新、人力资源和邮电业务量；西部地区的互联网发展水平和邮电业务量的重要性得分分别排名第三和第四，创新和人力资源仍然是最重要的因素。

第三，随机森林是一种有效的机器学习的方法，相比普通最小二乘法，它不仅可以更有效地识别变量的重要性，从而更好地分析宏观问题，而且预测效果更好。无论是全国还是局部区域，使用随机森林的袋外误差和测试集误差不超过0.2，而使用OLS回归的测试集误差一般大于0.2。无论样本范围有多大，无论是从数字还是从图像来看，RF的预测准确度均高于OLS。

8　基于网络搜索数据的经济预警研究

从信息传播角度，综合门户类的互联网企业每日的信息会直接影响市场情绪，与投资关系紧密（Gu 和 Kurov，2020）。网络搜索一方面可以让投资者和消费者及时了解相关信息，另一方面网络也留下了投资者的搜索痕迹，关键词的搜索能反映出消费者和投资者的关注程度，最终影响个人预期（杨超等，2019）。分析投资者和消费者的搜索内容，可以揭示投资者和消费者群体的心理，进而对消费者情绪和投资者情绪产生预判，从而为投资决策提供参考。

消费者信心指数衡量了消费者对于一个国家经济系统当前形势和经济前景的主观感受，是一个国家重要的经济发展指数和情绪指标，也是预测经济走势的一个先行指标，对于研究宏观经济波动有重要意义。然而，官方数据的发布存在滞后，此外，目前多数消费信心指数通过问卷调查的方法获得。调查问卷方法成本高昂，覆盖面相对有限，因此获取的信息准确性难以保证（董现垒等，2016）。本章尝试采用百度指数的数据，结合贝叶斯结构时间序列（BSTS）对 CCI 展开预测。

8.1　网络搜索数据对中国经济运行的传导机制分析

在数字经济时代，得益于便捷的社交网络、搜索引擎、门户网站等网络应用的问世，信息传播的时间和成本大大减少，互联网数据迅速膨胀，技术发展极大地提升了获取信息的范围和速度（刘涛雄等，2019）。传统预测方法使用的数据大部分来自统计部门的统计报告，一方面，统计部门的数据收集准确性受到质疑；另一方面，统计部门的公开数据具有实质性，上述两点不足限制了相关预测研究的有效性。如何有效地利用大数据时代丰富的数据资源进行宏观经济现时预测已成为一个重要的研究课题（尹德才和张文，2020）。

随着社交媒体的普及，人们渐渐习惯于在网络中搜索和交流，搜索、交流等行为往往产生并在公开网站留下庞大的信息，这些信息可以反映人们的想法，包括人们对经济运行的信心。在国外的研究中，以斯科特和范里安为首的学者已经证明搜索引擎的潜在信息能够帮助预测一系列的社会、经济指标，如初次失业申请、枪支销售、股票收益（Scott 和 Varian，2013，2014；Almarashi 和 Khan，2020），在这些研究中，贝叶斯结构时间序列这个方法应用广泛，并且深得美国中央银行的青睐，然而在国内却几乎没有研究采用该方法对宏观经济指标展开预测。

消费者信心指数由消费者满意指数和消费者预期指数组成，其中，消费者满意指数指消费者对目前经济活动的评价；消费者预期指数指消费者对未来经济和自己未来生活状态的预期。消费者满意指数取决于当前宏观经济发展及自己当前的生活状态，消费者预期指数反映了消费者基于宏观经济变动、相关政策、自身生活状态变化而对未来生活做出的预期。消费者对宏观经济的信心将体现在对网络信息的浏览收集上，因此通过对网络搜索数据的宏观和微观两个层面的收集、分析和处理，就能对整个消费者信心指数进行度量。

借鉴刘伟江等（2014）的分析框架，如图 8-1 所示，网络搜索行为能够体现消费者的信心波动情况。宏观经济因素通过影响供需双方从而对价格产生影响。消费者在消费需求驱动下产生购买决策，企业在利益驱动下做出生产决策，

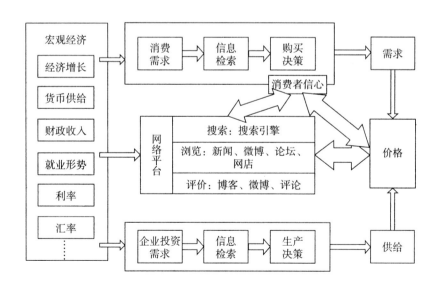

图 8-1　网络搜索数据对消费者信心的传导框架

资料来源：刘伟江，樊国虎，李映桥．网络搜索数据与消费者信心指数的相关性研究［J］．数量经济研究，2014，5（2）：111-121.

无论是消费者做出购买决策还是生产者做出生产决策，在互联网蓬勃发展的当下，供需双方往往通过信息检索的方式获得信息支持，由此，网络平台的信息包含了丰富的消费者和生产者的相关数据。互联网搜索信息中，有关经济运行、相关政策的信息能够反映消费者对宏观经济运行的关注和预期，对房价、黄金等微观信息的搜索能够反映消费者的关注和购买需求。网络搜索关键词能够较好地反映供需关系的变化，受此影响，市场价格发生变化，将进一步影响到消费者信心。因此，本书选择和消费者行为、心理有关的搜索词，对消费者信心指数进行预测研究。

8.2 变量选择与数据处理

本书考虑到收集所有关联关键词的工作量巨大，因此在以往研究的基础上，尝试对此过程进行优化，按照如下逻辑进行关键词的初选。

首先，统计百度指数"消费者信心指数"的需求图谱①中的关联关键词，共计796个②；然后统计这些关联关键词出现的频次，其中出现频次最高的是CCI；接下来剔除"紫鹃""硝化细菌""上海科技大学"这些与消费者信心指数明显关联不大的关键词。

其次，本书根据消费者信心指数的编制结构，选定了宏观经济发展形势、家庭收入和就业、物价水平、消费或购买意愿等二级指标，在此基础上，进一步设定了失业率、收入等三级指标，如表8-1所示。

表8-1 消费者信心指数的二级指标和三级指标

二级指标	三级指标	变量简称	变量名
收入与就业	失业率	X1	UNEMPLOYMENT
	收入	X2	INCOME
宏观经济形势	生产总值	X3	GDP
	PMI	X4	PMI
	股市	X5	STOCK

---

① 表示用户在搜索"消费者信心指数"的前后的搜索行为变化中表现出来的相关检索词需求，通过综合计算关键词与相关词的相关程度以及相关词自身的搜索需求大小得出。

② 时间范围为2019年10月至2020年10月。

二级指标	三级指标	变量简称	变量名
物价水平	消费价格指数	X6	CONSUME
消费或购买意愿	存款	X7	DEPOSIT
	房地产投资	X8	PROPERTY
	房价	X9	HOUSEPRICE
	车	X10	CAR
	必需品	X11	NECESSITIES

最后，挑选出和三级指标相关的关键词，并按照出现的频次进行排序，如表8-2所示。本书选择每个三级指标对应的出现频次最高的关联关键词，如"失业率""人均可支配收入""国内生产总值"等，并分别搜索其对应的百度指数，然后对每月的综合指数分别进行加总来构造数字媒体预警指数，样本跨度从2011年1月至2020年8月，描述性统计结果如表8-3所示。

表8-2   按照三级指标筛选的关联关键词及其在需求图谱中出现频次

三级指标	关联关键词	频次
失业率	失业率	8
	中国失业率	2
	城镇登记失业率	1
收入	人均可支配收入	3
	城镇居民人均可支配收入	2
	个人收入	2
	国民收入	1
	人均国民收入	1
	个人可支配收入	1
	可支配收入	1
	城镇居民收入	1
	人均收入	1
生产总值	国内生产总值	3
	人均国内生产总值	3
	国内生产总值增长率	1
	国内生产总值增长	1
	国民生产总值	1

续表

三级指标	关联关键词	频次
PMI	PMI	20
	PMI 指数	19
	制造业 PMI	8
	财新 PMI	2
	采购经理人指数 PMI	1
股市	股市动态分析周刊	1
	中国股市	1
消费价格指数	居民消费价格指数	24
存款	存款准备金率	2
	人民币存款准备金率	1
	存款准备金	1
	存款保险制度	1
房地产投资	房地产投资	1
房价	重庆房价走势	1
	全国房价	1
	全国房价排名	1
车	商用车	2
	五菱地摊车	1
	乘用车	1
	大众汽车金融	1
	汽车销售量	1
必需品	生活必需品	1

表 8-3 描述性统计

变量	观测值	均值	标准差	最小值	最大值
CCI	116	110.8926	10.33736	97	130.7
DEPOSIT	116	3942.612	2829.69	1528	15091
PROPERTY	116	974.5	215.4706	522	2016
HOUSEPRICE	116	15370.41	5476.583	6140	33142
INCOME	116	523.5948	165.9854	242	920
GDP	116	2842.586	898.5518	1390	5869

变量	观测值	均值	标准差	最小值	最大值
CONSUME	116	1104.638	215.615	689	1862
CAR	116	1370.931	197.7801	883	1961
NECESSITIES	116	875.6983	156.2698	669	1750
UNEMPLOYMENT	116	1248.138	349.6953	776	2708
PMI	116	468.2672	208.3196	54	1243
STOCK	116	3671.802	3234.263	1436	25007

8.3　实 证 分 析

8.3.1　关键词评价

对消费者信心指数与数字媒体预警指数进行相关性分析，表8-4的皮尔逊系数显示，CCI与X2（INCOME）和X4（PMI）具有较强的相关性。

表8-4　相关性分析

	CCI	X1	X2	X3	X4	X5	X6	X7	X8	X9	X10	X11
CCI	1.00											
X1	0.28	1.00										
X2	0.62	0.58	1.00									
X3	0.48	0.53	0.68	1.00								
X4	0.63	0.54	0.73	0.61	1.00							
X5	−0.08	0.16	0.16	0.26	0.22	1.00						
X6	0.35	0.74	0.51	0.62	0.46	0.04	1.00					
X7	−0.14	−0.03	−0.23	−0.07	−0.25	0.03	0.18	1.00				
X8	0.02	0.31	0.43	0.48	0.43	0.51	0.32	−0.07	1.00			
X9	−0.13	−0.01	0.17	0.09	0.01	−0.06	0.09	0.11	0.19	1.00		
X10	−0.27	0.34	0.15	0.28	0.16	0.30	0.47	0.22	0.52	0.29	1.00	
X11	0.10	0.51	0.26	0.19	0.39	0.17	0.56	0.17	0.11	0.07	0.43	1.00

图 8-2 显示了 MCMC 算法指定后验纳入概率大于 0.15 的预警指数，排名前三的分别是 HOUSEPRICE（房价）、PMI（采购经理人指数）、CONSUME（居民消费价格指数），这也与相关性分析的结果一致。近年来，房价一直是压在居民身上的大山，因此不难理解消费者在房价方面的主观感受对于其消费心理及行为有显著影响，这与任韬（2013）的观点一致。后验纳入概率最高的三个预测因子在经济上是有意义的，与其他预测因子之间的概率差异较大。

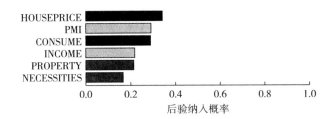

图 8-2　后验纳入概率大于 0.15 的所有变量

注：条形阴影在连续的［0，1］尺度上按正系数概率的比例，负系数为黑色，正系数为浅灰色，深灰色表示不确定符号。

图 8-3 所示为组合状态（$Z_t^T \alpha_t$），使用动态分布图表示后验分布，表示在没有观测噪声的情况下级数的平滑值。表示后验中位数的点颜色为黑色，每个点周围离中位数 1% 的阴影稍浅，直到第 99 和第 1 百分位数阴影为白色。仅仅观察后验分布图的期望很难区分真实值和预测值的差异，BSTS 模型是合理的，因为原始分布和后验分布重叠（Almarashi 和 Khan，2020）。图 8-4 显示了时间序列分解为三个分量——趋势分量、季节分量和回归分量，并且表明趋势变量是重要的。它从视觉上展示了初始 CCI 的多少变化可以由趋势、季节和回归成分解释。趋势成分在 2016 年前后呈现了明显的上升趋势，而后在 2020 年前后回落，季节性和回归成分的变化趋势不是很明显。

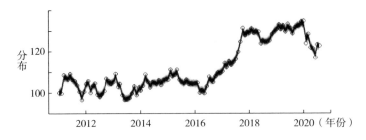

图 8-3　基于 CCI 数据的贝叶斯模型的后验状态

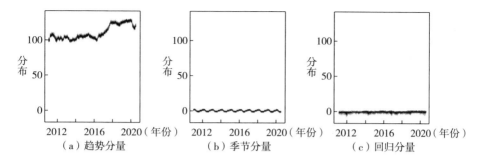

图 8-4 时间序列的分量

如图 8-5 所示，Scott 和 Varian（2013）对消费者信心的预测结果表明，财政规划、投资、商业新闻、搜索引擎是最有可能的预测因子，这与本书的研究结果存在差异，原因可能有以下几点：一是预测对象的差异，本书直接对国家公布的消费者信心指数进行预测，而 Scott 和 Varian（2013）是对密歇根大学发布的消费者情绪展开预测。二是选取的样本时间存在差异，他们选取的时间区间是2004~2012 年，涉及 2008 年的金融危机，这可能是消费者情绪与财政规划和投资关系紧密的原因，而本书的样本区间则是 2011~2020 年。三是关键词选择的类别不同，本书是根据消费者信心指数的编制结构挑选了十几个关键词，而这两位学者则在谷歌指数中选取了和经济学相关的一百多个关键词。

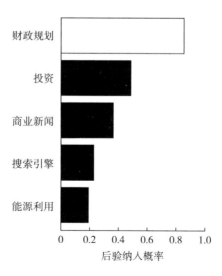

图 8-5 Scott 和 Varian（2013）对 CCI 的预测中后验纳入概率大于 0.15 的所有变量

8.3.2 CCI 预测

本书的训练集占总样本数量的 70%，测试集占总样本数量的 30%①，图 8-6 展示了 CCI 的样本内预测结果，可以看到观测值（圆圈）几乎都落在预测曲线上（线条）上，样本内预测效果较好。图 8-7 展示了对测试集数据的伪样本外预测结果，细实线为原始数据序列，粗实线表示预测分布的中位数，虚线表示 95% 的预测区间，灰色阴影是后验密度分布，可以看到观察值全都落在预测区间之内，并且预测值与原始序列重合度很高。

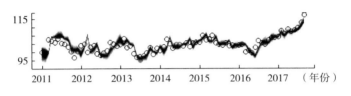

图 8-6　CCI 的样本内预测

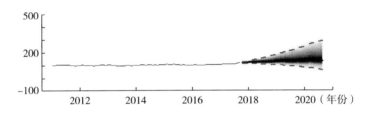

图 8-7　CCI 的原始时间序列以及利用 BSTS 对 CCI 的伪样本外预测

本书利用 BSTS 方法对中国消费者信心指数的预测是一次有益的尝试，初步证实了该方法对中国情景的适用性，表明可以进一步应用于中国宏观经济预测。在未来，除了百度指数以外，知乎、豆瓣甚至抖音的流量、搜索量数据也可以用来预测失业、PMI、犯罪、汇率、离婚等经济社会指标。在 BSTS 方法的应用中，值得注意的是：一方面，为了提升预测的速度和准确率，要提前排除与预测目标明显无关的变量，比如本书在进行关键词初选时，就提前删除了"紫鹃""硝化细菌"等关联关键词。另一方面，虽然在大多数情况下，个人采取的行动与相关查询是同时进行的，但在某些情况下，如假期计划或购房，相关查询可能比行动提前几个月。在这种情况下，网络搜索数据可能有助于进行长期预测（Scott 和 Varian，2013）。

───────────

① 本书的样本总数为 116，因此训练集的样本数为 81，测试集的样本数为 35。

8.4 本章小结

本章是将贝叶斯结构时间序列应用于中国宏观经济预测的一次有益尝试。首先梳理了网络搜索数据反映消费者信心指数的理论机制，其次优化了关联关键词的初选程序，再次通过贝叶斯结构时间序列对网络搜索关键词的重要性进行排序，最后利用网络搜索关键词的百度指数对 CCI 展开预测，得到如下结论：

第一，CCI 的预测因子中，预测可能性超过 15% 的有房价、制造业 PMI、居民消费价格指数、收入、房地产投资、生活必需品六类因素，其中房价是最有可能的预测因素，并且与 CCI 呈现负相关。这也彰显了 BSTS 模型的优越性，可以明晰地揭示对 CCI 最为重要的影响因素。

第二，网络搜索数据对消费者信心指数有较好的预测效果，无论是样本内预测还是伪样本外预测，BSTS 的预测结果与 CCI 真实值高度重合。这也与理论部分的分析一致：消费者可以从网络平台中获得信息从而产生情绪波动和心理变化，消费者信心也会体现在其网络搜索行为上，因此，相关的百度指数可以发挥预警作用。

第三，本书对 CCI 的成功预测，证明了贝叶斯结构时间序列处理中国问题的有效性。在今后的研究中，将该方法应用于中国宏观经济预测时，可以扩大数据来源和应用领域，如将知乎、抖音等搜索数据用来预测犯罪、离婚等社会指标。另外，在使用 BSTS 方法时，要注意两点：一是提前排除与预测目标明显无关的变量；二是通过辨别居民的查询习惯，来决定是进行实时预测还是长期预测。

9 中国宏观经济运行预警体系构建

前述章节对新时代中国宏观经济运行的关键风险进行了识别，并对当前蓬勃发展的数字经济进行了针对性分析，之后运用金融市场运行、数字基建、网络搜索等大数据对我国宏观经济运行进行了预警研究。准确、全面地进行宏观经济运行预警要构建预警体系，本章以宏观经济运行框架为基础对经济运行活动产生的多维数据进行梳理，并据此构建中国宏观经济运行预警体系。

9.1 宏观经济运行传统衡量指标

本节梳理衡量经济发展的传统指标，如表 9-1 所示，通常使用国内生产总值（GDP）衡量经济增长水平。在供给侧要素方面，资本存量用以衡量资本要素的投入；就业人员数往往用以衡量劳动投入，劳动力数量、失业率、国民受教育水平与劳动力素质水平息息相关；众多学者使用研发投入、专利数量和全要素生产率衡量技术水平；在自然资源方面，能源消耗量反映了能源使用情况，污染物排放反映了经济发展引致的环境污染问题。在需求侧要素方面，居民消费水平反映了居民的整体消费，居民消费价格指数反映了物价水平，消费者信心指数反映了消费者对目前经济形势的判断及对经济前景、收入预期的主观判断；资本形成总额、财政支出、固定资产投资额是与投资要素息息相关的指标，反映了地区投资水平；进出口贸易总额反映了进出口总量。

表 9-1 衡量经济发展的传统指标体系

指标类型	具体要素	传统指标
总量	经济增长总量	国内生产总值

续表

指标类型	具体要素	传统指标
供给侧要素	资本	资本存量
	劳动	劳动力数量、失业率、国民受教育水平
	技术	研发投入、专利数量、全要素生产率
	自然资源	能源消耗量、污染物排放
需求侧要素	消费	居民消费水平、居民消费价格指数、消费者信心指数
	投资	资本形成总额、财政支出、固定资产投资额
	净出口	进出口贸易总额

传统经济指标具有可获得性强、统计口径一致等优点，但数字经济时代，与大数据相比，传统指标表现出以下不足之处：其一，传统指标存在滞后性。国民生产总值、消费者价格指数等传统经济指标通过经济普查、层层归集的方式计算得到，因此数据具有时滞性。其二，传统指标缺乏全面性。很多传统指标通过调查得到，覆盖面窄，无法准确反映全样本。其三，传统经济指标的收集耗费大量人力物力，成本较高。大数据具有全面、即时等优势，能够与传统经济监测指标构建关联性同步指标，在经济预警研究中得到广泛应用。

9.2 宏观经济运行中的大数据梳理

大数据能够突破数据采集的局限，实现全样本、全天候的数据采集，提高宏观经济运行预警能力。本节以三部门、四市场的宏观经济运行框架为基础，梳理宏观经济运行中产生的大数据，具体如图 9-1 所示。

（1）家庭部门。家庭部门通过要素市场向厂商部门提供资本、劳动等生产要素，通过商品市场从厂商部门购买消费品。同时，家庭部门是资本市场中重要的资金供给者，通过储蓄的方式向资本市场提供了资金，并对厂商部门进行投资。家庭部门购买国外的商品产生居民进口。在获得收入后，家庭部门向政府部门上交直接税。在上述种种行为中，家庭部门产生了多种大数据，具体包括：家庭部门在消费中产生了移动支付数据；无论是信息沟通还是消费行为的产生，家庭部门对社交平台的应用产生了大量的社交平台数据；此外，家庭部门产生了大量的网络搜索数据，反映了消费者的消费需求。

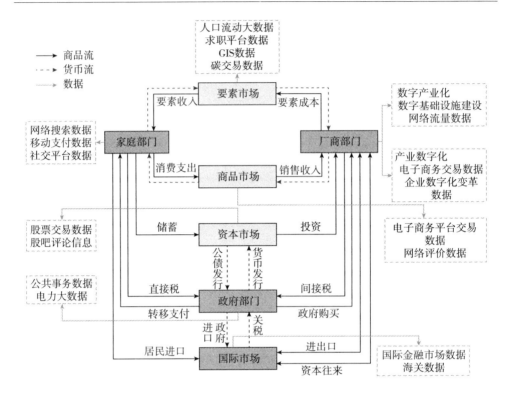

图 9-1 宏观经济运行中多维数据产生

（2）厂商部门。厂商部门通过要素市场购买家庭部门提供的生产要素，通过商品市场向家庭部门提供消费品，通过国际市场进行国际贸易，借助资本市场和国际市场获得国内外投资，并向政府部门上交间接税，同时向政府部门提供公共产品。厂商部门产生的大数据可以分为两种类型：其一，数字产业化方面，信息通信行业企业提供了数字基础建设及信息通信服务，为数字经济发展奠定了基础，相应地，数字产业化过程也产生了数字基础建设数据，信息通信服务商也掌握了大量的网络流量数据。其二，产业数字化方面，企业数字化变革数据能够有效反映当前企业的数字技术水平，企业借助电子商务平台进行交易，产生了交易数据。

（3）政府部门。政府部门通过税收和发行公债的方式获得财政收入，并通过政府购买、转移支付和政府进口获得厂商的商品和服务，进行收入再分配，购买进口商品和服务。政府部门使用财政政策和货币政策稳定物价，保持经济增长，降低失业率，实现收支平衡，同时提供社会服务，提高人民生活水平。政府部门掌握着大量的公共事务数据，诸如人口信息数据、社保数据等，能够及时反映宏观经济稳定状况。电力部门的电力数据能够反映经济运行的情况。

（4）国际市场。国际市场主要通过进出口贸易及对内投资和对外投资与国内市场产生联系。进出口贸易产生了大量的海关数据，包括交易数据和出口贸易企业数据。国际金融市场与国内金融市场关系日益紧密，国际金融市场数据对中国经济发展的影响日益明显。

（5）要素市场。家庭部门和厂商部门在要素市场进行生产要素的交易，包括劳动力、自然资源等。当前，线上求职成为重要的求职渠道，智联招聘、前程无忧等线上求职招聘平台成为家庭部门获得就业岗位和厂商部门寻找劳动力的重要渠道，因此，线上求职平台数据包含了劳动力数量、技能、学历等丰富的信息，也实时反映了中国劳动力市场的现状。百度等软件蕴含的人口迁移数据也反映了中国劳动力的区域流动。随着"双碳"目标的提出，能源使用受到影响，能源效率的提升成为实现"碳中和"目标的重要手段。全国统一碳交易市场的构建一方面能够促进能源使用结构优化，另一方面也实现了能源使用的再分配。因此，碳交易市场的数据与能源使用具有密切关系。

（6）商品市场。随着线上购物成为重要的消费渠道，电子商务平台交易数据反映了中国商品市场的活力。从日用品到房地产，线上购物平台中的商品比比皆是。此外，场景化营销被广泛应用于不同行业、不同品牌的宣传和营销中，网络直播平台的上线也进一步推动了线上购物的发展。电子商务平台交易数据实时反映了居民消费水平，此外消费者在社交平台、购物平台等的评价信息也反映了消费者的消费预期与消费水平。

（7）资本市场。资本市场扮演着引流资金、提高资金配置效率的角色，对经济发展的影响作用越来越强。金融市场中的金融资产价格变动会通过财富效应导致股票持有人财富和收入的变化，进而影响国民消费和总需求，另外，市场情绪作用于金融市场的股票波动和资产定价也对经济发展产生影响。因此，股票交易数据和股吧评论数据从金融资产价格和市场情绪两个方面反映了资本市场的运行情况。

9.3 宏观经济运行预警体系构建

宏观经济运行中产生了丰富的大数据，为宏观经济运行预警奠定了数据基础。本节以经济增长的供给侧和需求侧为框架，将传统经济指标与大数据进行对应，构建中国宏观经济运行预警体系。

如图9-2所示，数字基础设施建设数据、网络流量数据能够反映资本情况，同时数字基建数据也与技术水平、政府投资、进出口贸易具有密切的相关关系，从而对经济增长产生影响作用。本书第7章利用数字基建数据对经济运行进行了预警研究。网络流量数据反映了人们的上网时长和上网规模，与消费水平密切相关。人口流动大数据和求职平台数据与劳动要素密切相关，可以实时、准确反映就业市场现状。在当前数字经济高速发展背景下，企业数字化变革数据也能够反映企业的技术水平。在自然资源方面，GIS数据、碳交易市场数据与之关系密切。

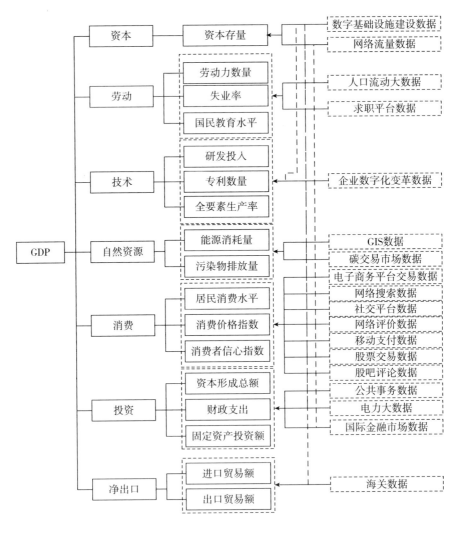

图9-2 宏观经济运行预警体系

电子商务平台交易数据、网络搜索数据、社交平台数据、网络评价数据、移动支付数据、股票交易数据、股吧评论数据及国际金融市场数据等与居民消费密切相关，上述数据能够从多方面反映居民消费水平及其消费情绪的变化。公共事务数据和电力大数据能反映政府支出情况，海关数据实时反映了进出口和居民消费情况。从以上分析可以看出，大数据并非对传统经济指标的颠覆，而是对传统指标的补充。相较于传统指标，大数据具有高频、实时的特点，能够实现即时预测，从而更为准确地进行宏观经济预警。

9.4 本章小结

本章首先梳理了传统经济指标及宏观经济活动中产生的大数据，其次将大数据和传统指标纳入统一的框架中，构建宏观经济运行预警体系。与现有预警方法不同，基于多维大数据的宏观经济运行预警能够实现时间上反应更为迅速、准确性更强，此外，大数据涵盖的信息更为丰富，能够更全面地反映经济活动运行现状。

10   结论与展望

10.1   主要研究结论

本书使用金融市场、数字基建、网络搜索等多维大数据展开宏观经济运行预警研究。首先，本书就现有宏观经济预警系统研究现状进行梳理，并针对 DSGE 模型和景气预测模型进行修正，用于中国宏观经济预测之中。其次，本书在经济增长供给侧和需求侧框架下分析了新时代中国宏观经济运行的关键风险，进一步在数字经济蓬勃发展背景下就数字经济发展现状进行梳理，并从出口和产业融合视角就数字经济对企业出口绩效和实体经济金融化的影响进行了实证研究。分析发现，金融市场、数字产业化和产业数字化对我国宏观经济影响深远，基于此，本书从上述三个方面对我国宏观经济运行展开预警研究。具体而言，使用 MIDAS 模型，利用国际商品期货市场高频日度数据、股吧评论和股价数据对我国月度 CPI 进行实证研究，并对月度 CPI 进行实时预测；选用随机森林研究方法，使用数字基建数据对中国经济发展展开预测研究；使用贝叶斯结构时间序列模型，借助网络搜索大数据对消费者信心指数进行预测研究。最后，本书整理宏观经济运行中产生的大数据，将其与传统经济指标共同纳入经济运行预警体系中。本书主要研究结论如下：

（1）将修正动态随机一般均衡模型和景气预测模型应用于中国宏观经济预测。美联储 SIGMA 模型是一个较为完善的大型开放 DSGE 模型，因此本书以 SIGMA 模型为基础，借鉴我国学者在一些小型相似模型中的参数进行校准，对模型中涉及的部分相同指标参数进行修正，构建了修正的 DSGE 模型。选用货币政策冲击和财政政策冲击两种外生冲击，其中，货币政策冲击假设中央银行实施紧缩的货币政策，财政政策脉冲击假设中央银行实行积极的财政政策，以此来模拟我国在政策实施过程中可能会出现的情况。脉冲响应图表明，SIGMA 模型对我国经济政策的模拟与凯恩斯理论一致，且结果与我国多名学者的研究成果一致，一定程度上表明模拟结果符合我国经济发展过程中所呈现的特点，且从整体来看，脉冲响应图在持续且逐渐放缓的波动中重新回归稳态，这种波动的不确定性更符合实际情况，模拟结果较为稳健。同时，在使用以中国相关数据估计得到的参数之后，与使用模型原本参数得到的脉冲结果相比，有一定的差异性，说明参数的正确设定对模型的预测结果稳健有相关性。对于景气预测模型，本书将美国、日本、韩国与中国的预测指标体系进行比较，发现我国在指标的选取上缺少就业相关信息，比如失业率或者平均劳动时间，因此主要是在指标体系中添加劳动指标进行修正。又由于我国在就业信息统计方面不完善，且缺少相关的月度数据，本书结合经济情况选择了工业企业利润作为劳动的替代指标进行合成指数的计算，并对先行指标、一致指标和滞后指标加以不同的权重，得到一个综合合成指数，与能够反映经济发展状况的工业增加值的变动进行对比，结果发现两者的变化走势大致相同，修正模型的结果较为可信，说明就业相关指标的引入是有参考价值的。

（2）基于国际商品期货市场数据对中国宏观经济运行预警研究发现：①近十年来国际商品期货价格波动频繁，国际大宗商品价格指数与我国工业、物价的走势存在着较强的趋同性。国际大宗商品价格的变化可能会引起我国上游价格水平的变化，进而也会引起下游价格的轻微波动，但国际大宗商品价格传导到国内需要一定的时间。当影响到 CPI 时，传导的不完全性导致 CPI 对价格冲击的响应没有工业指数那么强烈。②各日度高频解释变量对低频月度 CPI 的影响程度不同。在采用混频数据模型进行样本内预测时，六大电厂日均耗煤量、南华商品期货指数、汇率三个国内高频变量的最优滞后阶数都在 23 阶左右，恰好为实际一个月的时间，说明它们对于月度 CPI 的影响需要一个月的时间表现出来。同时，RJ/CRB 商品价格指数的最优滞后阶数较小，这说明 RJ/CRB 商品价格指数在一定程度上包含了对未来月度 CPI 的预期信息。③无论是单变量 MIDAS 模型还是多变量 MIDAS 组合预测模型，在模型预测精度上的表现都比较好。此外，在 MI-DAS 模型中添加自回归项之后，其预测精度有了一定程度的改善与提高，从而表明自回归项的存在使混频数据模型在一定程度上涵盖了对未来月度 CPI 的预测期望，同时对提升月度 CPI 的预测效果具有现实意义。④多变量 MIDAS 组合预测模型对我国正常月份 CPI 的预测结果较为优异，但当出现特殊情况时，预测结果会出现一定偏差，预测精度也会随之降低。特殊情况一般包括春节的季节性因素以及"黑天鹅"事件。春节一般在 1~2 月，因此连续两年的 1~2 月容易出现春节错位，由此带来后一年与前一年的春节当月 CPI 出现较大波动幅度。此外，春节会带动食品类价格及部分服务价格上涨，进而导致当月 CPI 上涨。"黑天鹅"事件包括 2019 年下半年的非洲猪瘟所带来的猪肉价格大幅上涨及 2020 年大规模暴发的新冠疫情，因此在对 2019 年 10 月、11 月以及 2020 年 1 月的 CPI 预测上出现了较大的偏离。

（3）基于国内股吧评论及股价信息对宏观经济运行预警研究发现：①相比传统预测模型 ADL，在本书中使用的混频数据抽样模型均能够较好地拟合与预测低频变量 CPI，模型的拟合优度与预测精度保持在较高的水平，在不同的预测区间内对 CPI 的预测都表现出了一定的精确性。这说明，数字经济企业的高频数据所包含的信息能够有效地被捕捉，混频数据抽样模型适用于宏观经济预测。进一步地，MIDAS 组合预测模型的伪样本外预测精度高于其他一元 MIDAS 模型的预测精度，进一步说明情绪指标和金融指标均对宏观经济产生一定影响。在进一步讨论中，MIDAS 的组合预测模型的样本外预测精度仍然保持在较高水平，可见模型预测效果较好，尽管遇到新冠疫情等不确定因素，但依然具有很强的"泛化"能力。②数字经济产业可以通过金融市场对物价水平产生影响，其指标对 CPI 具有预警功能。一方面，添加预警指数的 ADL 模型的预测精度优于仅含有 CPI 一阶滞后项的基础模型；另一方面，相比直接使用中证数字经济主题指数作为高频变量的 MIDAS 模型，使用本书构建的预警指数作为高频变量的 MIDAS 模型短期预测和长期预测效果均更优。这在一定程度上说明，相比中证数字经济指数选取的样本企业，本书选取的电子商务样本企业的金融数据和市场情绪数据与 CPI 关系更加密切，凸显了本书的研究价值。③融合新经济高频变量和传统经济指标的 MIDAS 组合模型具有较好的预测功能，并且随着预测区间的拉长，这种优越性表现得更加明显。这说明在进行宏观经济指标预测的过程中，在使用新技术带来的指标与方法的同时，也可以结合传统指标与方法，往往可以达到更好的效果。当前，国家统计局公布月度 CPI 数据的时间一般在下个月的 10 日左右，本书的预测方法能在当月的最后一天为下个月提供较为满意的预测结果，相较于官方公布数据的时间，本书的方法能提前 40 多天为经济决策提供及时信息。

（4）基于数字基建数据对中国宏观经济预警研究发现：①数字经济可以通过数字基础设施的建设和应用对地区生产总值产生影响，数字基建预警指数可以作为 GDP 的预测因素。就全国范围而言，相比信息基础设施的建设，数字基建应用对拉动经济的作用更加明显，在重要性得分中，互联网发展情况仅次于人力资源。②数字基建预警指数的重要性具有区域异质性，对于经济发达的东部地区影响最大。对于东部地区，资本形成和邮电业务量对信息产业以及整体经济发挥极大的拉动作用；中部地区经济增长的根本驱动力仍来源于国内投资，其他主要影响因素包括创新、人力资源和邮电业务量；西部地区的互联网发展情况和邮电业务量的重要性得分分别排名第三和第四，创新和人力资源仍然是最重要的因素。③随机森林是一种有效的机器学习的方法，相比普通最小二乘法，它不仅可以更有效地识别变量的重要性，从而更好地分析宏观问题，而且预测效果更好。无论是全国还是局部区域，使用随机森林的袋外误差和测试集误差不超过 0.2，而使用 OLS 回归的测试集误差一般大于 0.2。无论样本范围有多大，无论是从数字还是图像来看，RF 的预测准确度均高于 OLS。

（5）基于网络搜索数据对中国宏观经济预警研究发现：①CCI 的预测因子中，预测可能性超过 15% 的有房价、制造业 PMI、居民消费价格指数、收入、房地产投资、生活必需品六类因素，其中房价是最有可能的预测因素，并且与 CCI 呈现负相关。这也彰显了 BSTS 模型的优越性，可以明晰地揭示对 CCI 最为重要的影响因素。②网络搜索数据对消费者信心指数有较好的预测效果，无论是样本内预测还是伪样本外预测，BSTS 的预测结果与 CCI 真实值高度重合。这也与理论部分的分析一致：消费者可以从网络平台中获得信息从而产生情绪波动和心理变化，消费者信心也会体现在其网络搜索行为上，因此，相关的百度指数可以发挥预警作用。③本书对 CCI 的成功预测，证明了贝叶斯结构时间序列处理中国问题的有效性。在今后的研究中，将该方法应用于中国宏观经济预测时，可以扩大数据来源和应用领域，如将知乎、抖音等搜索数据用来预测犯罪、离婚等社会指标。另外，在使用 BSTS 方法时，要注意两点：一是提前排除与预测目标明显无关的变量；二是通过辨别居民的查询习惯，来决定是进行实时预测还是长期预测。

10.2　研究启示与对策建议

基于上述研究结论，本书提出以下建议：

（1）在借用其他模型检验中国经济发展状况时，应在现有模型基础上考虑中国自身发展情况并加以修正。①构造合理参数。对于 DSGE 模型，同一模型在不同参数的设定下呈现出不同的结果，因此虽然可以借鉴国外模型行为方程的设定，但更重要的是在依照我国的实际数据进行估计后得到一组可信度较高的参数。我国应该在完善相关统计信息的基础上，根据我国实际国情，用合适的方法估计出适用于我国经济特点的参数值，对国外相关模型的经验加以借鉴，而不是只照搬借用。②完善就业指标。对于景气预测模型，一套完善的预测指标体系才能够准确预测景气变动。就业类指标是经济景气情况的一个重要监测指标，主要发达国家都将其纳入指标体系中，目前我国依然缺乏完善的工作市场类指标和失业统计指标，这是一项长期性工作。因此，我国应当借鉴他国经验，对我国国情、经济发展规律充分认识和深刻掌握，扎实做好研究方法及统计数据的基础性工作，尤其是劳动时间、就业人数、失业率等相关数据，将其引入景气预测模型，构建一套更适合我国国情的景气预测指标体系。

（2）实时监测价格变化，重视国际商品期货价格波动的传导效应。实时监测并捕捉到国际商品期货市场的波动态势是提出后续化解措施的前提。由前文的研究分析可知，国际商品期货市场价格波动会对我国工业和消费者物价水平产生冲击。同时，在国际商品期货市场的传导路径中，国内外期货市场的联动效应是一条不可忽视的传导路径，国际商品期货市场变化借助期货市场的传导将增加我国的金融风险。所以，实时对国际商品期货价格进行监测和预警是不可或缺的，并且实行长期监测，这样才能在还未产生金融风险时就制定及时且有效的策略来应对金融的不确定性。

（3）甄别影响国际商品期货价格波动的主导因素，有效化解不同渠道冲击。国际商品期货价格的影响因素很多而且十分复杂，在不同的时间段内及在不同的传导路径下，国际大宗商品对于我国经济的传导效应也会产生一些不同。因此，在应对国际价格影响时，十分有必要建立监控及预警机制来提高重视程度。相关部门要提高对期货市场信息的收集和处理能力，并且对重要商品的期货走势做出合理的预判，以完善商品期货价格预警机制。另外，要提高对其中的主导因素的识别能力。根据国内外经济金融的即时形势，对于多样化的传导渠道要制定与之对应的政策手段，有效采取货币政策、财政政策及行政干预手段，引导企业采用灵活的金融工具化解风险。

（4）相关部门可以考虑将数字经济产业相关的股票波动和市场情绪指标纳入物价水平的监控体系中。有必要加强监管力度，避免投机和游资对数字经济相关企业资产价格造成的巨大冲击。另外，要实施对投资者情绪的监测，防止网络舆论对资本市场发挥过激的"情绪功能"。通过上述措施，努力促进我国金融市场的发展与完善，使股票市场和市场舆情成为未来经济运行态势的先行指标。

（5）相比东部地区，中西部地区更有必要加大信息基础设施的建设力度，使数字经济在拉动经济增长的过程中发挥更大的作用。在进行信息基础设施建设的同时，也要适度考虑信息基建的应用，提升互联网发展水平，增加邮电业务量，这关系着产业结构升级和地区经济发展的质量。同时，无论是在全国还是各大区域，高素质人才在当下人口老龄化愈加严重、数字产业化如火如荼的知识时代，人力资本在经济增长中的地位更加不可或缺。我国要更加重视人力资本、加大人力资本存量、提高人力资本使用效率，将其转化为生产力，促进经济增长，改善民生，实现经济的可持续发展。

（6）网络搜索数据对于理论研究和舆情监测都具有极大的价值。除了百度指数，微博、知乎、豆瓣等平台的搜索数据同样值得关注，可以作为舆论监测的对象。有关部门可以利用网络搜索数据来预测居民的情绪或者信心甚至失业率、离婚率等社会指标，并通过搜索热词的关联词来了解成因，从而及时采取有效的措施来稳定民心、解决问题，进而保障经济社会的平稳运行。

（7）新的研究方法和新经济相关数据有必要被引入研究部门的宏观经济预测模型中。随着越来越多的数据可用，"胖回归"问题将不可避免。大数据场景下的 BSTS 模型能够更加精细地挖掘社交媒体和搜索引擎的潜在信息，MIDAS 可以充分利用新经济带来的高频数据，RFR 则可以在繁杂数据中进行类别的筛选，已经在国外被广泛应用于宏观经济分析，而本书也进一步证实了这些新方法处理中国宏观经济预测问题的有效性。因此，如何将大数据分析方法应用于传统经济问题的分析和宏观经济指标的预测，值得研究机构和学者进一步探索。

10.3 未来研究展望

受科研水平和能力的限制，本书仍存在诸多不足之处，后续研究可着重关注以下两个方面：

（1）研究方法方面。本书使用混频数据抽样模型、随机森林和贝叶斯结构时间序列方法，基于大数据对宏观经济运行进行预警研究，上述方法各具优势，在宏观经济运行预警方面比传统方法适用性更强、准确性更高。未来研究中可以考虑将多种大数据方法纳入统一的分析框架，综合运用到宏观经济运行分析之中，进一步提升使用大数据进行宏观经济预警的效果。

（2）研究内容方面。本书梳理了宏观经济活动中产生的丰富的大数据，使用金融市场数据、数字基建数据、网络搜索数据等进行了宏观经济运行预警，但受到数据可得性的限制，如公共事务等大数据未纳入实证研究。未来研究希望能够与多个部门达成合作，获得多维度大数据，构成大数据宏观经济预警系统，推动大数据在宏观经济运行中的应用。

参考文献

［1］ Abdalla A M, Carabias J M. From Accounting to Economics：The Role of Aggregate Special Items in Gauging the State of the Economy ［J］. SSRN Electronic Journal, 2017：2871600.

［2］ Abeliansky A L, Hilbert M. Digital Technology and International Trade：Is it the Quantity of Subscriptions or the Quality of Data speed That Matters? ［J］. Telecommunications Policy, 2016, 41（1）：35-48.

［3］ Adolfson M, Laséen S, Lindé J, et al. Evaluating an Estimated New Keynesian Small Open Economy Model ［J］. Journal of Economic Dynamics and Control, 2008, 32（8）：2690-2721.

［4］ Almarashi A M, Khan K. Bayesian Structural Time Series ［J］. Nanoscience and Nanotechnology Letters, 2020（12）：54-61.

［5］ Amit R, Zott C. Value Creation in E-Business ［J］. Strategic Management Journal, 2001, 22（6-7）：493-520.

［6］ Anderson J E, Van Wincoop E. Trade Costs ［J］. Journal of Economic literature, 2004, 42（3）：691-751.

［7］ Anderson M D, Hunt M B, Kortelainen M, et al. Getting to Know GIMF：The Simulation Properties of the Global Integrated Monetary and Fiscal Model ［M］. International Monetary Fund, 2013.

［8］ Andreou E, Ghysels E, Kourtellos A. Should Macroeconomic Forecasters Use Daily Financial Data and How? ［J］. Social Science Electronic Publishing, 2013, 31（2）：240-251.

［9］ Askitas N, Zimmermann K F. Google Econometrics and Unemployment Forecasting ［J］. Discussion Papers of Diw Berlin, 2009, 55（2）：107-120.

［10］ Autor D H. Why Are There Still So Many Jobs? The History and Future of Workplace Automation ［J］. The Journal of Economic Perspectives, 2015, 29（3）：

3-30.

[11] Awartani B, Javed F, Maghyereh A, et al. Time-varying Transmission Between Oil and Equities in the MENA Region: New Evidence from DCC-MIDAS Analyses [J]. Review of Development Finance, 2018, 8 (2): 116-126.

[12] Awokuse T. Exported-led Growth and the Japanese Economy Evidence from VAR and Directed Acyclic Graphs [J]. Applied Economics, 2005, 12 (14): 849-858.

[13] Baker S R, Bloom N, Davis S J. Measuring Economic Policy Uncertainty [J]. The Quarterly Journal of Economics, 2016, 131 (4): 1593-1636.

[14] Barro R J. Determinants of Economic Growth: A Cross-Country Empirical Study [J]. American Political Science Review, 2003, 92 (2): 145-477.

[15] Bekaert G, Hoerova M. The VIX, the Variance Premium and Stock Market Volatility [J]. Journal of Econometrics, 2014, 183 (2): 181-192.

[16] Bertani F, Ponta L, Raberto M, et al. The Complexity of the Intangible Digital Economy: An Agent-based Model [J]. Journal of Business Research, 2021 (129): 527-540.

[17] Bertschek I, Müller M. Productivity Effects of IT-Outsourcing: Semiparametric Evidence for German Companies [M]. The Art of Semiparametrics Physica-Verlag HD, 2006: 130-154.

[18] Biel A L. How Brand Image Drives Brand Equity [J]. Journal of Advertising Research, 1992, 32 (6).

[19] Blattman C, Hwang J, Willamson J G. Winners and Losers in the Commodity Lottery: The Impact of Terms of Trade Growth and Volatility in the Periphery 1870-1939 [J]. Journal of Development Economics, 2007, 82 (1): 156-179.

[20] Blum B S, Goldfarb A. Does the Internet Defy the Law of Gravity? [J]. Journal of International Economics, 2006, 70 (2): 384-405.

[21] Bodenstein M, Erceg C J, Gurerrieri L. Oil Shocks and External Adjustment [J]. Journal of International Economics, 2011, 83 (2): 168-184.

[22] Bogachev M I, Bunde A. Improved Risk Estimation in Multifractal Records: Application to the Value at Risk in Finance [J]. Physical Review E, 2009, 80 (2): 026131.

[23] Bok B, Caratelli D, Giannone D, et al. Macroeconomic Nowcasting and Forecasting with Big Data [J]. Annual Review of Economics, 2018 (10): 615-643.

[24] Botman D P J, Kumar M. Fundamental Determinants of the Effects of Fiscal

Policy [J]. Available at SSRN 2005044, 2006.

[25] Breiman L. Random Forests [J]. Machine Learning, 2001, 45 (1): 5-32.

[26] Bughin J. Google Searches and Twitter Mood: Nowcasting Telecom Sales Performance [J]. Netnomics Economic Research & Electronic Networking, 2015, 16 (1-2): 87-105.

[27] Bukht R, Heeks R. Defining, Conceptualising and Measuring the Digital Economy [J]. SSRN Electronic Journal, 2017.

[28] Burgess S, Fernandez-Corugedo E, Groth C, et al. The Bank of England's Forecasting Platform: COMPASS, MAPS, EASE and the Suite of Models [J]. Documento de Trabajo, 2013 (471).

[29] Busalim A H, Ghabban F, Hussin A R C. Customer Engagement Behaviour on Social Commerce Platforms: An Empirical Study [J]. Technology in Society, 2021 (64): 101437.

[30] Buyuksahin B, Robe M A. Speculators, Commodities and Cross-market Linkage [J]. Journal of International Money and Finance, 2014 (42): 38-70.

[31] Cawley G C, Talbot N. On Over-fitting in Model Selection and Subsequent Selection Bias in Performance Evaluation [J]. Journal of Machine Learning Research, 2010, 11 (1): 2079-2107.

[32] Chai J, Cao P, Zhou X, et al. The Conductive and Predictive Effect of Oil Price Fluctuations on China's Industry Development Based on Mixed-Frequency Data [J]. Energies, 2018, 11 (6): 1372.

[33] Chattopadhyay A K, Burroughs N J. Close Contact Fluctuations: The Seeding of Signalling Domains in the Immunological Synapse [J]. EPL (Europhysics Letters), 2007, 77 (4): 48003.

[34] Chen S X. The Effect of a Fiscal Squeeze on Tax Enforcement: Evidence from a Natural Experiment in China [J]. Journal of Public Economics, 2017 (147): 62-76.

[35] Chipman H, George E I, Mcculloch R E. The Practical Implementation of Bayesian Model Selection [M]. Institute of Mathematical Statistics, 2001.

[36] Chiu C W J, Harris R D F, Stoja E, et al. Financial Market Volatility, Macroeconomic Fundamentals and Investor Sentiment [J]. Journal of Banking & Finance, 2018 (92): 130-145.

[37] Cho H, Tansuhaj P. Electronic Intermediaries: Research and Practice of

Electronic Intermediaries in Export Marketing [J]. Marketing, 2011 (7): 3.

[38] Choi H, Varian H. Predicting the Present with Google Trends [J]. Economic Record, 2012 (88): 2-9.

[39] Christiano L J, Eichenbaum M, Evans C L. Nominal Rigidities and the Dynamic Effects of a Shock to Monetary Policy [J]. Journal of Political Economy, 2005, 113 (1): 1-45.

[40] Christiano L, R. Motto, M. Rostagno. Financial Factors in Economic Fluctuations [R]. European Central Bank Working Paper Series, 2010, No. 1192.

[41] Christoffel K, Coenen G, Warne A. The New Area-wide Model of the Euro Area: A Microfounded Open - economy Model for Forecasting and Policy Analysis [R]. European Central Bank, Working Paper Series, 2008, 944.

[42] Chung, Hess T, Michael T. Kiley, Jean-Philippe Laforte. Documentation of the Estimated, Dynamic, Optimization-Based (EDO) Model of the U. S. Economy: 2010 Version [Z] . Federal Reserve Board, Finance and Economics Discussion Series, 2010, No. 2010-29.

[43] Clar M, Duque J C, Moreno R. Forecasting Business and Consumer Surveys Indicators—A Time-series Models Competition [J]. Applied Economics, 2007, 39 (20): 2565-2580.

[44] Clarke G, Wallsten S J. Has the Internet Increased Trade? [J]. 2006, 44 (3): 465-484.

[45] Clements M P, Galv O A B. Macroeconomic Forecasting with Mixed-Frequency Data: Forecasting Output Growth in the United States [J]. Journal of Business & Economic Statistics, 2008, 26 (4): 546-554.

[46] Clements M P, Galvão A B. Forecasting US Output Growth Using Leading Indicators: An Appraisal Using MIDAS Models [J]. Journal of Applied Econometrics, 2009, 24 (7): 1187-1206.

[47] Covrig V, Ding D K, Low B S. The Contribution of a Satellite Market to Price Discovery: Evidence from the Singapore Exchange [J]. Journal of Futures Markets, 2004, 24 (10): 981-1004.

[48] Cunado J. Do Oil Price Shocks Matter? Evidence for Some European Countries [J]. Energy Economics, 2003 (25): 137-154.

[49] Curran, Dean. Risk, Innovation, and Democracy in the Digital Economy [J]. European Journal of Social Theory, 2018, 21 (2): 207-226.

[50] Currie W L, Lagoarde-Segot T. Financialization and Information Technolo-

gy: Themes, Issues and Critical Debates-Part I [J]. Journal of Information Technology, 2017: 1-7.

[51] D'Amuri F, Fiorio C. Grossing-Up and Validation Issues in an Italian Tax-Benefit Microsimulation Model [J]. SSRN Electronic Journal, 2009.

[52] Davis L E. Financialization and the Non-financial Corporation: An Investigation of Firm-level Investment Behavior in the United States [J]. Metroeconomica, 2018, 69 (1): 270-307.

[53] Davis S J, Liu D, Sheng X S. Economic Policy Uncertainty in China Since 1949: The View from Mainland Newspapers [R]. Working Paper, 2019: 1-35.

[54] De Castro M R, Gouvea S N, Minella A, et al. SAMBA: Stochastic Analytical Model with a Bayesian Approach [J]. Brazilian Review of Econometrics, 2015, 35 (2): 103-170.

[55] Degiannakis S, Filis G. Forecasting Oil Prices: High-frequency Financial Data Are Indeed Useful [J]. Energy Economics, 2018 (76): 388-402.

[56] Della Penna N, Huang H. Constructing a Consumer Confidence index for the US Using Web Search Volume [R]. Working Paper, 2009.

[57] Demertzis M, Merler S, Wolff G B. Capital Markets Union and the Fintech Opportunity [J]. Journal of Financial Regulation, 2018, 4 (1): 157-165.

[58] Demir F. Financial Liberalization, Private Investment and Portfolio Choice: Financialization of Real Sectors in Emerging Markets [J]. Journal of Development Economics, 2009, 88 (2): 314-324.

[59] Dologlou E. Testing the critical exponent in the relation between stress drop of earthquake and lead time of seismic electric signal [J]. Natural Hazards and Earth System Science, 2012, 12 (162): 2603-2607.

[60] Drummer D, Feuerriegel S, Neumann D. Crossing the Next Frontier: The Role of ICT in Driving the Financialization of Credit [J]. Journal of Information Technology, 2017, 32 (3): 218-233.

[61] Duarte C, Rodrigues P M M, Rua A. A Mixed Frequency Approach to the Forecasting of Private Consumption with ATM/POS Data [J]. International Journal of Forecasting, 2017, 33 (1): 61-75.

[62] Eaton J, Kortum S. An Anatomy of International Trade: Evidence from French Firms [C]. 2004 Meeting Papers, 2004.

[63] Edge R M, Kiley M T, Laforte J P. A Comparison of Forecast Performance Between Federal Reserve Staff Forecasts, Simple Reduced-form Models, and a DSGE

Model [J]. Journal of Applied Econometrics, 2010, 25 (4): 720-754.

[64] Edge R M, Kiley M T, Laforte J P. Natural Rate Measures in an Estimated DSGE Model of the US Economy [J]. Journal of Economic Dynamics and Control, 2008, 32 (8): 2512-2535.

[65] Elekdag S, Lalonde R, Laxton D, et al. Oil Price Movements and the Global Economy: A Model - based Assessment [J]. IMF Staff Papers, 2008, 55 (2): 297-311.

[66] Elekdag S, Muir M D. Das Public Kapital: How Much Would Higher German Public Investment Help Germany and the Euro Area? [M]. International Monetary Fund, 2014.

[67] Erceg C J, Guerrieri L, Gust C. SIGMA: A New Open Economy Model for Policy Analysis [J]. International Journal of Central Banking, 2006, 2 (1) .

[68] Erceg-Hurn D M, Mirosevich V M. Modern Robust Statistical Methods: An Easy Way to Maximize the Accuracy and Power of Your Research [J]. American Psychologist, 2008, 63 (7): 591.

[69] Estrades C, Terra M I. Commodity Prices, Trade, and Poverty in Uruguay [J]. Food Policy, 2012, 37 (1): 58-66.

[70] Filis G, Ioannis C. Financial and Monetary Policy Responses to Oil Price Shocks: Evidence from Oil - Importing and Oil - Exporting Countries [J]. Review of Quantitative Finance and Accounting, 2014, 42 (4): 709-729.

[71] Fisher K A, Smith K M, Gallagher T H, et al. We Want to Know—A Mixed Methods Evaluation of a Comprehensive Program Designed to Detect and Address Patient-Reported Breakdowns in Care [J]. The Joint Commission Journal on Quality and Patient Safety, 2020, 46 (5): 261-269.

[72] Foroni C, Guérin P, Marcellino M. Using Low Frequency Information for Predicting High Frequency Variables [J]. International Journal of Forecasting, 2018, 34 (4): 774-787.

[73] Forsberg L, Ghysels E. Why Do Absolute Returns Predict Volatility So Well? [J]. Journal of Financial Econometrics, 2007, 5 (1): 31-67.

[74] Fueki T, Fukunaga I, Ichiue H, et al. Measuring Potential Growth with an Estimated DSGE Model of Japan's Economy [J]. International Journal of Central Banking, 2016, 12 (1): 1-32.

[75] García-Peñalvo F J. Innovative Teaching Approaches to Attract [J] . Engage, and Maintain Women in STEM: W-STEM Project, 2019.

［76］ George E I, Mcculloch R E. Approaches for Bayesian Variable Selection ［J］. Stata Sinica, 1997 (7): 339-373.

［77］ Ghysels E, Andreou E, Kourtellos A. Should Macroeconomic Forecasters Use Daily Financial Data and How? ［J］. Journal of Business & Economic Statistics, 2013, 31 (2): 240-251.

［78］ Ghysels E, Santa-Clara P, Valkanov R. There is a Risk-return Trade-off After All ［J］. Journal of Financial Economics, 2005, 76 (3): 509-548.

［79］ Ghysels E, Valkanov R. The MIDAS Touch: Mixed Data Sampling Regression Models ［R］. Cirano Working Papers, 2004, 5 (1): 512-517.

［80］ Goldfarb A, Tucker C. Digital Economics ［J］. Journal of Economic Literature, 2019, 57 (1): 3-43.

［81］ Gomes S, Jacquinot P, Pisani M. The EAGLE. A Model for Policy Analysis of Macroeconomic Interdependence in the Euro Area ［J］. Economic Modelling, 2012, 29 (5): 1686-1714.

［82］ Gomez-Herrera E, Martens B, Turlea G. The Drivers and Impediments for Cross-border E-commerce in the EU ［J］. Information Economics and Policy, 2014, 28 (1): 83-96.

［83］ Gu C, Kurov A. Informational Role of Social Media: Evidence from Twitter Sentiment ［J］. Journal of Banking & Finance, 2020, 121.

［84］ Guan J L, Hong Y. An Empirical Analysis on U. S. Foreign Trade and Economic Growth ［J］. AASRI Procedia, 2012, 2 (Complete): 39-43.

［85］ Hammersland R, Trae C B. Financial Accelerator and the Real Economy: A Small Macro Econometric Model for Norway with Financial Frictions ［J］. Economic Modeling, 2014 (36): 517-537.

［86］ Hand C, Judge G. Searching for the Picture: Forecasting UK Cinema Admissions Using Google Trends Data ［J］. Applied Economics Letters, 2012, 19 (11): 1051-1055.

［87］ Huang A H, Lehavy R, Zang A Y, et al. Analyst Information Discovery and Interpretation Roles: A Topic Modeling Approach ［J］. Management Science, 2018, 64 (6): 2833-2855.

［88］ Huang J, Luo Y, Peng Y. Corporate Financial Asset Holdings Under Economic Policy Uncertainty: Precautionary Saving or Speculating? ［J］. International Review of Economics & Finance, 2019.

［89］ Huang Y, Luk P. Measuring Economic Policy Uncertainty in China

［J］. China Economic Review, 2020 (59): 101367.

［90］Hume M, Sentence A. The Global Credit Boom: Challenges for Macroeconomics and Policy ［J］. Journal of International Money and Finance, 2009, 28 (8): 1426-1461.

［91］Hummels D, Klenow P J. The Variety and Quality of a Nation's Exports ［J］. American Economic Review, 2005, 95 (3): 704-723.

［92］Hurst E. The Retirement of a Consumption Puzzle ［R］. National Bureau of Economic Research, 2008.

［93］Hutton P. Building Intangible Equity ［J］. Brand Strategy, 2003.

［94］Jain A, Ghosh S. Dynamics of Global Oil Prices, Exchange Rate and Precious Metal Prices in India ［J］. Resources Policy, 2013, 38 (1): 88-93.

［95］Jensen J D, Møller A S. Vertical Price Transmission in the Danish Food Marketing Chain ［M］. Institute of Food and Resource Economics, University of Copenhagen, 2007.

［96］Jiang Z Q, Canabarro A, Podobnik B, et al. Early Warning of Large Volatilities Based on Recurrence Interval Analysis in Chinese Stock Markets ［J］. Quantitative Finance, 2016, 16 (11): 1713-1724.

［97］Johar G V, Sengupta J, Aaker J L. Two Roads to Updating Brand Personality Impressions: Trait Versus Evaluative Inferencing ［J］. Journal of Marketing Research, 2005, 42 (4): 458-469.

［98］Johnson H A, Wagner M M, Hogan W R, et al. Analysis of Web Access Logs for Surveillance of Influenza ［J］. Studies in Health Technology & Informatics, 2004, 107 (2): 1202-1206.

［99］Jorgenson D W. Capital Theory and Investment Behavior ［J］. American Economic Review, 1963 (53): 247-259.

［100］Joseph A, Vodenska I, Stanley E, et al. Netconomics: Novel Forecasting Techniques from the Combination of Big Data, Network Science and Economics ［J］. Papers, 2014.

［101］Joshi A R, Acharya D. Commodity Prices and Domestic Inflation in India ［J］. Global Journal of Emerging Market Economics, 2011 (2): 223-246.

［102］Jung A K, Mirbabaie M, Ross B, et al. Information Diffusion Between Twitter and Online Media ［J］. 2018.

［103］Kancs D. Trade Growth in a Heterogeneous Firm Model: Evidence from South Eastern Europe ［R］. Working Papers, 2007, 30 (7): 1139-1169.

［104］Kathan W，Matzler K，Veider V. The Sharing Economy：Your Business Model's Friend or Foe? ［J］. Business Horizons，2016，59（6）：663－672.

［105］Kim T Y，Dekker R，Heij C. Cross－border Electronic Commerce：Distance Effects and Express Delivery in European Union Markets ［J］. International Journal of Electronic Commerce，2017，21（2）：184－218.

［106］Konchitchki Y，Patatoukas P N. From Forecasting to Nowcasting the Macroeconomy：A Granular － Origins Approach Using Financial Accounting Data ［J］. Social Science Electronic Publishing，2016.

［107］Kuhn M. Buiding Predictive Models in R Using the Caret Package ［J］. Journal of Statistical Software，2008，28（5）：1－26.

［108］Kumhof M M，Muir M D，Mursula S，et al. The Global Integrated Monetary and Fiscal Model（GIMF）－Theoretical Structure ［M］. International Monetary Fund，2010.

［109］Kuzin V，Marcellino M G，Schumacher C. Midas vs. Mixed－Frequency VAR：Nowcasting GDP in the Euro Area ［J］. International Journal of Forecasting，2011，27（2）：529－542.

［110］Lagoarde－Segot T，Currie W L. Financialization and Information Technology：A Multi－paradigmatic View of IT and Finance－Part II ［J］. Journal of Information Technology，2018，33（1）：1－8.

［111］Lalonde R，Muir D. The Bank of Canada's Version of the Global Economy Model（BoC－GEM）［R］. Bank of Canada，2007.

［112］Latocha R G，Nerb G. Modelling Short－term Interest Rates in the Euro Area Using Business Survey Data ［J］. Journal of Business Cycle Measurement and Analysis，2003，2004（1）：43－69.

［113］Lawless M. Firm Export Dynamics and the Geography of Trade ［J］. Journal of International Economics，2007，77（2）：245－254.

［114］Lendle A，Olarreaga M，Schropp S，et al. There Goes Gravity：eBay and the Death of Distance ［J］. The Economic Journal，2016，126（591）：406－441.

［115］Lescaroux F，Mignon V. On the Influence of Oil Prices on Economic Activity and Other Macroeconomic and Financial Variables ［J］. Opec Energy Review，2008，32（4）：343－380.

［116］Lieberman M B，Asaba S. Why Do Firms Imitate Each Other? ［J］. Academy of Management Review，2006，31（2）：366－385.

［117］Lin F. Estimating the Effect of the Lnternet on International Trade

[J]. The Journal of International Trade & Economic Development, 2015, 24 (3): 409-428.

[118] Liu X, Wu D, Zewdie G K, et al. Using Machine Learning to Estimate Atmospheric Ambrosia Pollen Concentrations in Tulsa, OK [J]. Environmental Health Insights, 2017 (11): 1-10.

[119] Loecker J D. Do Exports Generate Higher Productivity? Evidence from Slovenia [J]. Journal of International Economics, 2007, 73 (1): 69-98.

[120] Ma R F, Zhou C F, Cai H, et al. The Forecasting Power of EPU for Crude Oil Return Volatility [J]. Energy Reports, 2019 (5): 866-873.

[121] Ma T, McGroarty F. Social Machines: How Recent Technological Advances Have Aided Financialisation [J]. Journal of Information Technology, 2017, 32 (3): 234-250.

[122] Madigan D M, Raftery A E. Model Selection and Accounting for Model Uncertainty in Graphical Model Using Occam's Window [J]. Journal of the American Statistical Association, 1994 (89): 1335-1346.

[123] Medina J P, Soto C. The Chilean Business Cycles Through the Lens of a Stochastic General Equilibrium Model [R]. Central Bank of Chile Working Papers, 2007, 457.

[124] Mihaela S. Improving Unemployment Rate Forecasts at Regional Level in Romania Using Google Trends [J]. Technological Forecasting and Social Change, 2020 (155): 120026.

[125] Oliner S D, Rudebusch G D. Is There a Broad Credit Channel for Monetary Policy? [J]. Economics Review, 1996 (5): 3-13.

[126] Pece A M, Simona O, Salisteanu F. Innovation and Economic Growth: An Empirical Analysis for CEE Countries [J]. Procedia Economics and Finance, 2015 (26): 461-467.

[127] Pesenti P. The Global Economy Model: Theoretical Framework [J]. IMF Staff Papers, 2008, 55 (2): 243-284.

[128] Popescu M. Construction of Economic Indicators Using Internet Searches [J]. Social Science Electronic Publishing, 2015, 6.

[129] Qi Y, Yang Y, Yang S, et al. Does Government Funding Promote or Inhibit the Financialization of Manufacturing Enterprises? Evidence from Listed Chinese Enterprises [J]. The North American Journal of Economics and Finance, 2021 (58): 101463.

［130］ Quadrini V, Jermann U. Macroeconomic Effects of Financial Shocks ［J］. American Economic Review, 2012, 102 （1）: 238-271.

［131］ Rees D M, Smith P, Hall J. A Multi-sector Model of the Australian Economy ［J］. Economic Record, 2016, 92 （298）: 374-408.

［132］ Reinhart C M, Reinhart V R. Capital Flow Bonanzas: An Encompassing View of the Past and Present ［A］ //NBER International Seminar on Macroeconomics ［C］. Chicago, IL: The University of Chicago Press, 2009, 5 （1）: 9-62.

［133］ Ricci L A, Trionfetti F. Productivity, Networks, and Export Performance: Evidence from a Cross-country Firm Dataset ［J］. Review of International Economics, 2012, 20 （3）.

［134］ Ruan Q, Wang Y, Lu X, et al. Cross-correlations Between Baltic Dry Index and Crude oil Prices ［J］. Physica A: Statistical Mechanics and its Applications, 2016 （453）: 278-289.

［135］ Rudiger D, Fischer S. Exchange Rates and the Current Account ［J］. American Economic Review, 1980 （70）: 960-971.

［136］ Salisu A A, Ogbonna A E. Another Look at the Energy-growth Nexus: New Insights from MIDAS Regressions ［J］. Energy, 2019 （174）: 69-84.

［137］ Santoro M. Long-term Gain, Short-Term Pain: Assessing the Potential Impact of Structural Reforms in Chile ［M］. International Monetary Fund, 2015.

［138］ Schonlau M, Zou R Y. The Random Forest Algorithm for Statistical Learning ［J］. Stata Journal, 2020, 20 （1）: 3-29.

［139］ Scott S L, Varian H R. Bayesian Variable Selection for Nowcasting Economic Time Series ［R］. Nber Working Papers, 2013.

［140］ Scott S L, Varian H R. Predicting the Present with Bayesian Structural Time Series ［J］. International Journal of Mathematical Modelling and Numerical Optimisation, 2014, 5 （1/2）: 4-23.

［141］ Shipley B. A New Inferential Test for Path Models Based on Directed Acyclic Graphs ［J］. Structural Equation Modeling, 2000, 7 （2）: 206-218.

［142］ Siddiqi V. Impact of Commercialization of the Internet on International Trade: A Panel Study Using the Extended Gravity Model ［J］. The International Trade Journal, 2009, 26 （3）: 38-42.

［143］ Smets F, Christoffel K, Coenen G, et al. DSGE Models and Their Use at the ECB ［J］. SERIEs, 2010, 1 （1）: 51-65.

［144］ Smets F, Wouters R. An Estimated Dynamic Stochastic General Equilibrium Model of the Euro Area [J]. Journal of the European Economic Association, 2003, 1 (5): 1123-1175.

[145] Smets F, Wouters R. Shocks and Frictions in US Business Cycles: A Bayesian DSGE Approach [J]. American Economic Review, 2007, 97 (3): 586-606.

[146] Son I S, Oh K J, Kim T Y, et al. An Early Warning System for Global Institutional Investors at Emerging Stock Markets Based on Machine Learning Forecasting [J]. Expert Systems with Applications, 2009, 36 (3): 4951-4957.

[147] Stambaugh R F, Yu J, Yuan Y. The Short of It: Investor Sentiment and Anomalies [J]. Journal of Financial Economics, 2012, 104 (2): 288-302.

[148] Stock J H, Watson M W. Forecasting Output and Inflation: The Role of Asset Prices [J]. Journal of Economic Literature, 2003, 41 (3): 788-829.

[149] Tee R, Gawer A. Industry Architecture as a Determinant of Successful Platform Strategies: A Case Study of the I-mode Mobile Internet Service [J]. European Management Review, 2011, 6 (4).

[150] Teece D J, And G P, Shuen A. Dynamic Capabilities and Strategic Management [J]. Strategic Management Journal, 1997.

[151] Temelkov Z, Gogova Samonikov M. The Need for Fintech Companies as Non-bank Financing Alternatives for SME in Developing Economies [J]. International Journal of Information, Business and Management, 2018, 10 (3): 25-33.

[152] Timmis J. Internet Adoption and Firm Exports in Developing Economies [J]. Discussion Papers, 2013, 12 (3): 38-43.

[153] Tobin J A. A General Equilibrium Approach to Monetary Theory [J]. Journal of Money, Credit and Banking, 1969 (1): 15-29.

[154] Tori D, Onaran Ö. The Effects of Financialization on Investment: Evidence from Firm-level Data for the UK [J]. Cambridge Journal of Economics, 2018, 42 (5): 1393-1416.

[155] Tsai C H, Peng K J. The Fintech Revolution and Financial Regulation: The Case of Online Supply-chain Financing [J]. Asian JLS, 2017 (4): 109-132.

[156] Tsui A K, Xu C Y, Zhang Z. Macroeconomic Forecasting with Mixed Data Sampling Frequencies: Evidence From a Small Open Economy [J]. Journal of Forecasting, 2018, 37 (6): 666-675.

[157] Upshaw L, Taylor E. Building Business by Building a Masterbrand [J]. Journal of Brand Management, 2001, 8 (6): 417-426.

［158］Varian H R. Nowcasting the Macroeconomy with Search Engine Data ［C］. Proceedings of the Fifth ACM International Conference on Web Search and Data Mining, 2012: 1-2.

［159］Waverman L. Telecommunications Infrastructure and Economic Development: A Simultaneous Approach ［J］. Wissenschaftszentrum Berlin（WZB）, Research Unit: Competition and Innovation（CIG）, 1996.

［160］Wu L, Brynjolfsson E. The Future of Prediction: How Google Searches Foreshadow Housing Prices and Sales ［J］. Social Science Electronic Publishing, 2014: 147.

［161］Yadav N. The Role of Internet Use on International Trade: Evidence from Asian and Sub-Saharan African Enterprises ［J］. Global Economy Journal, 2014, 14（2）: 189-214.

［162］Yang X, Pan B, Evans J A, et al. Forecasting Chinese Tourist Volume with Search Engine Data ［J］. Tourism Management, 2015（46）: 386-397.

［163］Yang Z, Yong S, Hong Y. Analysis on Pure E-commerce Congestion Effect, Productivity Effect and Profitability in China ［J］. Socio-Economic Planning Sciences, 2016, 57.

［164］Yeliz Y, Cengiz A, Furkan E. Determining the Asymmetric Effects of Oil Price Changes on Macroeconomic Variables: A Case of Turkey ［J］. Empirical Economics, 2015, 42（2）: 737-746.

［165］Zheng Z L, Gao X, Ruan X L. Does Economic Financialization Lead to the Alienation of Enterprise Investment Behavior? Evidence from China ［J］. Physica A: Statistical Mechanics and Its Applications, 2019（536）: 120858.

［166］Zhou X, Pan Z, Hu G, et al. Stock Market Prediction on High-Frequency Data Using Generative Adversarial Nets ［J］. Mathematical Problems in Engineering, 2018（pt.4）: 1-11.

［167］Zhou Z, Gao X. Numerical Methods for Pricing American Options with Time-Fractional PDE Models ［J］. Mathematical Problems in Engineering, 2016: 1-8.

［168］Zolas N J. International Patenting Strategies with Heterogeneous Firms ［J］. SSRN Electronic Journal, 2014.

［169］Zolas N, Lybbert T J, Bhattacharyya P. An "Algorithmic Links with Probabilities" Concordance for Trademarks with an Application Towards Bilateral IP Flows ［J］. The World Economy, 2017, 40（6）: 1184-1213.

［170］Zurovac D，Githinji S，Memusi D，et al. Major Improvements in the Quality of Malaria Case‐Management Under the "Test and Treat" Policy in Kenya ［J］. PLoS ONE，2014，9（3）：55-57.

［171］安磊，沈悦，余若涵. 高管激励与企业金融资产配置关系——基于薪酬激励和股权激励对比视角［J］. 山西财经大学学报，2018，40（12）：30-44.

［172］宾国强. 实际利率，金融深化与中国的经济增长［J］. 经济科学，1999，21（3）：32-38.

［173］卜永祥，靳炎. 中国实际经济周期：一个基本解释和理论扩展［J］. 世界经济，2002（7）：3-11，80.

［174］步晓宁，赵丽华，刘磊. 产业政策与企业资产金融化［J］. 财经研究，2020，46（11）：78-92.

［175］部慧，解峥，李佳鸿，吴俊杰. 基于股评的投资者情绪对股票市场的影响［J］. 管理科学学报，2018，21（4）：86-101.

［176］曹剑涛，贺瑛，王胜桥. 我国大宗商品价格波动与宏观经济运行关系研究［J］. 价格理论与实践，2018（8）：94-97.

［177］曾国安，马宇佳. 论信贷投放对中国经济增长作用的阶段性差异［J］. 经济问题，2018（7）：9-14，76.

［178］晁增义，谌金宇. 我国大宗商品价格波动的货币因素研究［J］. 价格理论与实践，2015（10）：90-92.

［179］陈波. 经济金融化：涵义、发生机制及影响［J］. 复旦学报（社会科学版），2018（5）：159-169.

［180］陈创练，庄泽海，林玉婷. 金融发展对工业行业资本配置效率的影响［J］. 中国工业经济，2016（11）：22-38.

［181］陈飞，高铁梅. 结构时间序列模型在经济预测方面的应用研究［J］. 数量经济技术经济研究，2005（2）：95-103.

［182］陈昆亭，龚六堂，邹恒甫. 什么造成了经济增长的波动，供给还是需求：中国经济的 RBC 分析［J］. 世界经济，2004（4）：3-11，80.

［183］陈昆亭，龚六堂. 粘滞价格模型以及对中国经济的数值模拟——对基本 RBC 模型的改进［J］. 数量经济技术经济研究，2006（8）：106-117.

［184］陈亮，李杰伟，徐长生. 信息基础设施与经济增长——基于中国省际数据分析［J］. 管理科学，2011，24（1）：98-107.

［185］陈梦根，张鑫. 数字经济的统计挑战与核算思路探讨［J］. 改革，2020（9）：52-67.

［186］陈强，龚玉婷，袁超文. 基于 MIDAS 模型的中国股市对居民消费的

影响效应 [J]. 系统管理学报, 2018 (6): 1028-1035.

[187] 陈诗一, 刘朝良, 冯博. 资本配置效率、城市规模分布与福利分析 [J]. 经济研究, 2019, 54 (2): 133-147.

[188] 陈诗一, 王祥. 融资成本、房地产价格波动与货币政策传导 [J]. 金融研究, 2016 (3): 1-14.

[189] 陈勇兵, 陈宇媚, 周世民. 贸易成本, 企业出口动态与出口增长的二元边际——基于中国出口企业微观数据: 2000—2005 [J]. 经济学 (季刊), 2012, 11 (4): 1477-1502.

[190] 陈子凤, 官建成, 楼旭明, 等. ICT 对国家创新系统的作用机理研究 [J]. 管理评论, 2016 (7): 85-92.

[191] 陈最. 国际大宗商品价格波动对我国工业产出及物价的时变影响 [D]. 江西财经大学, 2019.

[192] 程立茹. 互联网经济下企业价值网络创新研究 [J]. 中国工业经济, 2013 (9): 82-94.

[193] 程盈莹, 成东申, 逯建. 国际舆论对中国引进外资的影响: 基于 Gdelt 新闻大数据的实证研究 [J]. 世界经济研究, 2021 (7): 19-33, 135.

[194] 丛金宇. 中国金融指标对宏观经济动态的预测能力研究 [D]. 吉林大学, 2017.

[195] 崔岩. 日本的景气预测体系 [J]. 日本研究, 1996 (2): 1-6.

[196] 代方龙, 姜永宏. 国际大宗商品期货价格与中国 CPI 的相关性实证研究 [J]. 特区经济, 2012 (9): 72-74.

[197] 戴金平, 陈汉鹏. 中国的利率调节、信贷指导与经济波动——基于动态随机一般均衡模型的分析 [J]. 金融研究, 2013 (11): 1-14.

[198] 戴赜, 彭俞超, 马思超. 从微观视角理解经济"脱实向虚"——企业金融化相关研究述评 [J]. 外国经济与管理, 2018 (11): 31-43.

[199] 邓创, 张甜, 徐曼, 等. 中国金融市场风险与宏观经济景气之间的关联动态研究 [J]. 南方经济, 2018, 37 (4): 1-19.

[200] 邓兴华, 梁正, 林洲钰. 全球价值链视角下的品牌国际化与出口: 基于海外商标的实证分析 [J]. 世界经济研究, 2017 (9): 87-101.

[201] 翟淑萍, 甦叶, 缪晴. 社会信任与实体企业金融化——"蓄势谋远"还是"借势取利" [J]. 山西财经大学学报, 2021 (6): 56-69.

[202] 底璐璐, 罗勇根, 江伟, 陈灿. 客户年报语调具有供应链传染效应吗?——企业现金持有的视角 [J]. 管理世界, 2020, 36 (8): 148-163.

[203] 丁黎黎, 孙文霄, 韩梦, 康旺霖. 我国 PMI 指数对 GDP 的影响及预

测效果分析 [J]. 统计与决策，2018 (15)：128-132.

[204] 丁志帆. 数字经济驱动经济高质量发展的机制研究：一个理论分析框架 [J]. 现代经济探讨，2020 (1)：85-92.

[205] 丁志帆. 转型期中国经济周期波动特征与形成机理分析 [J]. 云南财经大学学报，2014，30 (1)：30-39.

[206] 董倩，孙娜娜，李伟. 基于网络搜索数据的房地产价格预测 [J]. 统计研究，2014，31 (10)：81-88.

[207] 董现垒，Bollen Johan，胡蓓蓓. 基于网络搜索数据的中国消费者信心指数的测算 [J]. 统计与决策，2016 (5)：9-13.

[208] 杜勇，刘婷婷. 企业金融化的同群效应：基于连锁董事网络的研究 [J]. 财经科学，2021 (4)：11-27.

[209] 杜勇，谢瑾，陈建英. CEO 金融背景与实体企业金融化 [J]. 中国工业经济，2019 (5)：136-154.

[210] 方匡南，吴见彬，谢邦昌. 基于随机森林的保险客户利润贡献度研究 [J]. 数理统计与管理，2014，33 (6)：1122-1131.

[211] 冯娇，李红朴. 基于优化小波神经网络的宏观经济预测技术研究 [J]. 现代电子技术，2019，42 (7)：181-183，186.

[212] 甘碧群，曾伏娥. 中国中小企业进入全球营销的模式选择 [J]. 商业经济与管理，2005 (4)：3-9.

[213] 高铁梅，孔宪丽，王金明. 国际经济景气分析研究进展综述 [J]. 数量经济技术经济研究，2003 (11)：158-160，163.

[214] 龚玉婷，陈强，郑旭. 基于混频模型的 CPI 短期预测研究 [J]. 统计研究，2014，31 (12)：25-31.

[215] 辜胜阻，曹冬梅，李睿. 让"互联网+"行动计划引领新一轮创业浪潮 [J]. 科学学研究，2016 (2)：161-165.

[216] 顾雷雷，郭建鸾，王鸿宇. 企业社会责任、融资约束与企业金融化 [J]. 金融研究，2020 (2)：109-127.

[217] 郭婧，马光荣. 宏观经济稳定与国有经济投资：作用机理与实证检验 [J]. 管理世界，2019，35 (9)：49-64，199.

[218] 郭凯明，潘珊，颜色. 新型基础设施投资与产业结构转型升级 [J]. 中国工业经济，2020 (3)：63-80.

[219] 郭夏. 国际大宗商品价格波动对发展中国家经济发展的影响研究 [D]. 武汉大学，2014.

[220] 国家信息中心宏观经济课题组，张永军. 中国经济四季度运行分析预

测 [J]. 财经界，2007（12）：5-11.

　　[221] 韩会朝. 互联网对中国企业出口的影响及效应分析 [J]. 广东财经大学学报，2019，34（1）：38-68.

　　[222] 韩萍，颜桂英. 东中西部地区互联网信息网络应用的差距与影响 [J]. 中国科技论坛，2007（6）：81-86.

　　[223] 韩中和. 日本家电企业品牌国际化及其对我国企业的启示 [J]. 经济管理，2009，31（2）：97-102.

　　[224] 何帆，刘红霞. 数字经济视角下实体企业数字化变革的业绩提升效应评估 [J]. 改革，2019（4）：137-148.

　　[225] 贺平，兰伟，丁月. 我国股票市场可以预测吗？——基于组合 LAS-SO-logistic 方法的视角 [J]. 统计研究，2021，38（5）：82-96.

　　[226] 侯佳贝. 国际石油价格波动及其对中国经济影响研究 [D]. 吉林大学，2016.

　　[227] 胡承晨，李言. 宏观审慎框架下货币政策工具的选择 [J]. 安徽师范大学学报（人文社会科学版），2020，48（1）：138-146.

　　[228] 胡海晨，林汉川. 美国品牌成长的双重作用机制及启示——以苹果公司为例 [J]. 企业经济，2017，36（10）：57-65.

　　[229] 胡海峰，窦斌，王爱萍. 企业金融化与生产效率 [J]. 世界经济，2020（1）：70-96.

　　[230] 胡楠，薛付婧，王昊楠. 管理者短视主义影响企业长期投资吗？——基于文本分析和机器学习 [J]. 管理世界，2021，37（5）：139-156，11，19-21.

　　[231] 胡奕明，王雪婷，张瑾. 金融资产配置动机："蓄水池"或"替代"？——来自中国上市公司的证据 [J]. 经济研究，2017（1）：181-194.

　　[232] 华炜. 国际原油价格波动对我国宏观经济的影响 [D]. 复旦大学，2013.

　　[233] 黄锐，赖晓冰，赵丹妮，汤子隆. 数字金融能否缓解企业融资困境——效用识别、特征机制与监管评估 [J]. 中国经济问题，2021（1）：52-66.

　　[234] 黄润鹏，左文明，毕凌燕. 基于微博情绪信息的股票市场预测 [J]. 管理工程学报，2015，29（1）：47-52.

　　[235] 黄贤环，王瑶，王少华. 谁更过度金融化：业绩上升企业还是业绩下滑企业？[J]. 上海财经大学学报，2019（1）：80-94.

　　[236] 贾文. 股票价格对公司基本面的依赖关系——基于金融危机背景的实证研究 [J]. 价格理论与实践，2011（8）：68-69.

［237］江敏. 大宗商品价格波动对中国经济的影响［D］. 厦门大学, 2014.

［238］江轩宇, 朱琳, 伊志宏. 网络舆论关注与企业创新［J］. 经济学（季刊）, 2021, 21（1）: 113-134.

［239］姜松, 孙玉鑫. 数字经济对实体经济影响效应的实证研究［J］. 科研管理, 2020（5）: 32-39.

［240］姜卫民, 范金, 张晓兰. 中国"新基建": 投资乘数及其效应研究［J］. 南京社会科学, 2020（4）: 20-31.

［241］金春枝, 李伦. 我国互联网数字鸿沟空间分异格局研究［J］. 经济地理, 2016, 36（8）: 106-112.

［242］荆文君, 孙宝文. 数字经济促进经济高质量发展: 一个理论分析框架［J］. 经济学家, 2019（2）: 66-73.

［243］鞠雪楠, 赵宣凯, 孙宝文. 跨境电商平台克服了哪些贸易成本？——来自"敦煌网"数据的经验证据［J］. 经济研究, 2020, 55（2）: 181-196.

［244］康立, 龚六堂. 金融摩擦、银行净资产与国际经济危机传导——基于多部门 DSGE 模型分析［J］. 经济研究, 2014, 49（5）: 147-159.

［245］孔亦舒. 世界经济景气指标体系的分析与比较［J］. 中国经贸导刊, 2019（12）: 17-22.

［246］雷鹏. 电子商务时代中小企业品牌建设［D］. 天津大学, 2013.

［247］类承曜, 魏开朗. 货币政策中不同利率之间的传导机制及对经济的影响——基于 VAR 格兰杰因果检验的实证研究［J］. 投资研究, 2018（9）: 33-43.

［248］李兵, 李柔. 互联网与企业出口: 来自中国工业企业的微观经验证据［J］. 世界经济, 2017, 40（7）: 102-125.

［249］李炳, 袁威. 货币信贷结构对宏观经济的机理性影响——兼对"中国货币迷失之谜"的再解释［J］. 金融研究, 2015（11）: 33-46.

［250］李春吉, 范从来, 孟晓宏. 中国货币经济波动分析: 基于垄断竞争动态一般均衡模型的估计［J］. 世界经济, 2010, 33（7）: 96-120.

［251］李芳芳, 李亚光. 国家治理和产业高质量发展——2019 中国产业经济研究学术年会观点综述［J］. 产业经济评论, 2020（2）: 112-124.

［252］李宏瑾, 唐黎阳. 全球金融危机以来的资本回报率: 中国与主要发达国家比较［J］. 经济评论, 2021（4）: 114-130.

［253］李坤望, 邵文波, 王永进. 信息化密度、信息基础设施与企业出口绩效——基于企业异质性的理论与实证分析［J］. 管理世界, 2015（4）: 52-65.

［254］李玲. 基于工商数据的区域经济趋势预测分析系统的研究与设计

[D]．贵州大学，2019.

[255] 李萌，袁文，袁武，等．基于新闻大数据的北极地区地缘关系研究 [J]．地理学报，2021，76（5）：1090-1104.

[256] 李秋梅，梁权熙．企业"脱实向虚"如何传染？——基于同群效应的视角 [J]．财经研究，2020（8）：140-155.

[257] 李姝，田马飞，李丹，杜亚光．客户信息披露会影响企业税收规避吗 [J/OL]．南开管理评论：1-46 [2021-09-14]．http：//kns．cnki．net/kcms/detail/12.1288. f. 20210909. 1338. 004. html.

[258] 李小忠．数字经济发展与企业价值提升——基于生命周期理论的视角 [J]．经济问题，2021（3）：116-121.

[259] 梁循，陈华，杨健．基于互联网股市信息量和神经网络的股价波动率预测 [J]．中国管理科学，2006，14（s1）：220-226.

[260] 廖凯诚，李晓晔，谢慧敏．地方政府经济与社会投资效率的区域差异分解及动态效应评价 [J]．数量经济技术经济研究，2019，36（12）：42-63.

[261] 林晓怡，陈敏．跨境电商出口与品牌国际化——基于马德里商标注册的 VAR 模型分析 [J]．吉林工商学院学报，2019，35（1）：42-46.

[262] 凌楚雄．原油价格波动对中国经济传导效应的研究 [D]．上海社会科学院，2016.

[263] 刘爱萍．中部地区经济增长评价模型与实证 [J]．统计与决策，2013（6）：60-62.

[264] 刘斌．我国 DSGE 模型的开发及在货币政策分析中的应用 [J]．金融研究，2008（10）：1-21.

[265] 刘凤军，孟陆，陈斯允，段坤．网红直播对消费者购买意愿的影响及其机制研究 [J]．管理学报，2020，17（1）：94-104.

[266] 刘贯春，刘媛媛，张军．经济政策不确定性与中国上市公司的资产组合配置——兼论实体企业的"金融化"趋势 [J]．经济学（季刊），2020（5）：65-86.

[267] 刘汉，刘金全．中国宏观经济总量的实时预报与短期预测——基于混频数据预测模型的实证研究 [J]．经济研究，2011，46（3）：4-17.

[268] 刘航，伏霖，李涛，等．基于中国实践的互联网与数字经济研究——首届互联网与数字经济论坛综述 [J]．经济研究，2019，54（3）：204-208.

[269] 刘红霞，张烜．商标权保护对公司绩效的影响——基于上市公司驰名商标认定后的经验数据分析 [J]．中央财经大学学报，2016（2）：53-60.

[270] 刘婧，陈峰云．基于正交尺度网络的宏观经济预测研究 [J]．统计与

决策，2009（21）：23-24.

［271］刘娟．电子商务对中小企业国际化的影响［J］．学术交流，2010（11）：107-110.

［272］刘军，杨渊鋆，张三峰．中国数字经济测度与驱动因素研究［J］．上海经济研究，2020（6）：81-96.

［273］刘宽斌，张涛．利用网络搜索大数据实现对CPI的短期预报及拐点预测——基于混频抽样数据模型的实证研究［J］．当代财经，2018（11）：3-15.

［274］刘诗白．论过度金融化与美国的金融危机［J］．经济学动态，2010（4）：20-27.

［275］刘姝雯，刘建秋，阳旸，杨胜刚．企业社会责任与企业金融化：金融工具还是管理工具？［J］．会计研究，2019（9）：57-64.

［276］刘树成，张晓晶，张平．实现经济周期波动在适度高位的平滑化［J］．经济研究，2005（11）：10-21，45.

［277］刘涛雄，汤珂，姜婷凤，等．一种基于在线大数据的高频CPI指数的设计及应用［J］．数量经济技术经济研究，2019，36（9）：81-101.

［278］刘涛雄，徐晓飞．大数据与宏观经济分析研究综述［J］．国外理论动态，2015a（1）：57-64.

［279］刘涛雄，徐晓飞．互联网搜索行为能帮助我们预测宏观经济吗？［J］．经济研究，2015b，50（12）：68-83.

［280］刘伟江，樊国虎，李映桥．网络搜索数据与消费者信心指数的相关性研究［J］．数量经济研究，2014，5（2）：111-121.

［281］刘伟江，李映桥．网络消费者信心指数和经济增长的动态相关性研究［J］．财贸研究，2017（5）：5-14.

［282］刘希章，李富有，王京．民间投资与空间溢出的经济增长效应［J］．统计与信息论坛，2020，35（8）：45-52.

［283］刘洋，刘达禹，王金明．资产价格泡沫缘何周期性破灭？——基于市场情绪视角的结构性解释［J］．西安交通大学学报（社会科学版），2018，38（5）：11-20.

［284］刘哲希，陈彦斌．消费疲软之谜与扩大消费之策［J］．财经问题研究，2018（11）：3-12.

［285］刘忠璐．互联网金融对商业银行风险承担的影响研究［J］．财贸经济，2016（4）：71-85，115.

［286］骆祚炎，郑佼．国际大宗商品价格变动加剧了经济波动吗？——基于金融加速器效应视角的TVAR模型检验［J］．世界经济研究，2017（6）：14-

27，135.

[287] 马红霞，段本能．国际期铜价格波动对中国经济的影响［J］．企业经济，2018，37（5）：39-48.

[288] 马家进．金融摩擦、企业异质性和中国经济波动［D］．浙江大学，2018.

[289] 马荣，郭立宏，李梦欣．新时代我国新型基础设施建设模式及路径研究［J］．经济学家，2019（10）：58-65.

[290] 马述忠，房超，张洪胜．跨境电商能否突破地理距离的限制［J］．财贸经济，2019，40（8）：116-131.

[291] 马述忠，郭继文，张洪胜．跨境电商的贸易成本降低效应：机理与实证［J］．国际经贸探索，2019，35（5）：69-85.

[292] 孟庆斌，李昕宇，王化成．公司传闻、澄清公告与知情交易——来自我国卖空交易的证据［J］．管理科学学报，2020，23（6）：90-109.

[293] 苗玉宁，杨冬英．基于综合评价方法的中部地区科技资源配置效率分析［J］．中国软科学，2020，351（3）：139-154.

[294] 潘敏，缪海斌．银行信贷、经济增长与通货膨胀压力［J］．经济评论，2010（2）：62-70.

[295] 戚聿东，刘翠花，丁述磊．数字经济发展、就业结构优化与就业质量提升［J］．经济学动态，2020（11）：17-35.

[296] 祁怀锦，曹修琴，刘艳霞．数字经济对公司治理的影响——基于信息不对称和管理者非理性行为视角［J］．改革，2020（4）：50-64.

[297] 乔晓楠，郗艳萍．数字经济与资本主义生产方式的重塑——一个政治经济学的视角［J］．当代经济研究，2019（5）：5-15，113.

[298] 邱泽奇，张樹沁，刘世定，许英康．从数字鸿沟到红利差异——互联网资本的视角［J］．中国社会科学，2016（10）：93-115，203-204.

[299] 屈定坤．西方的景气预测［J］．外国经济与管理，1988（2）：34-36.

[300] 任韬，孙潇筱，褚晓琳．重点行业资本配置扭曲对中国全要素生产率的影响［J］．经济与管理研究，2020，41（1）：63-77.

[301] 任韬．基于消费者信心指数的消费行为特征分析［J］．统计与决策，2013（13）：81-84.

[302] 茹玉骢，李燕．电子商务与中国企业出口行为：基于世界银行微观数据的分析［J］．国际贸易问题，2014（12）：3-13.

[303] 尚文思．新基建对劳动生产率的影响研究——基于生产性服务业的视角［J］．南开经济研究，2020（6）：181-200.

［304］邵华南．国际大宗商品期货价格对中国 CPI 的影响——基于 VAR 模型的实证分析［D］．浙江工商大学，2014.

［305］沈国兵，袁征宇．互联网化对中国企业出口国内增加值提升的影响［J］．财贸经济，2020（7）：130-146.

［306］施炳展，李建桐．互联网是否促进了分工：来自中国制造业企业的证据［J］．管理世界，2020（4）：130-149.

［307］石山铭，刘豹．神经网络模型用于多变量综合预测［J］．系统工程学报，1994（1）：91-99.

［308］宋永高．中国品牌国际化的市场选择模式［J］．商业研究，2003（13）：148-149.

［309］苏颉，王婷，付江月．能源错配对制造业碳排放效率的影响研究［J］．生态经济，2021，37（4）：19-24，43.

［310］孙亚男，费锦华．基于机器学习的雾霾污染精准治理［J］．资源科学，2021，43（5）：872-885.

［311］孙易冰，赵子东，刘洪波．一种基于网络爬虫技术的价格指数计算模型［J］．统计研究，2014，31（10）：74-80.

［312］谭德凯，田利辉．民间金融发展与企业金融化［J］．世界经济，2021（3）：61-85.

［313］汤铎铎，刘学良，倪红福，等．全球经济大变局、中国潜在增长率与后疫情时期高质量发展［J］．经济研究，2020（8）：4-23.

［314］唐焕文，秦学志，王雪华．大系统优化有效算法的研究［J］．系统工程学报，1997（1）：3-10.

［315］唐升，周新苗．中国系统性金融风险与安全预警实证研究［J］．宏观经济研究，2018（3）：48-61，117.

［316］田杰棠，闫德利．新基建和产业互联网：疫情后数字经济加速的"路与车"［J］．山东大学学报（哲学社会科学版），2020，240（3）：7-14.

［317］汪旭晖，张其林．平台型电商声誉的构建：平台企业和平台卖家价值共创视角［J］．中国工业经济，2017（11）：174-192.

［318］汪亚楠，叶欣，许林．数字金融能提振实体经济吗［J］．财经科学，2020（3）：1-13.

［319］王春峰，卢涛，房振明．收盘价格形成机制对中国股票市场质量影响的实证研究［J］．当代财经，2007（2）：49-55.

［320］王达．论全球金融科技创新的竞争格局与中国创新战略［J］．国际金融研究，2018（12）：10-20.

[321] 王虎，王宇伟，范从来．股票价格具有货币政策指示器功能吗——来自中国 1997~2006 年的经验证据 [J]．金融研究，2008（6）：94-108.

[322] 王丽，毛泽盛．国际大宗商品价格波动对中国物价水平的影响研究——基于状态空间模型的估计 [J]．武汉金融，2014（7）：18-21.

[323] 王鹏，黄迅．基于 Twin-SVM 的多分形金融市场风险的智能预警研究 [J]．统计研究，2018，35（2）：3-13.

[324] 王钦波．基于人工神经网络的我国宏观经济预测研究 [D]．山东大学，2006.

[325] 王擎，李俊文，盛夏．国际大宗商品价格波动对我国宏观经济影响的机制研究——基于开放经济的两国 DSGE 模型 [J]．中国软科学，2019（6）：35-49.

[326] 王升泉，陈浪南．情绪冲击、资产泡沫与经济波动：基于贝叶斯 DSGE 的分析 [J]．统计研究，2019，36（11）：49-61.

[327] 王炜，张豪．信息基础设施与区域经济增长——来自中国 252 个地市级的经验证据 [J]．华东经济管理，2018，32（7）：75-80.

[328] 王文博，陈昌兵，徐海燕．包含制度因素的中国经济增长模型及实证分析 [J]．统计研究，2002（5）：3-6.

[329] 王曦，王茜，陈中飞．货币政策预期与通货膨胀管理——基于消息冲击的 DSGE 分析 [J]．经济研究，2016，51（2）：16-29.

[330] 王晓芳，王永宁，李洁．国际大宗商品期货价格与中国 CPI 波动关系的经验研究 [J]．财贸经济，2011（6）：114-121.

[331] 王瑶，黄贤环．内部控制与实体企业金融化：治理效应抑或助推效应 [J]．财经科学，2020（2）：26-38.

[332] 王营，曹廷求．企业金融化的传染效应研究 [J]．财经研究，2020（12）：152-166.

[333] 王云清．中国经济波动问题的数量分析 [D]．上海交通大学，2013.

[334] 王珍．基于县域金融风险的定量预测与控制问题研究 [J]．经济问题，2012（5）：117-120.

[335] 温忠麟，张雷，侯杰泰．有中介的调节变量和有调节的中介变量 [J]．心理学报，2006，38（3）：448-452.

[336] 吴晶，王燕鸣．股价前期高点、投资者行为与股票收益 [J]．金融经济学研究，2015，30（4）：53-64.

[337] 吴孟琪．国际原油价格的波动对我国产出的非对称效应研究 [D]．江西财经大学，2018.

［338］吴少将．金融开放、经济金融化与实体经济发展——基于空间杜宾模型的实证研究［J］．新疆社会科学，2020（5）：39-48.

［339］吴晓峰，杨颖梅，陈垚彤．基于 BP 神经网络误差校正的 ARIMA 组合预测模型［J］．统计与决策，2019，35（15）：65-68.

［340］吴雪明．信息与通讯技术对美国生产率增长的贡献分析［J］．上海经济研究，2002（6）：68-75.

［341］吴雨，李成顺，李晓，弋代春．数字金融发展对传统私人借贷市场的影响及机制研究［J］．管理世界，2020（10）：53-64.

［342］席旭文．基于混频数据模型的 M0 短期预测［J］．金融理论与实践，2018（12）：12-19.

［343］谢康，夏正豪，肖静华．大数据成为现实生产要素的企业实现机制：产品创新视角［J］．中国工业经济，2020（5）：42-60.

［344］徐德顺，暴佳楠，王健璇．价值形成链与价值贡献链视角下的中美数字经济发展比较［A］//中国软科学研究会．第十三届中国软科学学术年会论文集［C］．中国软科学研究会，2017：11.

［345］徐乃琦．国际大宗商品价格波动对中国消费者物价水平和经济产出的影响［D］．北京外国语大学，2016.

［346］徐松，张艳艳．应将跨境电商建成"中国制造"出口的新通道［J］．经济纵横，2015（2）：26-30.

［347］徐翔，赵墨非．数据资本与经济增长路径［J］．经济研究，2020，55（10）：38-54.

［348］徐鑫，刘兰娟．信息基础设施建设对上海经济转型的影响——基于区域 CGE 模拟分析［J］．华东经济管理，2014，28（7）：11-14.

［349］许宪春，张美慧．中国数字经济规模测算研究——基于国际比较的视角［J］．中国工业经济，2020（5）：23-41.

［350］闫境华，朱巧玲，石先梅．资本一般性与数字资本特殊性的政治经济学分析［J］．江汉论坛，2021（7）：39-47.

［351］颜薪瞩．贝叶斯模型平均方法及其在宏观经济预测中的应用［D］．北京理工大学，2015.

［352］杨兵，杨杨．企业家市场预期能否激发税收激励的企业研发投入效应——基于上市企业年报文本挖掘的实证分析［J］．财贸经济，2020，41（6）：35-50.

［353］杨超，姜昊，雷峥嵘．基于文本挖掘和百度指数的汇率预测［J］．统计与决策，2019，35（13）：85-87.

［354］杨慧梅，江璐．数字经济、空间效应与全要素生产率［J］．统计研究，2021（4）：3-15.

［355］杨展，罗娅．人民币汇率对实体经济的资本市场传导机制——基于VAR模型的实证研究［J］．中国证券期货，2018（6）：69-79.

［356］叶胥，杜云晗，何文军．数字经济发展的就业结构效应［J］．财贸研究，2021（4）：1-13.

［357］叶娅芬．基于DSGE模型的中国货币政策规则有效性研究［D］．浙江工商大学，2011.

［358］易靖韬，王悦昊．数字化转型对企业出口的影响研究［J］．中国软科学，2021（3）：94-104.

［359］尹德才，张文．当前宏观经济现时预测研究综述［J］．统计与信息论坛，2020，35（1）：121-128.

［360］尹海员，吴兴颖．投资者高频情绪对股票日内收益率的预测作用［J］．中国工业经济，2019（8）：80-98.

［361］于连超，张卫国，毕茜．产业政策与企业"脱实向虚"：市场导向还是政策套利？［J/OL］．南开管理评论：1-23［2021-09-14］.http：//kns.cnki.net/kcms/detail/12.1288.f.20210521.1537.004.html.

［362］于扬，王维国，王娟．MIDAS类模型的估计及其应用研究［J］．数学的实践与认识，2017（21）：42-51.

［363］余根钱．中国经济监测预警系统的研制［J］．统计研究，2005（6）：39-44.

［364］俞茜．国际大宗商品价格波动对国内物价的传导机制［D］．华东师范大学，2013.

［365］俞庆进，张兵．投资者有限关注与股票收益——以百度指数作为关注度的一项实证研究［J］．金融研究，2012（8）：152-165.

［366］岳云嵩，李兵．电子商务平台应用与中国制造业企业出口绩效——基于"阿里巴巴"大数据的经验研究［J］．中国工业经济，2018（8）：97-115.

［367］詹晓宁，欧阳永福．数字经济下全球投资的新趋势与中国利用外资的新战略［J］．管理世界，2018，34（3）：78-86.

［368］张宝建，李鹏利，陈劲，郭琦，吴延瑞．国家科技创新政策的主题分析与演化过程——基于文本挖掘的视角［J］．科学学与科学技术管理，2019，40（11）：15-31.

［369］张成思，张步昙．中国实业投资率下降之谜：经济金融化视角［J］．经济研究，2016（12）：32-46.

［370］张涵，郭彬，李莉．债市信息下的股票收益预测——基于 Bootstrap 小样本检验分析［J］．系统工程，2018，36（11）：31-45.

［371］张辉，黄泽华．我国货币政策利率传导机制的实证研究［J］．经济学动态，2011（3）：18-22.

［372］张建伟，梁常安，胡正玉，等．黄河流域市际技术转移网络的时空特征［J］．经济地理，2020，40（5）：58-69.

［373］张景利．宏观经济平稳发展中的新引擎：数字经济作用效应研究——写在"十四五"规划制定前期［J］．价格理论与实践，2020（4）：60-63.

［374］张鹏．国际大宗商品价格波动对我国物价稳定的影响——基于传导途径分析［D］．苏州大学，2013.

［375］张鹏．数字经济的本质及其发展逻辑［J］．经济学家，2019（2）：25-33.

［376］张任之．金融资产配置对企业价值影响的实证研究［D］：首都经济贸易大学，2018.

［377］张涛，刘宽斌．"大数据"在宏观经济预测分析中的应用［J］．财经智库，2018，3（3）：65-83，143.

［378］张同辉，苑莹，曾文．投资者关注能提高市场波动率预测精度吗？——基于中国股票市场高频数据的实证研究［J］．中国管理科学，2020，28（11）：192-205.

［379］张翔，刘璐，李伦一．国际大宗商品市场金融化与中国宏观经济波动［J］．金融研究，2017（1）：35-51.

［380］张晓芳，张宸瑄．我国家庭消费结构与货币政策效果分析——基于异质性家庭的 DSGE 模型［J］．软科学，2020，34（5）：43-49.

［381］张雪玲，焦月霞．中国数字经济发展指数及其应用初探［J］．浙江社会科学，2017（4）：32-40.

［382］张勋，万广华，张佳佳，何宗樾．数字经济、普惠金融与包容性增长［J］．经济研究，2019（8）：71-86.

［383］张艳萍，凌丹，刘慧岭．数字经济是否促进中国制造业全球价值链升级？［J/OL］．科学学研究：1-19［2021-09-14］．https：//doi.org/10.16192/j.cnki.1003-2053.20210326.003.

［384］张洋．政府补贴提高了中国制造业企业出口产品质量吗［J］．国际贸易问题，2017（4）：27-37.

［385］赵俊强．国际大宗商品价格波动对我国经济运行的传导机制及应对策略［J］．价格理论与实践，2017（6）：23-26.

[386] 赵涛，张智，梁上坤．数字经济、创业活跃度与高质量发展——来自中国城市的经验证据［J］．管理世界，2020（10）：65-76.

[387] 赵懿．基于财政视角的中国通货膨胀研究［D］．南开大学，2013.

[388] 赵盈．我国 GDP 时间序列模型的建立与实证分析［J］．西安财经学院学报，2006（3）：11-14.

[389] 周建，唐成千．基于混频加权抽样模型的中国宏观经济预测机制研究［J］．经济问题，2018（6）：1-5，85.

[390] 朱建平，章贵军，刘晓葳．大数据时代下数据分析理念的辨析［J］．统计研究，2014，31（2）：10-17.

[391] 朱孟楠，梁裕珩，吴增明．互联网信息交互网络与股价崩盘风险：舆论监督还是非理性传染［J］．中国工业经济，2020（10）：81-99.

[392] 朱勤，孙元，周立勇．平台赋能、价值共创与企业绩效的关系研究［J］．科学学研究，2019，37（11）：2026-2033.

[393] 邹舟．国际大宗商品价格波动对我国股票市场的影响研究分析［J］．经贸实践，2018（2）：66-67.

[394] 左喜梅，郁志坚．日度金融数据能提高对宏观经济的预测吗？——基于混频数据 ADL-MIDAS 模型［J］．上海金融，2018（4）：67-72.

后　记

　　2009 年，在国家留学基金委的资助下，我前往日本仙台的东北大学开始了博士求学生涯。当时的导师在与我进行沟通后，将我的研究课题确定在了"构建基于社会会计矩阵的可计算一般均衡分析模型用以探讨气候变化预防性经济政策带来的经济与社会影响"上。随后的三年时间里，我一直与"缺少数据"这一研究上的基本困难做斗争。也是自那时起，"想要更多的数据，希望能有更多维度的数据帮助支撑与改进模型"成为了根植于我随后学术工作生涯中的一个根深蒂固的下意识选择。

　　获得博士学位后，我返回了本硕期间的母校任教，而在这一段时期，大数据概念在社会科学领域的逐步流行与在研究实践中多样高频数据的运用让我越发相信依托多维度的数据信息有可能对原有工作的分析框架有所突破。同时，在与江苏省内众多企事业单位工作人员的交往中，我也有机会可以接触和使用到不少异质性的大数据类型数据集。依托这些科研以及实务工作的积累，我有幸在 2019 年以"基于多维大数据融合的中国宏观经济运行预警体系构建研究"为题申请到了国家社科基金一般项目。在项目的资助下，我得以自在地针对"多维度数据集对经济影响的分析"这一话题展开探索，同时幸运的是，在项目结项之时，相关成果获得了优秀等级的鉴定评价。

　　在项目结项后的两年时间里，我和团队再次对相关研究成果进行了一轮整理与修订，遂有了此书。值此付梓之际，我要再次感谢国家社科基金对相关研究的资助，没有该项目的支持，便不会有此书的出现。同时，我要感谢课题团队全体成员：邵军教授、韩剑教授、傅佳莎副教授、高星副研究员、张驰博士、钱成博士、杨名彦同学、杜振玙同学、吴玉瑾同学和薛天怡同学。在共同完成这一研究的这段时间里，大家与研究共同成长，有的人获得了晋升，有的人完成了学位，有的人找到了新的路径，每个人都在这一段旅程中有所收获。最后，我还要感谢本书的编辑赵亚荣以及团队的新成员张婷玉同学、钱宇同学和其他所有帮助本书成稿的同仁在本书校稿修订期间付出的精力与努力，感谢你们能容忍和帮助具有强烈拖延症的我完成这项工作，这真是一段令人难忘的旅程。